UN VESTIDO A MI MEDIDA

RAQUEL G. ESTRUCH

VERSATIL
Romántica

Título original: *Un vestido a mi medida*

Autora representada por MJR Agencia Literaria.

Cubierta:
Fotomontaje y diseño: Eva Olaya
Fotografías cubierta © Shutterstock

1.ª edición: marzo 2016

Av. Diagonal, 601 planta 8
08028 Barcelona
www.ed-versatil.com

ISBN: 978-84-16580-39-2
IBIC: FRD

Depósito legal: B4354-2016
Impreso en España
2016.- Estilo Estugraf Impresores S. L.
Pol. Ind. Los Huertecillos - nave 13
28350 Ciempozuelos (Madrid).

A mi madre. Gracias por enseñarme a volar.

PRÓLOGO

-23 DE OCTUBRE DE 2003-

Llegábamos media hora tarde. Toda la culpa era de Paula. Ella y su manía de dejarlo todo para el último momento. Llevábamos tres meses esperando la fiesta de fin de curso. Habíamos completado nuestro primer año en la universidad. Se habían terminado los exámenes y los fines de semana encerradas en casa estudiando. Estábamos un año más cerca de convertirnos en ejecutivas de *marketing* y cambiar el mundo de la publicidad para siempre. Al menos eso era lo que ambas pensábamos en aquel momento de nuestras vidas, en el que creíamos que teníamos al alcance todas las opciones laborales.

—Estás estupenda, fantástica, guapísima —dije tratando de sonar convincente. Quería salir de casa de una vez por todas. Nos esperaban chicos guapos y baile hasta el amanecer.

—¿De verdad que estoy bien con estos vaqueros? ¿No me hacen el culo gordo? —Paula no paraba de dar vueltas sobre sí misma y contemplar su cuerpo desde todos los ángulos posibles.

—No seas tonta. Sabes que no hay nada en el mundo que pueda hacerte gorda. No lo estás. Y ahora vámonos, por favor.

—Vaya... Veo que hay alguien que se muere de ganas de ver a mi hermano —dijo sonriendo con malicia. No supe qué responder. Había acertado de lleno.

Conocí a Paula el primer día de clase. Las dos estábamos en el bar tomando un café con leche. Ella en un extremo de la barra y yo en el otro. Me llamó la atención por dos razones: porque era guapísima y porque mostraba la misma cara de terror que debía de tener yo en aquel momento. Cuando nuestras miradas se encontraron, sonreímos. Pocos minutos después estábamos sentadas juntas y descubriendo que íbamos a ser compañeras de clase. Congeniamos desde el principio. Después de una semana nos convertimos en inseparables. Fue durante aquellos primeros días cuando Paula me contó que tenía un hermano gemelo llamado Arnau. Automáticamente pensé que debía de ser bastante guapo. Tuve ocasión de comprobarlo en la primera fiesta a la que asistimos y enseguida me quedé colgada de él. No solo era alto, fuerte, rubio y tenía unos ojos azules divinos, sino que era divertido, inteligente y sabía bailar. Poseía todas las cualidades que yo admiraba en alguien del sexo opuesto. Sin embargo, todo lo que tenía de maravilloso, lo tenía de deseado. Las chicas revoloteaban a su alrededor como moscas y, aunque él estuvo encantador conmigo durante toda la noche, me convencí de que no tenía nada que hacer con él.

Pero durante el último trimestre las cosas entre nosotros habían cambiado un poco. Los tres habíamos decidido ponernos las pilas con nuestros respectivos estudios porque los exámenes de febrero habían sido un auténtico desastre. Paula y yo quedábamos casi todas las tardes en la biblioteca de la facultad y Arnau solía dejarse caer por allí. Al principio solo venía algún día entre semana. Siempre que terminábamos de estudiar nos premiábamos con algún refresco. Y así fue cómo poco a poco fui conociéndole más. Él estudiaba Periodismo. Le encantaba escribir y también era un gran contador de historias. Raro era el día en el que no terminábamos muertos de risa con alguna de las anécdotas que nos explicaba. A lo largo del mes de junio nos habíamos convertido casi en inseparables. Siempre los tres juntos a todas horas tratando de obtener las mejores notas posibles en los exámenes. Una de las últimas noches que habíamos quedado para estudiar él nos comentó que se estaba organizando una fiesta de las buenas en la que podríamos celebrar nuestra libertad para el resto del verano. Paula y yo no dudamos en apuntarnos. Además, durante las últimas semanas tenía la sensación de que él estaba más pendiente de mí que de costumbre. Incluso percibía cierta tensión sexual. La fiesta podría ser la oportunidad perfecta para estar con él y comprobar si había algo más entre nosotros.

Después de viajar en metro, en tren y un rato a pie logramos llegar al lugar en el que se celebraba el evento. Por suerte ninguna de las dos llevaba zapatos de tacón. Tanto Paula como yo habíamos optado por unas sandalias planas y el uniforme oficial para salir por la noche: pantalones vaqueros de cintura baja y camiseta ajustada. Las dos teníamos un cuerpo estupendo para lucir y aquello era precisamente lo que hacíamos. Ella en su versión rubia imponente de ojos azules y yo en la mía de morena y ojos negros. Además, aquella noche había decidido ser algo más atrevida de lo normal y me había puesto una camiseta negra con un escote bastante pronunciado. Iba a por todas.

Localizar a Arnau en la explanada de un polígono a las afueras de Sabadell fue bastante complicado. Había gente por todas partes. Era como si todos los estudiantes de la Universitat Autònoma de Barcelona (UAB) hubieran decidido asistir a la misma fiesta.

Durante unos minutos intentamos ubicarnos en el recinto. A nuestra derecha estaba el escenario en el que una banda formada por cinco chicos que parecían recién salidos del instituto interpretaban una versión bastante buena de *Everyday* de Bon Jovi. Paula y yo empezamos a cantar. Era una de nuestras canciones favoritas y solíamos escucharla a todo volumen cuando necesitábamos algo de motivación. Caminamos en dirección al escenario y nos unimos al resto del público que también coreaba el tema. Cuatro canciones después, el grupo abandonó el escenario. Estábamos muertas de sed y empezamos a abrirnos paso entre la multitud. En ese momento empezó a sonar *Die another de day* de Madonna. Otro de nuestros referentes. Y volvimos a entregarnos a la música. Escuchar a la reina del pop a aquel volumen, aunque no fuera en directo, era estupendo.

—¡Vaya marcha lleváis! —dijo una voz justo al lado de mi oreja y noté un ligero cosquilleo detrás de la nuca.

—Arnau, ¡qué suerte que nos hayas encontrado nos morimos de sed! —Paula se enganchó al cuello de su hermano sin dejar de bailar. Él la siguió sin dificultad. De no ser porque sabía que eran gemelos hubiera asegurado que eran la pareja perfecta.

—Os acompaño a la barra —dijo él en cuanto su hermana dejó de bailar—. Solo tengo dos manos y son tres bebidas. Seguidme. —Arnau alargó la mano y cogió la mía. Al notar el contacto de su piel me ericé entera. Era la primera vez que entrelazábamos nuestros dedos y para mí fue una sensación maravillosa. Sonreí con disimulo y pensé que la noche no podía ir mejor.

Pedimos unas cervezas y empezamos a contarnos los planes que teníamos para los meses de verano. Paula y Arnau hablaban de hacer una escapada a Ibiza con los escasos ahorros que tenían. «Algo en plan *hippie*» había dicho mi amiga bastante emocionada. En mi caso era consciente de que me iba a tocar estudiar un poco pero también pensaba dejar bastante tiempo para el ocio. Tal vez pudiera apuntarme con ellos a aquel viaje. Sería estupendo poder pasar unos días con aquel chico de ojos azules que tanto me interesaba. Un nuevo grupo apareció sobre el escenario y se oyeron los primeros acordes de un gran clásico: *Losing my religion*, de REM. Sonaba realmente bien y Paula empezó a bailar. Nos separamos un poco de ella porque temíamos que, con tanto movimiento de brazos y caderas terminara por bañarnos con su cerveza.

Aquella canción me encantaba y comencé a tararearla con la vista puesta en dos chicos que aspiraban a que mi amiga les prestara algo de atención. No fallaba. Cada vez que salíamos, a los pocos minutos estábamos rodeadas de chicos tratando de ligar con nosotras. Supongo que el tándem rubia *sexy* y morena con curvas era una combinación perfecta para atraerlos. Cuando aparté la vista de Paula me di cuenta de que Arnau me estaba mirando, y me ruboricé. Por lo general solía manejar a los chicos como se me antojaba. Pero con él era distinto. No sabía por qué me sentía algo cohibida cuando estaba junto él. Al principio lo atribuí a que le consideraba un experto en Historia, Literatura, Geografía e incluso deportes. Luego me di cuenta de que había algo más que conseguía dejarme sin palabras cuando él centraba su atención en mí.

—Mi hermana siempre rompiendo corazones —dijo sabiendo que yo había estado observándola hasta hacía unos segundos.

—Solo está bailando... —respondí sin poder disimular una sonrisa burlona.

—Claro... claro... —Arnau se acercó un poco más sin apartar sus ojos de los míos.

—Seguro que tú los rompes allá por donde pasas —dije sin abandonar el tono jovial.

—¿Tú crees? —Dio un par de pasos más y se quedó a pocos centímetros de mi cuerpo.

—Sois gemelos casi idénticos. Estoy convencida de ello... —respondí mientras sentía que el corazón se me aceleraba.

—A lo mejor no somos tan parecidos como crees. —Arnau estaba tan cerca que podía notar su aliento acariciándome la piel.

—Demuéstramelo —dije bastante segura de que iba a besarme.

Se aproximó todavía más a mí. Podía sentir su cuerpo rozando el mío y cómo los escalofríos recorrían mi piel en todas direcciones. El corazón bombeaba con tanta fuerza en mi interior que estaba segura de que él podía oírlo. Noté como si una corriente eléctrica nos envolviera. Cerré los ojos esperando lo que sabía que iba a suceder. En realidad, me moría de ganas de que pasara. Esperé unos segundos, pero el ansiado beso no llegaba. Lo miré desconcertada y él se limitó a sonreír. Tenía unos labios gruesos preciosos y perfectos para ser besados. El azul de sus ojos se intensificó con aquel gesto haciéndolo aún más deseable. Sin embargo, sentirme rechazada hizo que el ambiente cambiara entre los dos. Di un par de pasos hacia atrás y la magia que nos había envuelto se esfumó por completo. Acababa de herir mi orgullo. Algo que ningún hombre antes había conseguido. No estaba acostumbrada a que me rechazaran y Arnau acababa de hacerlo con una facilidad pasmosa.

«Menudo capullo», pensé en cuanto conseguí recomponer un poco mis emociones. No iba a permitir que se diera cuenta de lo mucho que me había afectado lo que acababa de hacer. Sin pronunciar palabra me di la vuelta y fui a buscar a mi amiga. Paula conversaba ahora con los dos chicos que finalmente se habían acercado a ella. Mientras nos presentábamos y entablábamos conversación pude notar los ojos de Arnau clavados en mi nuca. Pero me dio igual. Si pensaba que me tenía loca por sus huesos lo llevaba claro. Toni y Carlos resultaron ser unos chicos muy agradables. Aunque era más que evidente que querían ligar lo hicieron con bastante arte, había que admitirlo. Ambos eran morenos, altos, de ojos castaños y en bastante buena forma. A medida que fuimos conversando pudimos saber que los dos jugaban en el equipo de balonmano de un pueblo cercano. Aquello explicaba los músculos que se intuían bajo su ropa. Las horas fueron pasando y cada vez nos sentíamos más a gusto. Paula había decidido centrar su atención en Toni y yo, en Carlos. A pesar de lo bien que me sentía no fui capaz de sacar de mi mente lo que había sucedido con Arnau. Cada vez que recordaba lo cerca que habíamos estado de besarnos y cómo él había pasado de mí, me encendía. Miré con disimulo a mi alrededor y no tardé mucho en encontrarlo. Estaba al fondo del recinto con la espalda apoyada en lo que parecía la parte de atrás de una nave industrial. Besaba con pasión a una pelirroja.

Volví a sentirme ofendida. ¿Por qué ella sí y yo no? Enseguida me respondí mi propia pregunta. Era obvio. Arnau era uno de estos tipos a los que les gustaba hacerse los interesantes. Se había dado cuenta de que me gustaba y ahora pretendía que fuera detrás de él. «Pues va listo», pensé mientras centraba de nuevo mi atención en lo que me estaba diciendo Carlos. Cuando nos dimos cuenta eran las cinco de la mañana y la fiesta estaba tocando a su fin. Los chicos propusieron ir a otro lugar, pero ni a Paula ni a mí nos apetecía demasiado la idea. Eran muy majos, muy monos y muy de todo, aunque no tanto como para ir más allá con ellos. Nos despedimos con la promesa de volver a encontrarnos pronto y caminamos en dirección a la estación de tren.

En cuanto me senté en el vagón me di cuenta de que estaba agotada. Miré a Paula y ella no tenía mejor aspecto que yo. Aun así, estuvimos hablando sobre los chicos a los que habíamos conocido aquella noche.

—Oye... ¿qué tal con mi hermano?

—No sé a qué te refieres —dije muy digna

—Os he visto hablando antes y estabais muy acaramelados...

—Se te habrá subido la cerveza a la cabeza —respondí bastante seria.

—¿Te gusta mi hermano?

—¡Qué dices!

—Ay, madre... ¡Te gusta Arnau! —dijo en un tono de voz más elevado de lo deseable.

—No seas tonta. Nunca saldría con un tipo tan creído como él.

—¿Te ha dado calabazas?

Desvié la vista en dirección a la ventanilla del tren, me

quedé callada y me dediqué a observar el paisaje. En el horizonte, allí donde yo sabía que estaba el mar, la primera luz del día empezaba a ganarle terreno a la oscuridad.

—Iris... si mi hermano ha pasado de ti es porque le interesas —dijo Paula con mucha calma.

—Arnau no ha pasado de mí. He sido yo quien no ha querido nada con él. —En cuanto pronuncié aquellas palabras me arrepentí. ¿A quién pretendía engañar...?—. Bueno... vale... Me ha dejado con la miel en los labios —admití molesta.

—Típico de él.

—¡Pues conmigo lo lleva claro! No pienso ir detrás de él como un perrito faldero.

—Mejor. Tampoco creo que sea el tipo de hombre que te convenga.

—¿A qué te refieres? —dije con bastante curiosidad. Paula no solía hablar de su hermano con frecuencia.

—Pues que Arnau no es de los que piensan en el futuro, ni en las relaciones a largo plazo. ¡Pero si no sabe ni lo que hará mañana!

—¿Y eso es un problema?

—En tu caso sí

—¿Por qué?

—Iris hemos pasado los últimos ocho meses juntas. Creo que te conozco bastante. Eres organizada, perfeccionista y te gusta tenerlo todo bajo control. Sé que todo en tu vida está programado y muy estudiado. Créeme... Mi hermano no encaja en nada de eso.

—Podría hacerlo si quisiera. —A pesar de que estaba enfadada con él, no estaba dispuesta a rendirme tan fácilmente.

—La gente no cambia. Pero si quieres perder el tiempo intentándolo, allá tú. Al final me darás la razón y habrás perdido una parte de tu vida por algo que nunca será como tú quieres.

Hicimos el resto del trayecto en silencio. Yo no podía dejar de pensar en todo lo que me había dicho mi mejor amiga. Era más que probable que tuviera razón. Al fin y al cabo, se trataba de su hermano. ¿Quién lo iba a conocer mejor que ella? Pero había una parte de mí que se negaba a darle la razón y que me invitaba a seguir intentándolo cuando se me hubiera pasado el enfado por el rechazo.

Durante las semanas siguientes traté por todos los medios de lograr que él se acercara a mí. Cada vez que nos veíamos yo trataba conversar con él e interesarme por las cosas que le sucedían. Arnau se mostraba tan agradable conmigo como lo había sido siempre, pero nunca iba más allá. Evitaba con elegancia quedarse conmigo a solas y cambiaba de tema cuando iniciábamos alguna conversación que tuviera que ver con el amor o los sentimientos. Poco a poco me fui convenciendo de que lo que experimenté aquella noche a principios de verano en la fiesta había sido simplemente una sensación fugaz. Tuve la certeza de que él no era la clase de hombre adecuado para mí. Cuando llegó agosto, Paula, Arnau y yo, junto a siete amigos más, hicimos la ansiada escapada a Ibiza. Nosotros tres nos alojábamos en una buhardilla minúscula con un precio prohibitivo que logramos pagar con mucho esfuerzo. Tenía apenas quince metros cuadrados y se parecía mucho al camarote de los Hermanos Marx, pero contaba con unas impresionantes vistas a la Cala de San Vicente. Podíamos ver el mar sin movernos de la cama y los amaneceres eran también espectaculares.

Solo estuvimos en la isla cinco días. Fue tiempo más que suficiente para convencerme de que mi amiga tenía razón. No tuve ni una sola oportunidad. En cuanto llegábamos a una discoteca él desaparecía y volvíamos a verlo cuando nos pedía que le diéramos un poco de intimidad mientras él se llevaba al ligue de turno a la buhardilla. El primer día sentí una enorme decepción. Incluso lloré encerrada en el lavabo de la discoteca. La segunda noche mi reacción fue un poco más calmada. Y para cuando llegó la tercera ya había reconocido que Paula tenía razón. Arnau era una especie de «viva la virgen», una persona incapaz de pensar en alguien que no fuera él y al que el futuro no le importaba nada. No era para mí.

Cuando regresamos a Barcelona ninguno de los tres habló de lo que había pasado durante las mini vacaciones. Yo era consciente de que Paula estaba al tanto del modo en el que me había afectado el comportamiento de su hermano por lo cariñosa que estuvo conmigo todo el tiempo. También sabía que conocía mi decisión de alejarme de él ya que estuve varias semanas sin aparecer por su casa con toda clase de excusas. Para cuando terminó el verano y tuvimos que volver de nuevo a la universidad, Arnau y yo habíamos conseguido mantener cierto equilibrio en nuestra relación. Ambos volvimos a ser cordiales el uno con el otro. Tal vez no nos comportáramos con la misma jovialidad que antes, pero, poco a poco, fuimos capaces de limar asperezas. El paso del tiempo se encargó de convertirnos solo en amigos.

CAPÍTULO 1

-5 DE OCTUBRE DE 2015-

Daba igual que fuera lunes, miércoles o viernes. Los días al lado de mi jefa eran siempre un infierno y hoy no iba a ser diferente. Doña Mireia Llorens llevaba tocándome las narices desde las ocho de la mañana. Después de casi nueve años trabajando con ella había llegado a la conclusión de que disfrutaba agobiándome de este modo.

—Iris, quiero tener listos todos estos documentos antes de la hora de comer. Asegúrate de que los firma cada director de departamento y me los devuelves para que yo los repase.

—Así lo haré.

—¡Ah! y haz una reserva en ese restaurante tan mono que tiene un jardín con fuentes por todas partes.

Al salir de su despacho, mis ganas de asesinarla habían aumentado de forma considerable. Tendría que perder un montón de mi precioso tiempo tratando de averiguar a qué restaurante se estaba refiriendo. Una vez localizado debería suplicar para conseguir mesa para aquel mismo día a la hora de comer. En ocasiones me preguntaba por qué seguía soportándola. A lo largo de mi carrera profesional había tenido varias oportunidades de dejar aquel trabajo. Pero al final, me compensaba: estar al lado de Mireia Llorens era una auténtica condena, pero tenía que reconocer que era muy buena en su trabajo. Había aprendido más de ventas y publicidad el primer mes a su lado que durante cuatro años en la universidad. En los días más duros me preguntaba por qué soportaba realizar un trabajo de secretaria, de mera asistente, cuando mis aspiraciones eran otras. La respuesta siempre era la misma: tenía una oportunidad única de aprender de una de las mejores profesionales del sector no solo de España, sino de Europa. Calculaba que en unos tres años podría dejar aquel puesto para conseguir mi auténtico sueño: poner en marcha mi propia agencia de *marketing* y publicidad.

Me senté frente a la mesa y vi el montón de papeles que tenía desplegados a la espera de que les diera una salida. Entre lo que me había dado mi jefa y lo que descansaba allí apilado tenía trabajo para el resto de la semana. Respiré hondo y me puse en marcha. Cuanto antes consiguiera esa reserva, antes podría empezar con mi trabajo de verdad.

A la una en punto el teléfono me devolvió a la realida d.

—Vámonos a comer o me volveré loca —dijo Paula muy seria.

—Espérame en la puerta. Tardo dos minutos en bajar.

—Hoy creo que me voy a meter carbohidratos hasta por las orejas —dijo en cuanto me vio salir del ascensor.

—Había pensado hasta pedir una botella de vino para acompañar el almuerzo. ¡No veas qué mañanita tiene la señora!

—Pero si tú nunca bebes en horas de trabajo —respondió Paula entre risas—. Sí que debe de estar mala la cosa por allí arriba.

—Ni te lo imaginas. Hay días en los que pienso que Mireia no puede ser más insoportable pero lo cierto es que siempre me demuestra que puede superarse a ella misma.

—Anda vayamos a la pizzería y, ¡que arda Troya!

Salimos del inmenso edificio que albergaba las oficinas de Brandson Lee, multinacional en la que llevaba trabajando demasiado tiempo como secretaria de dirección y asistente personal de Mireia. Caminamos un par de manzanas y entramos en Magiannos, un elegante restaurante en plena Diagonal donde servían el mejor *risotto funghi porcini* que había probado en toda mi vida. Lo preparaban con el tipo de arroz adecuado y las setas blancas que lo acompañaban tenían un sabor fresco e intenso. Como si las hubieran seleccionado exclusivamente para mí. Una vez en el interior nos dirigimos a la mesa de siempre: una muy pequeña junto al ventanal, vestida con el típico mantel de cuadros y la botella de Chianti, lo que le daba a cualquier almuerzo de trabajo un aire de *glamour* y de escapada por tierras italianas. Desde allí podíamos controlar a todos los ejecutivos y decidir con cuál ligaríamos si llegaba el caso. Éramos dos mujeres solteras a las que les gustaba pasarlo bien de vez en cuando.

—¿Al final triunfaste el sábado por la noche? —dijo Paula mientras leía la carta con atención.

—Si por triunfar te refieres a irme a casa sola, la respuesta es sí. —Reímos—. Pensé que sería mejor eso que despertarme a la mañana siguiente junto a algún tipo espantoso del que no recordaría ni su nombre.

—Visto así... ¡Hiciste bien! Yo también decidí pasar de rollos y me fui a casa a leer.

—Nos estamos haciendo mayores y exigentes —dije sin poder controlar la risa.

—En absoluto. El problema es que el panorama está fatal. ¿Qué ha pasado con los hombres?

—Tal vez ellos se estén preguntando lo mismo acerca de nosotras —dije divertida cuando ya había decidido lo que quería para almorzar.

—Probablemente. Ya sabes lo que opina mi hermano sobre el tema.

Con el paso de los años Arnau y yo nos habíamos convertido en buenos amigos. Él seguía saltando de flor en flor. Nunca habíamos llegado a hablar de lo que casi sucedió entre nosotros y, poco a poco, el tiempo había hecho su labor dejando lo nuestro en una simple anécdota de juventud. Ahora era redactor en *Actualidad*, un importante diario de tirada nacional y era de los pocos que todavía pensaba que la prensa escrita sobreviviría en la era de internet. Trabajaba sin descanso porque le apasionaba su profesión y también porque quería conseguir el puesto de Redactor Jefe al que aspiraba desde hacía dos años.

—Bueno, tu hermano puede ponerse el listón tan alto como quiera. Es guapo, triunfador y tiene un sueldo fijo. ¡Es un partidazo!

—Eso mismo le digo yo —respondió Paula mordisqueando un palito de pan cubierto de albahaca y sal —pero él dice que todo es producto de una sociedad decadente favorecida por la redes sociales.

—Repíteme eso cuando tenga el estómago lleno que ahora mismo soy incapaz de comprenderlo —dije esbozando una sonrisa.

Un camarero alto, moreno y con acento italiano se encargó de tomar nota de nuestro almuerzo. Unos minutos después disfrutábamos de una copa de Chianti y una ensalada de tomate y *mozzarela* que tenía una pinta deliciosa.

—Bebamos despacito y con discreción —dijo Paula casi en un susurro. —Como alguien del trabajo se entere de que estamos dándole al tinto un lunes a lo mejor conseguimos que nos echen.

—Lo dudo. Tal vez en Navidad. Pero ahora mismo necesitan a todas y cada una de las secretarias, así es que vamos a brindar. ¡Por los días mejores que han de venir! —dije muy convencida de que algo importante me esperaba a la vuelta de la esquina.

—¡Eso! Para que en un futuro no muy lejano seamos nosotras quienes les hagamos la vida imposible a otros.

Entrechocamos nuestras copas, dimos un pequeño sorbo y nos lanzamos a quejarnos de la cantidad de trabajo al que teníamos que hacer frente cada día.

—A las ocho y veinte ya me estaba diciendo Xavier que enviara unos *e-mails* urgentes a las delegaciones de Londres, Milán y París —dijo Paula mientras cortaba en trozos muy pequeños una lasaña de verduras con un aspecto delicioso—. ¿Qué puede haber tan urgente un lunes a esas horas?

—Probablemente algo que se le olvidó encargarte el viernes porque tenía prisa por irse a tomar unos vermús con sus colegas antes de comer —dije con malicia—. Sé que no debería hablar así, pero me tienen todos muy harta. Últimamente estoy desencantada y muy enfadada con el universo.

—Lo que me sorprende es que aún tengas fe en el género humano trabajando al lado de esa mujer —respondió Paula con una sonrisa perversa.

—Deberías verla cuando desarrolla un proyecto. Piensa con una agilidad fascinante y tiene una capacidad para analizar los problemas que ya la quisiera yo para mí. Por eso la soporto y trato de aprender de ella lo máximo posible —dije pensativa.

—La tienes un poco idealizada. Eres igual de válida que ella o incluso más. Solo tienes que creértelo —respondió mirándome directamente a los ojos.

—No te preocupes. Llegado el momento me haré valer y sacaré el genio. Ahora todo lo que tengo que hacer es seguir mejorando e intentar no morir por el camino.

Mi móvil empezó a vibrar sobre el mantel. Desvié la mirada y comprobé que era mi madre. «El día mejora por momentos», pensé. Durante varios segundos se me pasó por la cabeza la idea de no contestar, pero al darme cuenta de que Paula me miraba con desaprobación decidí que sería más fácil averiguar qué quería. Tomé aire un par de veces con gesto teatral y eso provocó que Paula sonriera.

—¡Por todos los santos, Iris! ¿Es que no coges nunca ese maldito teléfono tuyo?

—Buenas tardes, mamá. ¿Cómo estás? ¿Has pasado un buen fin de semana? ¿Qué tal el trabajo? —Era consciente del tono tan impertinente que acababa de emplear. Ese era el efecto que causaba mi madre en todo el mundo, incluida yo. Me desquiciaba su necesidad de reclamar constantemente la atención de todos los que la rodeaban.

—¡Ahórrate los sermones! ¿Por qué no viniste ayer a almorzar?

Intenté pensar en una excusa creíble a toda velocidad. Pero ya estaba agotada, aunque solo fuera mediodía.

—No me apetecía soportar tus esfuerzos para emparejarme con algún pijo decadente. Tengo edad suficiente para elegir la compañía que deseé —dije muy seria.

—¡Cómo puedes hablar así de Aleix! Es un chico majísimo que acaba de licenciarse en Harvard y está a punto de empezar un MBA en Estados Unidos.

—Otra razón para no conocerlo. Antes muerta que mantener una relación con un tipo que está viviendo a siete mil kilómetros de distancia —respondí mientras vi por el rabillo del ojo cómo Paula hacía esfuerzos por contener la risa.

—A este paso solo te querrán los cuarentones divorciados sin futuro y cargados de hijos —sentenció mi madre.

—Siempre puedo irme a vivir contigo y hacernos compañía —dije con muchísima ironía.

—Iris, ya has pasado de los treinta. No serás joven y deseable toda la vida. De hecho ya...

—Me estoy marchitando, sí. —Decidí terminar yo la frase con la que me torturaba.

—No te lo tomes a broma. Eso es así.

—Mamá estoy cansada de decirte que no lo es. Es innecesario que me mate de hambre para entrar en una talla 36 y tampoco es imprescindible parecer joven eternamente. Así que deja que viva mi vida como quiero y, de este modo, yo tampoco diré nada de los hombres que pasan por la tuya casi a la misma velocidad con la que respiras.

—¡No te atrevas a juzgarme! —respondió bastante molesta.

—Madre, solo trato de hacerte ver cómo me siento cada vez que decides organizarme una de tus citas a ciegas. Si quieres que almorcemos juntas, lo haremos. Me pondré en contacto con tu secretaria para que lo organice. Pero no me llames más para que me reúna con los hijos de tus amigos que me interesan entre poco y nada. ¿De acuerdo?

—Cualquier chica de tu edad mataría por conocer hombres como los que yo intento presentarte. —Mi madre no estaba dispuesta a dar su brazo a torcer.

—A estas alturas ya deberías saber que no soy como las demás.

—Eso es cierto. Te estás convirtiendo en una madurita insoportable —dijo con amargura.

—Yo también te quiero y te echo mucho de menos, madre.

Al oír aquello Paula puso los ojos en blanco y chasqueó la lengua. Sabía que si no me controlaba nos enzarzaríamos en otra de nuestras durísimas discusiones. Nunca nos habíamos llevado bien. Nuestros caracteres eran muy diferentes. Ella era una mujer que, por su profesión, vivía constantemente de cara a la galería. Siempre pensaba en cómo vestir, en el modo en el que debía actuar, en las palabras que tenía que decir en todo momento para quedar bien. Calculaba cada uno de sus movimientos a la perfección y había seguido aquel mismo patrón conmigo. Durante mi infancia no me faltó de nada en el aspecto material. Fui a uno de los mejores colegios de Barcelona, tuve los juguetes por los que suspiraban mis compañeras de clase y cada año me llevaba una semana a Disneyland. Sin embargo, nunca tuve lo que más ansiaba: a ella. Sin ningún tipo de máscara ni artificio. Solo deseaba que me quisiera, que me abrazara, que me leyera un cuento por las noches. Pero nada de aquello sucedió. Crecí en un entorno carente de cariño. Probablemente por eso, con el paso de los años, yo había ido huyendo, cada vez más, de todo lo que sonara artificial, y falso. Había desarrollado un carácter extrovertido y no me molestaba en ocultar que era una mujer con mucho genio. Tampoco me importaba en absoluto lo que los demás opinaran de mí, del mismo modo que no me preocupaba demasiado por mi imagen. No es que combinara flores con cuadros, pero tampoco me obsesionaba por seguir los dictámenes de la moda del momento.

A medida que fueron pasando los años, la distancia entre mi madre y yo se convirtió en un abismo que, cada una a nuestra manera, intentábamos salvar con un almuerzo de vez en cuando al que ambas acudíamos con el deseo de que no se prolongara demasiado.

Un bufido al otro lado del teléfono me hizo volver a la realidad.

—Comamos algún día de esta semana. Ahora tengo que regresar al trabajo.

—Dale recuerdos a Mireia y dile que me llame para hablar del próximo desfile.

—Bien...

Instantes después estaba llenándome la copa de vino hasta los topes. Luego me la acerqué a los labios y la vacié casi de un trago. La rellené y, cuando iba a repetir la acción, Paula negó con la cabeza.

—Llegar borracha al despacho no te va a ayudar demasiado —dijo con seriedad—. Sigo sin explicarme cómo es posible que os llevéis tan mal. —Paula había asistido a muchos de nuestros desencuentros y le parecía increíble que no fuéramos capaces de reconducir la situación entre nosotras.

—Tienes razón —respondí mientras dejaba la copa de nuevo sobre la mesa—. Pero es que esa mujer, por mucho que sea mi madre, me saca de mis casillas. Sabe cómo hacer daño. Conoce de sobra la relación que mantengo con mi jefa, ¿te puedes creer que me ha pedido que le recuerde a Mireia que la llame para el desfile de otoño que está organizando? ¿No crees que lo lógico sería que invitara a su hija a un evento como ese en vez de a su jefa?

Paula permaneció en silencio durante unos segundos.

—Supongo que sí, pero teniendo en cuenta cómo os lleváis, tampoco es tan raro que haya invitado a Mireia. Ella es una gran admiradora del trabajo de tu madre y suele llevar muchos de sus modelos a los eventos a los que asiste. Tú jamás te has puesto una de sus prendas. Visto fríamente tiene su lógica lo que ha hecho.

—A lo mejor tienes razón. Pero eso no hace que me duela menos.

—¿Por qué no hablas con ella?

—¡Por supuesto! A estas alturas voy a contarle a mi madre cómo me hace sentir con su forma de actuar —respondí sintiéndome bastante molesta.

—Pues deberías. Tal vez un día quieras hacerlo y no puedas —respondió muy seria.

—Me temo que eso es imposible. Ya sabes cómo fue mi infancia. Tras la muerte de mi padre todo lo que recibí fue educación, dinero y viajes cuando lo único que necesitaba era el amor de una madre. No puedo fingir que nos llevamos bien o que nos soportamos. Soy incapaz de olvidar el pasado y cómo he tenido que trabajar para no terminar siendo como ella.

—Tal vez deberías reconsiderarlo y darle una oportunidad.

—¿Por qué?

—Es posible que todavía la estés juzgando con los ojos de una niña enfadada porque su madre no la cogía en brazos o con los de una adolescente cabreada por tenerse que ir a un internado en Escocia en vez de quedarse en Barcelona junto a sus amigas —dijo Paula con la rotundidad que la caracterizaba.

—No tengo ningún trauma por haber pasado cuatro años en aquel internado. Es más, hasta lo recuerdo con cariño.

—Piensa en lo que te he dicho. Puede que llegue el día en el que necesites hablar con tu madre y ella ya no esté.

Decidí no responderle. Estaba convencida de que Paula

tenía una visión muy romántica de las relaciones entre padres e hijos. Para ella era fácil porque había crecido rodeada del cariño y del amor de los suyos. Sin embargo, no era mi caso. A aquellas alturas de mi vida no tenía la menor intención de empezar a trabajar en una relación con una mujer de sesenta y siete años a la que apenas conocía. Lo que sí debía hacer era esforzarme todavía más en mi trabajo, aprender todo lo posible y poner en marcha mi agencia de *marketing*.

Terminamos de almorzar y cuando pagamos la cuenta estuve a punto de llevarme la botella de Chianti conmigo. Pero mi amiga me miró con reprobación y la dejé sobre la mesa. De regreso en la oficina fuimos directas a la máquina de café que se encontraba en la tercera planta. Así tendríamos unos minutos más de descanso antes de ser absorbidas por más tareas de las que podíamos asumir. Estábamos a punto de irnos cuando Víctor pasó justo por delante de nosotras y nos dedicó una enorme sonrisa. Ambas lo seguimos con la mirada.

Aquel hombre era el soltero de oro de la empresa. Director de *marketing*, guapísimo, forradísimo y un canalla. Aun así, casi todas las chicas de la empresa bebían los vientos por él, incluida mi jefa, que ya no sabía qué hacer para captar su atención. El viernes anterior Paula y yo habíamos tomado una copa con él a la salida del trabajo. Nos habíamos divertido mucho escuchando las anécdotas de su reciente viaje a París; después nos despedimos sin volver a pensar en él en todo el fin de semana. Sin embargo, acabábamos de comprobar que él no lo había olvidado.

—Como Mireia se entere de la sonrisa que te acaba de dedicar su novio te despide —dijo Paula muerta de risa.

—¡Ya le gustaría que fuera algo suyo! Pero, en cualquier caso, la mirada te la ha dedicado a ti —respondí muy seria.

—Lo que tú digas...

—Sé perfectamente cuando un hombre me mira y Víctor ni siquiera se ha dado cuenta de que estaba aquí.

—Que sí, que sí... —respondió Paula sin dejar de reír—. Lo que tú digas.

—¡Bah! Me voy a mi despacho. A ver si consigo quitarme la montaña de trabajo bajo la que me han enterrado hoy. ¿Nos tomamos unas cervezas a la salida?

—Hoy no puedo. Le he prometido a Arnau que le acompañaría al gimnasio. Ya sabes, los buenos propósitos después del verano —dijo Paula dejando entrever lo poco que le apetecía aquel plan.

—Debería imitarte y ponerme seria con el deporte aunque no me apetece nada.

—Sí, pero recuerda lo que ha dicho tu madre... ¡Ya tienes treinta años!

—¡Serás...! —No pude terminar la frase porque mi jefa apareció frente a mí como por arte de magia.

—Vaya veo que todavía os queda tiempo para divertiros. Debéis tener mucho tiempo libre. Será cuestión de daros más tareas.

Ni Paula ni yo respondimos. Cogimos el café y nos dirigimos cada una hacia nuestra mesa. Sí, Mireia Llorens podía llegar a ser una auténtica zorra.

CAPÍTULO 2

La semana pasó sin apenas darme cuenta. Cuando llegó el viernes estaba feliz y agotada a partes iguales. Lo único que me apetecía era irme al spa y relajarme. Por desgracia, la secretaria de mi madre me había recordado hacía un par de horas que tenía una cita para almorzar. Me apetecía tanto como caminar descalza por la calle en un día de intenso calor, pero era consciente de que no podía aplazar el encuentro. A las tres en punto apagué el ordenador, cogí la chaqueta, el bolso y caminé con paso rápido en dirección al ascensor. Lo último que quería era encontrarme con Mireia, que llevaba encerrada en la sala de reuniones desde las once de la mañana con los responsables de varias cuentas, y que me endosara trabajo extra para el fin de semana.

En cuanto puse un pie en la calle respiré aliviada. A continuación, paré un taxi, le di la dirección y me acomodé en el asiento trasero. No tenía ningún plan especial para los siguientes dos días, pero la sola idea de no tener que madrugar ni soportar a mi jefa eran razones más que suficientes para dar saltos de alegría. Pocos minutos después, el taxi se detuvo en la calle Santaló, lugar en el que mi madre tenía tanto su casa como su conocidísimo atelier. Había solo dos números de diferencia entre su domicilio particular y su despacho. Ella decía que era sumamente práctico porque podía bajar a trabajar en bata en mitad de la noche. No lograba entender por qué tenía que salir a la calle a horas tan intempestivas cuando en casa disponía de un enorme estudio para diseñar tanto como quisiera. Ella tampoco me lo había aclarado nunca y yo estaba convencida de que debía ser bastante frecuente ver a doña Carmen saliendo del jardín de su casa bien entrada la madrugada ataviada solo con su bata de raso. Estaba segura de que cualquier día vería una foto suya de esa guisa en los periódicos. Por suerte, eso aún no había sucedido.

En cuanto entré en el atelier enseguida se me contagió la tensión que se respiraba en el ambiente. Faltaban tres semanas para un desfile benéfico internacional que se iba a celebrar en Barcelona y mi madre era una de las diseñadoras invitadas. No era la primera vez que participaba en algo así. Llevaba décadas codeándose con los más grandes de la moda como Prada, Armani, Chanel, Hermès, Óscar de la Renta o Christian Dior, pero siempre se convertía en una histérica obsesiva durante las semanas previas a cualquier evento. Mirara en la dirección que mirara, todos los empleados trabajaban a una velocidad de vértigo. Los asistentes iban de un lado a otro siguiendo las órdenes de las modistas más experimentadas, que estaban revisando hasta el último detalle el progreso de los diseños que se iban a presentar. A juzgar por el modo en el que hablaban eran casi tan exigentes con su trabajo como mi madre. Claro que ella nunca hubiera contratado a personas que no compartieran su afán perfeccionista. Visto con los ojos de una profana en la materia, daba la impresión de que el caos reinaba en el lugar. Sin embargo, estaba convencida de que cada una de aquellas personas, sabía lo que se esperaba de ella a la perfección y lo tenía todo bajo control.

Atravesé la estancia tratando de no molestar a nadie y subí en dirección al despacho de mi madre. No comprendía cómo seguían utilizando aquellas escaleras de caracol para acceder del atelier a la zona de oficinas. Cada vez que se lo mencionaba mi madre se empeñaba en repetirme que ya no se encontraban elementos decorativos así y que la barandilla negra de hierro labrado era una auténtica joya del diseño del siglo anterior. Aun así, yo la consideraba poco práctica y esperaba el día en el que me dijeran que alguien se había roto una pierna o un brazo mientras transitaba por ella.

El suelo crujió bajo mis pies en cuanto comencé a caminar en dirección al despacho de mi madre. Apenas había dado unos pasos cuando me detuve. Un cuadro de Sorolla me daba la bienvenida. Desde donde yo me encontraba no podía apreciar bien la pintura porque estaba orientada para que se viera desde la entrada principal, pero estaba casi segura de que se trataba del mismo cuadro que años atrás daba vida al salón de casa. Recordaba el mar de la pintura. Cómo olvidarlo. Cuando era niña me parecía tan real que estaba convencida de que, si cerraba los ojos y respiraba hondo, me transportaría a una playa preciosa. La madera de nogal oscura volvió a crujir en cuanto empecé a caminar de nuevo. Las paredes de ambos lados del pasillo estaban desnudas y pintadas de un blanco que casi deslumbraba. Tenía sentido que no hubiera nada en ellas porque cualquier otra obra de arte que se colocara allí no tendría nada que hacer frente al azul de ese mar Mediterráneo que Joaquín Sorolla tan bien supo interpretar. Desvié la vista hacia el techo y comprobé que había sido restaurado recientemente. Las molduras y el artesonado de madera, de un tono idéntico al del suelo, resplandecían. No tenía ni idea de cuándo mi madre había decidido devolverle al lugar que ocupaban sus oficinas el esplendor de antaño, pero tenía que reconocer que lo estaba haciendo de maravilla.

Me hubiera encantado quedarme allí más tiempo para admirar todos los cambios que se habían llevado a cabo, sin embargo, recordé cuánto odiaba mi progenitora la impuntualidad y apreté el paso. Cuando llegué al espacio diáfano y exclusivo para las oficinas, comprobé que allí reinaba la misma confusión que en el piso de abajo. Los teléfonos no paraban de sonar y el equipo que se encargaba de gestionar los asuntos de prensa, *marketing* y promoción parecían al borde del infarto. Me pregunté cómo eran capaces de aguantar aquel ritmo de trabajo y, en especial, cómo lo hacían para poder soportar las exigencias de mi madre día tras día. Respiré hondo y me encaminé al fondo de la estancia donde, desde una silla digna de una nave espacial, Julia, la secretaria de mi madre, transmitía un montón de órdenes a quien estuviera al otro lado del teléfono. En cuanto se percató de mi presencia me dedicó una enorme sonrisa. Yo se la devolví de buen grado porque para mí, aquella mujer era una santa. Hacía más de veinte años que trabajaba allí. Nadie había aguantado tanto tiempo al lado de mi madre.

—Iris, ¡qué alegría verte! —dijo en cuanto dio por finalizada la llamada. Luego se levantó y vino directa a darme dos besos—. ¡Estás estupenda! —añadió mientras me miraba de arriba abajo—. No sabía que había llegado ya la nueva colección de Prada —dijo mientras clavaba sus ojos en mi bolso.

—Y no lo ha hecho. Es un regalo de mi madre —respondí sonriendo mientras trataba de ocultar la sorpresa que me había producido unos días atrás encontrar a un mensajero en la puerta de mi casa con un enorme paquete entre los brazos.

—¡Ay, es verdad! Fue tu cumpleaños hace unos días. ¿Te llegaron las flores?

—Sí. Muchísimas gracias. Eran preciosas.

—Siéntate. Le diré a la señora Roig que has llegado.

A pesar de los años que aquella mujer llevaba trabajando allí, jamás la había oído referirse a mi madre por su nombre de pila. No sabía si era un requisito empresarial o que tenía tan asumido su puesto que era incapaz de tutear a la que era su jefa.

—Iris, cariño —dijo mi madre en cuanto atravesé la puerta de su despacho—. Dame dos minutos para que termine de leer este dosier y nos vamos. Te veo muy bien —añadió repasándome con mirada experta de pies a cabeza. Por suerte yo ya estaba preparada para aquello y me había vestido a conciencia. Llevaba una blusa blanca de Tommy Hilfiger, unos pantalones negros *slim fit* de Hugo Boss y unas bailarinas de Prada también negras de hacía tres temporadas pero que yo lucía con orgullo porque eran comodísimas.

—Claro. Me sentaré aquí —dije mientras comprobaba satisfecha que mi madre había dado su aprobación a mi atuendo. Si hubiera sabido que todo lo que llevaba lo había conseguido en un *outlet* clandestino del Lower East Side de Manhattan antes del verano le hubiera dado un infarto. Pero mi sueldo no daba para dispendios y tenía que recurrir a este tipo de cosas cuando tenía que cubrir sus expectativas—. Termina tu trabajo.

No respondió y yo me limité a observarla en silencio. Estaba espectacular. Llevaba un traje de chaqueta negro probablemente de Prada (mi madre adoraba a Miuccia) que le sentaba como un guante y una blusa blanca hecha a medida que dejaba entrever un escote de lo más *sexy*. A pesar de tener casi setenta años no aparentaba más de cuarenta y cinco. Lucía un corte de pelo impecable: nuca despejada y más largo en la parte delantera, realzando sus facciones. Tenía el cabello claro y, desde hacía años, se lo matizaba con unas mechas más claras que le daban todavía más luminosidad. Sus ojos seguían tan azules y vivos como siempre.

Con respecto a su piel... No había palabras para describirla. Ni siquiera yo que tenía treinta y cuatro años menos que ella tenía un cutis tan espectacular e inmaculado como el suyo. Había escuchado decir a otras personas durante años que mi madre tenía aquella piel gracias a los carísimos tratamientos que se aplicaba. Pero yo sabía que no era así. Claro que se cuidaba, pero mucho menos de lo que los demás pensaban. Su cara resplandecía pasados los sesenta años básicamente porque tenía una excelente genética. Tuve el privilegio de compartir tiempo con mi abuela y nunca me cansaba de mirar la piel tan perfecta que tenía para su edad. De hecho, el día en el que murió tenía la cara tan tersa que parecía una niña. Mi madre era igual que ella. Yo me debía parecerme más a mi padre, aunque tampoco podía quejarme en cuanto al cutis que había heredado. Era morena, con los ojos negros, pelo ondulado del mismo color que solía llevar siempre en una cuidada melena y la piel muy blanca, aunque no tan perfecta como la de mi madre. Medía un metro setenta y lo que sí me había otorgado la genética era un cuerpo lleno de curvas y proporcionado. Tenía la cantidad exacta de todo y en el lugar adecuado. Me sentía bastante orgullosa de mi figura incluso en los tiempos en los que la delgadez extrema parecía estar de moda. Por suerte nunca me importó si entraba en una talla cuarenta o en una cuarenta y dos. Al contrario. Cada vez que podía reivindicaba mi cuerpo con la ropa que más me favorecía.

—Vámonos a almorzar o me saldrá una úlcera. ¡Todo tengo que hacerlo yo! En ocasiones no sé para qué le pago un sueldo a toda esta gente —dijo mi madre bastante enfadada.

—Tranquila... En cuanto termine el desfile se te pasará —respondí completamente segura de mis palabras.

—¡Dios te oiga! Porque si seguimos con este desastre mucho más tiempo van a acabar conmigo. No son capaces ni de seguir unas simples instrucciones.

Sabía lo exigente que era con todo el personal que trabajaba para ella. Había sido una de las primeras mujeres españolas del siglo XX en codearse con los mejores diseñadores de todo el mundo. Se había ganado a pulso el lugar que ocupaba y lo había hecho a base de exigir el máximo tanto a ella misma como a los demás. En su contra tenía que no sabía relajarse cuando las cosas salían bien. Siempre estaba presionando a quienes la rodeaban y los llevaba al límite sin necesidad alguna. Su secretaria era una de las pocas personas capaces de soportar su ritmo de trabajo.

Salimos del despacho y nos despedimos de Julia. A la salida, el chófer nos estaba esperando. Era un hombre alto, rubio, de unos cincuenta años y, en cuanto nos acercamos, se apresuró a abrir la puerta del Audi A8 negro en el que mi madre solía moverse por la ciudad. Subimos y enseguida la tapicería de piel de color blanco me acarició el cuerpo. Siempre había sido muy crítica con este tipo de lujos, pero tenía que admitir que, después de una larga jornada de trabajo, apetecía que alguien te recogiera y te llevara a casa montada en un vehículo como aquel.

—He reservado mesa en ese restaurante japonés que tanto te gusta cerca de Francesc Macià. Nos vendrá bien comer algo ligero. No queremos ponernos como bolas, ¿verdad, Iris? —dijo mi madre volviéndome a escanear con la mirada.

—Muchas gracias, mamá. Me apetece mucho algo de *sushi* o unos california *rolls* —respondí entusiasmada tratando de obviar el modo en el que me miraba.

—Nada de arroz. Eso hincha demasiado. Solo pescado y agua.

—¡Tú sí que sabes organizar un almuerzo familiar! —respondí molesta.

—En tres semanas tenemos un desfile y no quiero que mi hija se pasee por ahí con dos tallas por encima de las que le corresponden —dijo con frialdad.

—Gracias por preocuparte por mi salud, pero el hecho de que me coma hoy un buen sushi no va a provocar que engorde veinte kilos. Además, no sabía que hubiera sido invitada al evento del año.

—Iris, no empieces... ¡Claro que asistirás al desfile y hasta que llegue ese día comerás ligero! ¿De acuerdo?

Sabía que era imposible convencerla de lo contrario así es que me limité a asentir. Comería lo que ella dijera y ya cenaría cuando saliera de copas con mis amigos. Tampoco me costaba tanto contentarla si a cambio íbamos a tener un almuerzo relajado. Sin embargo, la idea de estar invitada a aquel desfile me provocaba cierto desasosiego. Mi madre nunca solía llevarme a los eventos en los que ella participaba. ¿A qué se debía aquel cambio de actitud?

Llegamos al restaurante y nos llevaron a un reservado que conocía de sobra. El Yashimo era uno de los lugares preferidos de mi madre tanto por la decoración basada en la tradición japonesa de la época de los señores feudales, como por su alta cocina. Una de las cosas que a mí más me fascinaban era el suelo de tatami y la inmensa pecera que daba la bienvenida a los comensales. Podría pasarme horas enteras observando como los enormes peces de colores, también originarios del país del sol naciente, nadaban a su antojo. Nos descalzamos y nos sentamos en el suelo frente a una pequeña mesa de madera clara. Unos segundos después oímos que alguien golpeaba con delicadeza la puerta e, instantes después, se abrió. Un japonés muy elegante y vestido de negro de pies a cabeza apareció frente a nosotras.

—Señora Roig. ¡Un placer tenerla de nuevo entre nosotros! —Mi madre se quedó mirando al hombre muy seria y con expresión de no entender nada. Me dio la impresión de que iba a empezar a chillar de un momento a otro—. Yoshiko está muy emocionada con poder asistir a su desfile dentro de tres semanas. ¡No sabe cuánto le agradecemos su invitación!

—No hay de qué, señor Sato. Ha sido un auténtico placer y espero que disfruten del evento. Por cierto, le presento a mi hija Iris —dijo prestándome atención por primera vez desde que aquel hombre había hecho su aparición en el reservado.

—Un placer, señorita. Kanji Sato a su servicio —respondió mientras me hacía una sutil reverencia. Yo incliné ligeramente la cabeza y le sonreí divertida. No estaba acostumbrada a tantas formalidades—. Espero que disfrute de su estancia en mi pequeño negocio. Si necesita cualquier cosa, por favor, no dude en hacérmelo saber.

—Así lo haremos —respondió mi madre con cierta impaciencia en el tono de su voz.

Sato captó la indirecta y desapareció de nuestra vista casi tan rápido como había aparecido. Observé a mi madre con el semblante bastante serio. No había necesidad de tratar a aquel hombre tan amable de forma tan descortés.

—No me mires así —dijo en cuanto se percató de mi enfado—. Odio a la gente que miente por el simple hecho de quedar bien.

—¿En qué ha mentido? —respondí sorprendida.

—Nada más entrar, cuando ha dicho que era un placer tenerme de nuevo por aquí. Hace más de dos años que no piso este restaurante.

—Se puede alegrar de volver a verte, ¿verdad?

—Supongo... pero no me ha gustado esa familiaridad suya. Oyéndolo hablar daba la impresión de que estuve comiendo aquí ayer mismo —respondió mi madre.

—¿Y eso qué más da? Ya me gustaría que todo el mundo me tratara con la misma corrección con la que acaba de hacerlo él.

—Si trabajaras para mí todo el mundo te respetaría —dijo con rapidez.

—No empieces con eso otra vez...

—¿Por qué? —protestó mirándome con severidad—. Entiendo que estés muy cómoda trabajando con Mireia. Es una chica estupenda, inteligente... Pocas personas en este país saben tanto de publicidad y *marketing* como ella. Además tiene unos contactos que te pueden abrir muchas puertas en el futuro. Pero, con todos los años que llevas con ella, creo que ya lo has aprendido todo. Ahora toca dar el siguiente paso y ese es venir a trabajar conmigo.

—No te ofendas, pero tú y yo no duraríamos juntas ni cinco minutos. Además, ¿qué pasaría con Julia? ¡Lleva toda la vida contigo!

—Y ahí va a seguir. No creerás que te quiero a mi lado para que descuelgues el teléfono y envíes cuatro correos.

Al escuchar aquello me empezó a hervir la sangre. Estaba muy cansada de la imagen que la gente tenía del trabajo de una secretaria, pero que fuera mi madre quien estuviera hablando de aquel modo, me enfadó todavía más.

—Estoy convencida de que esa mujer hace mucho más que enviar correos y responder al teléfono. Pero si hasta te pide citas en la peluquería, ¡por el amor de Dios! Debería darte vergüenza. Si necesitas una asistente personal, contrátala —dije sin poder evitar que la rabia se apoderara de mí durante unos minutos.

—Con lo que le pago podría hasta hacerme la manicura —respondió con desdén.

—¿Ves? Esta es la principal razón por la que nunca trabajaré a tu lado. No necesito sentirme humillada. Tu amiga Mireia ya se encarga de eso con bastante frecuencia —respondí enfadada.

—Seguro que no es para tanto. Los jóvenes de hoy en día sois demasiado sensibles. Así os va.

Preferí no responderle con nada de lo que estaba pasando por mi mente en aquel momento. Discutir con mi madre me agotaba y me había hecho el firme propósito de disfrutar de la comida. De modo que traté de cambiar de tema.

—¿Cómo van los preparativos para el desfile?

—Si toda esa gente que hay en el taller hace su trabajo, llegaremos. Muy justos, pero llegaremos —dijo con rudeza.

—No sé cómo te aguantan. ¿Has visto el jaleo que hay en el atelier? Parece que todos tus empleados lleven semanas sin dormir —respondí de nuevo molesta.

—Si hubiesen cumplido los objetivos que les marqué en su día ahora no irían con tanta prisa.

La conocía mucho y sabía de sobra cómo enloquecía los meses previos a un desfile. Seguro que habría cambiado los diseños como unas veinte veces y aún quedarían otras diez más antes de que diera su visto bueno a la colección definitiva.

—Mamá...—dije tratando de medir mis palabras—. Tienes que empezar a confiar en las personas que trabajan para ti. Al fin y al cabo has sido tú quien las ha escogido.

—¿Insinúas que estoy vieja? ¿Que ya no valgo?

—No —respondí mientras hacía un esfuerzo enorme por morderme la lengua y no expresar lo que en realidad pensaba—. Lo que te estoy diciendo es que debes ir delegando más cosas en tu equipo y darles un poco de libertad para tomar decisiones. No puede pasar todo por tus manos. Eso no es bueno ni para ellos ni para ti.

—Sé perfectamente cómo llevar mi empresa. Gracias por el consejo.

La puerta del reservado se abrió y una chica morena preciosa apareció con una bandeja repleta de comida. Dos botellas de agua completaban el festín. Puse los ojos en blanco y me pregunté cuándo dejaría mi madre de tratarme como si todavía estuviera bajo su tutela. Aun así, no dije nada.

—Señora Roig, un placer atenderla de nuevo —dijo la joven con una tímida sonrisa en los labios. Mi madre se limitó a asentir y ella comenzó a dejarnos pequeños cuencos repletos de una comida exquisita sobre la mesa. Enseguida me llegó el aroma de la gyoza con puré de boniato, la sopa picante de marisco y la tempura de setas japonesa. El *sashimi* de vieira y atún tampoco me pasó desapercibido. Me moría de ganas de probar todo aquello—. Si necesita cualquier cosa estaré aquí mismo —dijo señalando en dirección a una pequeña puerta corrediza que había al extremo opuesto del reservado—. Que aproveche.

—Gracias —respondí con una enorme sonrisa.

—¿Qué le pasa hoy a esta gente? ¿Han fumado opio? —dijo mi madre un poco molesta.

—No creo —respondí divertida al verla fuera de sus casillas por una tontería.

—¿Un placer atenderme de nuevo? No sé con quién puñetas me están confundiendo, pero no me gusta nada.

—Seguro que es un simple error. No le des más vueltas y disfrutemos del almuerzo.

Por suerte mi madre me hizo caso y se centró en los manjares que nos acaban de servir. Empezamos a comer en silencio pero la paz se terminó cuando decidió preguntarme por mi vida sentimental. Como no fui demasiado explícita me vi obligada a soportar otro de sus interminables monólogos sobre cómo el tiempo empezaba a jugar en mi contra en los asuntos del corazón. Por suerte, su discurso fue interrumpido por la camarera, que se tomó su tiempo para servirnos el té de jazmín que habíamos pedido de postre. Luego sonó su móvil. Mi madre se excusó y salió para atender la llamada. Poco después el señor Sato entró en el reservado.

—¿Ha sido todo de su agrado?

—¡Oh, ya lo creo! La comida estaba deliciosa. Podría quedarme a vivir aquí eternamente —respondí sonriente.

—Muchas gracias por sus palabras. Esta es su casa. Regrese siempre que lo desee — dijo con solemnidad.

—¿Podría responderme a una pregunta?

—Claro, dígame.

—¿Cuándo fue la última vez que mi madre estuvo aquí? —dije sin saber muy bien por qué.

—El martes.

—¿Este martes? —respondí sorprendida.

—Sí. ¿Hay algún problema, señorita?

—No. Tranquilo. Solo es que mi madre y yo teníamos una pequeña discusión sobre un almuerzo —mentí con toda la tranquilidad del mundo—. Y hemos hecho una apuesta sobre el día exacto —añadí poniendo cara de no haber roto un plato en la vida.

—¿Y quién ha ganado? —preguntó el japonés muy serio.

—Yo.

Al oír aquellas palabras el señor Sato esbozó una pequeña sonrisa.

—Si hay algo más en lo que la pueda ayudar... —murmuró.

—No. Muchísimas gracias. Ya ha sido de gran utilidad.

Poco después mi madre regresó y me encontró absorta en mis pensamientos. No podía dejar de darle vueltas a lo que terminaba de decir el dueño del restaurante. Ella había estado allí aquella misma semana. Era imposible que lo hubiera olvidado. Tenía una mente prodigiosa para los detalles. Era una de sus mejores cualidades. Entonces, ¿por qué estaba tan enfadada y se empeñaba en asegurar que hacía dos años que no había estado en este restaurante? ¿Trataba de ocultarme algo?

CAPÍTULO 3

Aquel viernes por la noche había quedado con Paula para ir a tomar una copa. No tenía ganas de demasiada fiesta. Por eso le pedí que me llevara a algún lugar tranquilo en el que pudiéramos hablar y pasar un buen rato. A las ocho y media pasó a recogerme por casa y luego fuimos directas al Quatre, una cervecería del barrio que habían reformado recientemente y en la que se respiraba un ambiente muy agradable. Le agradecí el detalle porque sabía lo que le costaba renunciar a un viernes de baile hasta el amanecer.

Nos sentamos en la terraza y pedimos dos cañas. Paula trató de averiguar por qué estaba tan apagada y sin ganas de nada.

—Hoy he comido con mi madre —le dije con el fin de justificar mi actitud taciturna.

—Tienes que conseguir que deje de afectarte de esa forma. Al fin y al cabo te reúnes con ella porque quieres, ¿verdad?

—No es tan sencillo —murmuré mientras pensaba en lo que había sucedido en el restaurante.

—Ya deberías conocerla —dijo Paula mientras le daba un trago a la cerveza helada que acababan de servirnos.

—Supongo que sí... —volví a susurrar pensativa.

—¿Qué es lo que te preocupa?

Respiré hondo, miré a mi amiga y comencé a explicarle todo lo que había sucedido durante el almuerzo. Cuando terminé de hablar, Paula me miraba fijamente a los ojos. Sabía que estaba procesando toda la información que le había proporcionado con el fin de buscar la explicación más lógica. Permanecí en silencio esperando a que ella dijera algo.

—A lo mejor ha sido un olvido. O existe la posibilidad de que no quiera que te enteres de alguna reunión de negocios.

—Eso no tiene ningún sentido —respondí tratando de

mantener la calma—. Sabes que ella nunca me da explicaciones sobre lo que hace en su trabajo ni tiene por qué hacerlo. Le hubiera resultado mucho más sencillo asumir que había almorzado allí unos días atrás o no ofenderse cuando el dueño del restaurante hizo mención a su reciente visita.

—Visto así... Es un poco raro, aunque yo no le daría la mayor importancia.

—A lo mejor tienes razón pero, no sé, hay algo en todo esto que no acaba de convencerme. Incluso tengo la sensación de que mi madre está diferente.

—¿A qué te refieres con eso?

—Para empezar me ha invitado a su próximo desfile. —Paula abrió los ojos como platos al oír aquello—. Hace unos días me regaló este bolso de Prada —añadí mientras las dos contemplábamos de nuevo aquel complemento tan estupendo—. Hoy me ha vuelto a recordar que quiere que trabaje con ella. No sé... Demasiada amabilidad y preocupación por mí.

—Todo esto es un poco extraño —dijo Paula con voz pausada—, pero a lo mejor ha recapacitado sobre el modo en el que habéis vivido los últimos años y ahora está intentando recuperar el tiempo perdido.

—Puede pero... no acabo de verlo claro.

—Mira, Iris, creo que le estás dando demasiada importancia a este tema. Sé que es tu madre y que todo lo que sucede en torno a ella te afecta de forma especial. Tal vez solo sea un acercamiento por su parte o, quizá es algo más profundo y ha reconsiderado la relación que ha tenido contigo durante muchos años. Sea lo que sea, pienso que deberías limitarte a disfrutarlo. Y si resulta que no puedes hacerlo... Habla directamente con ella de todo esto.

—Creo que te haré caso y me lo tomaré como un acercamiento por su parte, pero no me quedo del todo tranquila.

—Anda, relájate y disfrutemos de la noche. Seguro que después de unas cuantas cervezas lo ves todo con otros ojos.

Paula y yo entrechocamos las dos jarras que descansaban sobre la mesa y las apuramos de un solo trago. Luego nos dedicamos a ponernos al día sobre los cotilleos que corrían por la empresa a raíz de nuestra salida con Víctor y otros colegas de *marketing*. Nos reímos de buena gana al comprobar hasta dónde llegaba la estupidez de la gente y las ganas de meterse en las vidas ajenas. Estábamos en pleno apogeo de risas y comentarios cuando noté que un par de manos fuertes se posaban sobre mis hombros. Me di la vuelta para comprobar quién se había atrevido a tocarme de aquel modo y se me iluminó el rostro al ver que se trataba de Arnau. Di un salto y me lancé a sus brazos. Hacía bastante tiempo que no coincidía con él y además estaba más guapo que nunca. Llevaba una camisa negra que resaltaba el azul de sus ojos y los vaqueros gastados le hacían parecer mucho más alto de lo que ya era. En cuanto terminé de achucharle, Paula le dio un tierno beso en la mejilla y nos sentamos los tres. En aquel momento era consciente de que todas las mujeres del local nos estaban mirando y me sentí muy contenta de poder presumir de amigo.

—¡Qué miedo me dais las dos juntas un viernes por la noche! —dijo con una amplia sonrisa mientras buscaba con la mirada a alguien que le trajera una cerveza bien fría.

—¡Y tú, ¡qué caro eres de ver! —dije mientras le daba un suave puñetazo en el hombro—. A saber qué habrás estado haciendo todo el verano.

—Trabajar mucho. No todos se pueden pegar vuestras vacaciones—. Arnau miró a su hermana y después a mí. Seguía sin entender cómo era posible que hubiéramos estado más de cinco semanas alejadas del despacho.

—Haber elegido otra profesión —se limitó a responder Paula mientras ponía cara de bruja mala de cuento—. Papá y mamá siempre te lo dijeron pero tú te empeñaste en ser el nuevo Juan Luís Cebrián del periodismo español. ¡Ahora no te quejes!

—No me estoy quejando. Solo me sorprende la poca vergüenza que tienen algunos trabajadores en este país. Así nos van las cosas.

Agradeció con una sonrisa espectacular la cerveza que le acababan de servir y dio un largo sorbo. Luego me miró con aquellos inmensos ojos suyos y no sé por qué, me ruboricé. Hacía demasiado tiempo que no permitía que un hombre me mirara como lo acababa de hacer él, pero enseguida me recompuse. Era uno de mis mejores amigos y, aunque tonteamos en nuestros tiempos de universidad, aquello había sido todo.

—¿Has escuchado lo que te he dicho, Iris? —La voz de Arnau me sacó de mi ensimismamiento.

—Perdona... Tenía la cabeza en otra parte —logré decir a modo de disculpa.

—¿Estás bien?

—Perfectamente —respondí con seguridad.

—Te preguntaba por tu madre. Menuda expectación se está creando en torno al desfile en el que participa.

—Está como siempre. Ya la conoces. Trabaja veinte horas al día y está volviendo loco a su equipo. Luego todo saldrá genial, ella se retirará dos semanas a algún lugar idílico de Italia o Francia y vuelta a empezar.

—¿Sabes que Iris irá al desfile? —dijo Paula con cierto tono de envidia.

—¡Enhorabuena! —respondió enseguida Arnau—. ¿Y a qué se debe ese cambio?

—Pues precisamente de eso estaba hablando con tu hermana hace un rato.

Me concentré en explicar de nuevo el comportamiento que había tenido mi madre aquel mismo día. Tal y como lo había hecho su hermana, Arnau me escuchó con atención hasta que hube terminado de hablar. Luego permaneció varios minutos en silencio. Tuve la impresión de que estaba meditando lo que iba a decirme a continuación. A medida que pasaba el tiempo y él no hablaba empecé a ponerme nerviosa. Mis niveles de ansiedad subieron tanto que empezó a picarme todo el cuerpo, un síntoma que solo experimentaba cuando Mireia me pedía que la acompañara en alguno de los viajes de trabajo que hacía a Londres o Roma.

—Iris... ¿Has notado algo extraño en tu madre últimamente? —dijo Arnau después de lo que me pareció un siglo.

—¿A qué te refieres con eso?

—¿Se comporta de un modo diferente? ¿Hace cosas fuera de lo normal?

—Mi madre no ha hecho nada lógico en la vida —respondí mientras me sentía cada vez más nerviosa. —¿Qué está pasando? ¿Hay algo que deba saber?

Me miró en silencio. Tuve la sensación de que estaba evaluando cómo iba a reaccionar si me contaba la información a la que había tenido acceso. Luego respiró hondo, se encendió un cigarro y empezó a hablar.

—Iris no sé cuánto de verdad habrá en esto porque, hasta donde yo sé, solo se trata de un rumor. Pero creo que deberías saberlo —dijo al tiempo que dejaba salir el humo del cigarrillo entre sus labios—. Desde hace varios meses se comenta en los ambientes más exclusivos que tu madre ya no es la de siempre. Se ha vuelto en una persona muy caprichosa, más exigente y con constantes cambios de humor. Hay quienes piensan que podría sufrir algún tipo de enfermedad.

—Sabes que no suelo ver a mi madre con mucha frecuencia, pero hoy he estado con ella y no he notado nada fuera de lo normal. Me ha sorprendido que me invitara al próximo desfile y ya os he comentado lo sucedido en el restaurante japonés. Pero de ahí a pensar que pueda estar enferma... Eso ya me parecen palabras mayores.

—Tal vez no sea nada y solo se trate de un chisme —se apresuró a decir Arnau quien ya se había dado cuenta de que, lo que acababa de contarme, me había afectado—. Asegúrate de que está bien durante estos días. Procura estar un poco más pendiente de ella si puedes. Es el mejor modo de que confirmes que son simples habladurías y que todo está tan bien como de costumbre.

—No sé si eso va a ser posible. Mi madre es tremenda para estas cosas y suele cerrarse en banda cuando se le pregunta por su salud. Si en algún momento se digna a contar algo siempre lo hace con evasivas o con su fina ironía.

—Iris, tú solo inténtalo —dijo Paula quien parecía igual de afectada que yo ante lo que acababa de explicar su hermano—. Cuanto antes puedas aclarar todo esto, más tranquila estarás.

—Supongo que tenéis razón —respondí mientras los miraba a los dos—. Trataré de pasarme por casa y veré si las cosas siguen como siempre o si, por el contrario, mi madre ha perdido el juicio —dije en un intento de desdramatizar la situación.

—¡Perfecto! —dijo Arnau pasándome un brazo alrededor de los hombros—. Ahora dejad que os cuente algunas de las cosas de las que me he enterado mientras estabais de vacaciones.

Las siguientes tres horas pasaron casi en un suspiro. Tal y como había prometido, Arnau nos puso al día sobre las noticias más importantes de los próximos días. También salpicó su relato con algún que otro detalle morboso sobre los personajes famosos que tanto a Paula como a mí nos interesaban. Él odiaba todo lo relacionado con la prensa del corazón, pero también sabía que nosotras agradecíamos y disfrutábamos con un buen cotilleo. Así es que, de vez en cuando, nos regalaba detalles que más tarde veíamos en las portadas de las revistas. Después Paula y yo nos quejamos de lo desastrosas que eran nuestras respectivas vidas sentimentales. Arnau nos escuchó con atención y se negó a darnos ningún detalle sobre con quién estaba compartiendo su cama. Estábamos tratando de sonsacarle algo de información cuando mi teléfono móvil empezó a sonar.

—Iris... ¿eres tú? —dijo la voz de una mujer con un tono de voz bastante alterado.

—Sí —acerté a responder impactada por la extraña llamada—. ¿Quién es?

—Soy Julia. Necesito que vengas a casa de tu madre, por favor. Yo no sé qué hacer.

Aquellas palabras pusieron en alerta todos mis sentidos. Me levanté de la silla sin apenas ver hacia dónde me dirigía. Solo sabía que tenía que llegar lo antes posible a la otra punta de Barcelona. Al fondo oía las voces de Arnau y Paula, pero no les escuchaba. Había echado a correr calle abajo mientras miraba en todas direcciones tratando de encontrar un taxi. Sin darme cuenta le había colgado el teléfono a Julia, aunque eso ya no importaba. Lo único que ocupaba mi mente en ese instante era ver a mi madre. Si su secretaria me había llamado tan angustiada algo muy grave había sucedido.

Antes de que pudiera parar un taxi noté que alguien me tiraba del brazo con fuerza. Me di la vuelta y me encontré con Arnau, que me miraba con expresión preocupada.

—¿Se puede saber qué pasa? —dijo respirando con dificultad después de la carrera que había tenido que hacer para alcanzarme. Detrás de él llegó Paula.

—Algo grave le ha sucedido a mi madre —respondí sin más.

—¡Vamos contigo! —dijeron los dos al mismo tiempo.

Arnau levantó la mano y paró a un taxi que se acercaba por la avenida. Una vez en su interior le facilité al conductor la dirección a la que nos dirigíamos sin poder contener las lágrimas. Noté que él me abrazaba y no dejaba de repetirme que todo iba a salir bien. Paula por su parte me sostenía la mano y se limitaba a mirarme en silencio. Cuando llegamos a la calle Santaló me bajé del coche incluso antes de que se detuviera del todo. Los dos mostraron intención de acompañarme, pero los detuve.

—Prefiero hacer esto sola, de verdad.

—No voy a dejarte en un momento como este. Tal vez necesites ayuda —dijo Arnau con el semblante muy serio.

—Si me hace falta algo prometo que te llamaré, pero de verdad, creo que es mejor que entre solo yo.

Arnau me estuvo observando durante unos segundos y luego miró a Paula. Al final ambos accedieron a mi petición, aunque me hicieron prometer que los llamaría en cuanto pudiera. Me alejé de ellos con los ojos anegados en lágrimas y sin saber demasiado bien con qué me iba a encontrar.

CAPÍTULO 4

La verja metálica de la entrada estaba abierta y atravesé el jardín a toda velocidad. La puerta de casa también estaba abierta y corrí hacia el interior. Oí gritos que provenían del salón. Caminé hacia allí y me encontré con una imagen dantesca. Mi madre estaba desnuda delante de la chimenea, se movía de forma compulsiva y por su boca salían toda clase de exabruptos. Intenté acercarme y Julia me lo impidió.

—No es buena idea. He tratado de razonar con ella, pero mira el resultado. —Julia deslizó con suavidad la manga de la blusa y vi una marca ovalada de color rojo con unas pequeñas hendiduras en la parte interior de su antebrazo.

—¿Cómo te has hecho eso? —dije sin captar el mensaje que la secretaria de mi madre trataba de transmitirme. Permaneció en silencio y, poco a poco, comprendí quién le había hecho aquello.

—Me ha mordido —respondió casi al borde de las lágrimas.

Tuve que tragar saliva varias veces para controlar el llanto. Miré en dirección a la chimenea de piedra rústica en la que el fuego crepitaba con fuerza. Ahora mi madre caminaba furiosa de un lado a otro del salón como si estuviera persiguiendo a alguien. Por lo menos había dejado de gritar. Era el momento de acercarme a ella.

—Mamá... Soy Iris —dije con toda la dulzura de la que fui capaz. Ella pareció reconocerme porque se quedó parada en el centro del salón y me miró. Luego empezó a caminar de nuevo de forma algo más pausada—. Anda, siéntate aquí —dije señalándole su sillón favorito—. Voy a ir a por una bata y Julia se quedará contigo, ¿de acuerdo?

Las observé a las dos y comprobé que estaban aterrorizadas. Por suerte, mi madre me obedeció y se sentó donde le había indicado. Julia continuaba apoyada en la pared, al otro extremo de la estancia, sin demasiada intención de moverse. ¿Quién podía criticarla después del espectáculo que había presenciado? Corrí escaleras arriba y fui en dirección al vestidor. En cualquier otro momento me hubiera pasado horas fascinada con las dimensiones, la distribución, la ropa y los complementos. Pero ahora no tenía tiempo de nada. Gracias a su obsesión por el orden encontré sin dificultad una docena de batas perfectamente planchadas. Cogí la que estaba colgada en primer lugar, una de seda de color negro con bordados de flores en diferentes tonos de rosa y regresé al salón. Mientras le cubría el cuerpo con la bata, mi madre nos miraba con cara de no entender nada. Cuando le estaba colocando las mangas sobre los brazos me di cuenta de que estaba temblando. Me levanté, cogí la manta roja de lana escocesa que siempre descansaba en el sillón de lectura que había junto a la chimenea, la cubrí con ella y la observé en silencio. No sabía si hablar o quedarme callada. Desconocía qué había causado lo que acababa de presenciar. Al final opté por un silencio que se prolongó durante más de media hora en la que ninguna de las tres se movió de donde estaba. Transcurrido ese tiempo, mi madre se quedó profundamente dormida. Julia y yo aprovechamos el momento para salir de allí y respirar. Ambas temblábamos cuando nos sentamos en las sillas de metal negro frente a la barra americana que estaba justo en la entrada de la cocina de diseño en la que mi madre había invertido tanto tiempo y dinero. Un enorme ventanal que iba desde el suelo hasta el techo ofrecía una vista impresionante de aquella zona de la ciudad. Miré a Julia y me di cuenta de que estaba tan aterrorizada como yo y decidí que una tila nos sentaría muy bien a ambas.

—¿Qué ha pasado? —dije después de darle el primer sorbo a la infusión y sin poder controlar los escalofríos que sacudían mi cuerpo.

—No lo sé. Estábamos repasando los detalles para el desfile y de repente la señora Roig se ha enfadado mucho porque llevamos cierto retraso. Entonces ha empezado a lanzar todas esas palabras por la boca y luego se ha desnudado. Por mucho que he tratado de razonar con ella no ha habido manera. He estado a punto de llamar a una ambulancia, pero luego he creído que lo más conveniente era llamarte a ti. Ya sabes... —dijo dándome a entender lo perjudicial que podría ser para mi madre si trascendía a la prensa lo que acababa de suceder.

—Tranquila. Has hecho lo correcto. Ahora que está más calmada deberíamos llamar a un médico. Lo que ha pasado no es normal y, cuanto antes encontremos una explicación, mucho mejor.

No esperé a que Julia respondiera. Volví a subir las escaleras, pero esta vez en dirección al estudio. Una vez allí, cogí su agenda y busqué el teléfono de su médico privado. Lo encontré sin dificultad y marqué el número. Veinte minutos después el doctor Rius se estaba haciendo cargo de la situación. Julia y yo permanecimos en silencio observando con atención cómo la examinaba. Mientras lo hacía no dejaba de repetirme una especie de mantra. «Que no sea nada grave, por favor. Que no sea nada grave». Lo hacía para convencerme de que todo iba a ir bien. Estaba segura de que Dios no iba a arreglar la situación. Pero con algo de energía positiva tal vez lograra afrontarla de otro modo. Después de lo que me pareció una eternidad, el médico me indicó que saliéramos del salón con un leve movimiento de cabeza. Le seguí notando cómo pequeñas gotas de sudor empezaban a deslizarse por la espalda mientras mi respiración se aceleraba.

—¿Qué le pasa a mi madre, doctor? —acerté a decir en cuanto estuvimos a solas en el amplio recibidor junto a la entrada de la casa.

—No puedo darte un diagnóstico seguro sin haberle hecho antes algunas pruebas. Por eso te recomiendo su ingreso en el Hospital Quirón lo antes posible.

—¿Tan grave es?

—Como te acabo de decir no voy a aventurar ningún diagnóstico, pero después de lo que me has contado y de ver su reacción a las pruebas, creo que debemos ingresarla ahora mismo.

Al oír aquellas palabras sentí que las fuerzas me abandonaban al mismo tiempo que la palidez se apoderaba de mi rostro. Las lágrimas afloraron en mis ojos y apenas era capaz de pensar con claridad.

—Tal vez solo sea un susto —dijo el doctor en un intento de tranquilizarme—, pero quiero descartar cualquier otra enfermedad.

Me limité a asentir. Sentía que no tenía la energía suficiente para preguntar a qué tipo de dolencias se estaba refiriendo, aunque podía hacerme una idea. Observé cómo el médico rellenaba un formulario en el que recomendaba el ingreso inmediato de mi madre. Lo cogí con mano temblorosa y le aseguré que lo organizaría todo para seguir sus indicaciones. Entonces él se acercó a mí y me apretó las manos con fuerza tratando de transmitirme fuerza y confianza. Con aquel gesto también me hacía saber que podía encontrar con él, que no iba a estar sola porque él nos estaría esperando en el hospital. En cuanto se marchó regresé al salón donde encontré a mi madre hablando tranquilamente con Julia. Viendo sus gestos y sus movimientos daba la impresión de que estaba tan normal como de costumbre y que lo que había sucedido aquella noche se trataba solo de un mal sueño. Respiré hondo y traté de encontrar el valor para enfrentarme a la situación. Si ella había vuelto a ser la de siempre iba a necesitar un milagro para llevarla a un hospital, pero debía hacerlo.

—Julia quiero que llames a este teléfono y que lo arregles todo para que actúen con la máxima discreción posible —dije sin apenas mirar a mi madre. Por suerte su secretaria me entendió a la perfección, tomó el papel que yo le tendía y salió del salón—. Mamá, tenemos que ir al hospital —añadí.

—¿Para qué?

—Necesitas que el doctor Rius te examine —dije sin ofrecer ninguna explicación más.

—Me encuentro perfectamente.

—Seguro que sí, pero vamos a ir al hospital. Sube a arreglarte. Salimos en diez minutos.

Mi voz sonó con muchísima más contundencia y seguridad de la que sentía en aquel momento. No tenía ni idea de dónde había sacado la fuerza para hablarle a mi madre de aquel modo, pero me alegraba mucho de haber sido capaz de mostrar tanta energía. Mientras esperaba a que Julia terminara de gestionar con el hospital el ingreso más discreto posible, cogí el móvil y, sin dudarlo, llamé a Arnau.

—¿Cómo está tu madre? ¿Y tú? —Fueron las primeras palabras que mi amigo me dirigió en cuanto descolgó el teléfono.

—Un poco más calmada —me limité a responder—. Necesito que me hagas un favor.

—Lo que sea.

—Nos vamos al hospital y me gustaría, en la medida de lo posible, que controlaras esa información si llega a filtrarse.

No necesité dar muchas más explicaciones. Sabía que mi mejor amigo había entendido que algo grave estaba pasando. Arnau tardó más tiempo en responder del que yo esperaba. Probablemente estuviera evaluando si podría cumplir con lo que le acababa de pedir.

—Trataré de contener la información lo máximo posible, pero quiero que comprendas que si la noticia salta a otros medios poco podré hacer para pararla.

—Lo sé, pero te agradeceré toda la ayuda que puedas prestarme. Faltan tres semanas para el gran desfile. Las consecuencias de que algo como lo que ha pasado esta noche salga a la luz podrían ser devastadoras.

—¿Cómo está tu madre?

—Mejor, pero el médico no ha querido dar un diagnóstico sin antes realizarle algunas pruebas más.

—Ya verás cómo solo se trata de un susto o de cualquier cosa sin importancia —dijo en un intento por animarme.

—Eso mismo quiero creer, pero no estaré tranquila hasta que tenga una explicación lógica a todo lo que he presenciado hoy. —La voz se me quebró al pronunciar aquellas palabras.

—¿Puedo hacer algo? ¿Necesitas que te acompañe? —dijo casi en un susurro. No les había dejado entrar en casa cuando Paula y él me habían acompañado en el taxi, de modo que comprendía su desconcierto.

—Me vendría bien un amigo con el que tomarme un café —respondí. De pronto me sentía muy cansada.

—Pásame los datos del hospital y salgo ahora mismo para allá. Tú procura tranquilizarte, ¿de acuerdo?

No dije nada. Solo me limité a asentir como, si de algún modo, él pudiera verme. Luego la comunicación se cortó. Caminé en dirección a la puerta con paso firme a pesar de lo cansada que me encontraba. Julia y mi madre me estaban esperando en el recibidor.

—Pediré un taxi —dije empezando a acusar la falta de sueño.

—No hace falta —respondió Julia—. Mi coche está aparcado fuera.

—Perfecto. En ese caso, vámonos.

Cogí a mi madre del brazo. Atravesamos el jardín y la verja metálica. Cuando salimos a la calle Julia nos esperaba ya con el coche en marcha. Entramos en el interior del vehículo y, en cuanto empezamos a circular por las calles desiertas de la parte alta de Barcelona tuve la sensación de que se avecinaba algo para lo que no estaba en absoluto preparada.

CAPÍTULO 5

Iris me necesitaba. Solo era capaz de pensar en eso mientras conducía a toda velocidad por las calles de Barcelona. Por mi mente pasaron todos los momentos que habíamos compartido desde que nos habíamos conocido. Era consciente de que, a lo largo de los últimos meses, pensaba en ella más de lo habitual. Éramos amigos desde hacía años, pero nunca había sentido la necesidad de estar tan cerca de ella como ahora. Me sentía inseguro cada vez que me asaltaban aquellos sentimientos y solía recordarme con frecuencia que debía centrarme en seguir triunfando en mi carrera profesional. Nunca he sido un hombre al que le gustaran especialmente los compromisos. En eso ambos estábamos de acuerdo. Ella amaba su libertad por encima de todo mientras que yo... Bueno, mi caso era diferente. Desde que había puesto el pie en la universidad el primer día de clase apenas había tenido que esforzarme por conquistar a una chica. Siempre tuve todo lo que quise con respecto al sexo femenino. Pero ahora algo había cambiado en mi interior. Cada día que pasaba me sorprendía buscando un momento para hablar con Iris o para salir con ella y mi hermana a tomar una copa. Al principio pensé que solo necesitaba algo de diversión en compañía de las pocas personas del mundo que me comprendían de verdad. Sin embargo, las semanas pasaban y mis sentimientos se habían ido acrecentado. Al principio traté de quitarle importancia. A lo mejor el hecho de que trabajase durante tantas horas me estaba pasando factura y estaba más sensible de lo normal. Tal vez empezara a cansarme de las mujeres con las que me iba a la cama los sábados por la noche pero que perdían todo su encanto en cuanto amanecía o en el mismo instante en el que decían más de dos frases seguidas.

La única certeza que tenía en aquel momento es que

mi interés por ella no era correspondido. En primer lugar, porque la conocía lo suficiente como para saber que lo primero en su vida era su trabajo. En segundo, porque era consciente de que todavía no me había perdonado el medio tonteo que habíamos tenido cuando era un niñato y tras el que huí a los brazos de otra. Nunca habíamos llegado a hablar del tema en profundidad, pero cada vez que alguno de los dos recordaba la primera fiesta universitaria a la que habíamos asistido, el ambiente se tensaba a nuestro alrededor. Los dos sabíamos que era una estupidez. Sin embargo, no habíamos sido capaces de quitarle hierro al asunto después de todos los años que habían pasado. Más de una noche en vela había tratado de convencerme de que lo mejor sería mantener la amistad de Iris todo el tiempo que me fuera posible y dejar las emociones para otra mujer. Cada vez que la veía o que hablaba con ella mientras tomábamos una copa, regresaba a casa más convencido de que lo que sentía por ella era muy especial, casi nuevo para mí.

—¿En qué piensas? —dijo Paula justo a mi lado—. Parece que estés muy lejos de aquí.

—En nada... —respondí tratando de concentrarme solo en conducir.

—Seguro que es solo un susto —dijo mi hermana más en un intento de tranquilizarse a ella misma que de creerse sus propias palabras.

—Ojalá... —Me hubiera gustado poder ir solo al Hospital Quirón pero mi hermana había puesto el grito en el cielo cuando insinué que bastaba con que solo fuéramos uno de los dos—. De todas formas —añadí con toda la calma que pude—, también debemos prepararnos para algo más serio. Ya has visto cómo ha salido corriendo y tampoco sonaba mucho mejor por teléfono.

—¿Qué crees que habrá pasado? —dijo Paula sin dejar de rascarse el dorso de la mano izquierda, una señal inequívoca de que estaba bastante nerviosa.

—Ni idea, pero lo descubriremos en poco tiempo.

Ambos nos quedamos en silencio y enseguida mi mente volvió a retomar el hilo de los pensamientos que había mantenido hasta pocos minutos antes. Entonces noté que mi hermana no dejaba de mirarme. Al principio traté de quitarle importancia. Pasados unos segundos, sus ojos clavados en el perfil de mi rostro empezaron a ponerme nervioso.

—¿Qué pasa? —dije al final bastante molesto.

—Nada... nada... —Paula resopló, giró la cabeza y fingió mirar a través de la ventanilla.

—Dilo ... por favor.

—¿Qué es lo que sientes en realidad por Iris? —dijo sin más.

—No sé a qué te refieres —dije en un intento de ganar tiempo y poder digerir la sorpresa que me había producido su pregunta.

—Arnau si no me lo quieres contar, perfecto, pero no te hagas el sueco, por favor.

—Creo que no has escogido el mejor momento para hablar de este tema, ¿no te parece? —Estaba molesto, pero también sorprendido por la capacidad que tenía mi hermana gemela de percibir mis emociones incluso antes de que yo mismo pudiera asimilarlas.

—Tienes razón. Tal vez no sea la mejor de las ocasiones, aunque eso depende de cómo se mire.

—¿A qué te refieres?

—Creo que deberías sincerarte con ella cuanto antes. Si lo de Carmen es solo un susto ese tiempo que habrás ganado. Y si no... también. Lleváis los dos demasiado tiempo haciendo el tonto.

—¿Iris te ha dicho algo? —dije muy sorprendido porque estaba convencido de que ella no sentía lo mismo por mí.

—Nada, pero esas cosas se notan...

—No te pongas misteriosa ahora y cuéntame lo que sabes.

—Sé lo mismo que tú. Hace años se sintió atraída por ti, pasaste de ella porque no sabías qué puñetas querías de la vida luego cada uno habéis ido por vuestro lado. A pesar de todo eso, estoy convencida de que el tema no está resuelto entre vosotros y este sería un buen momento para poner sobre la mesa vuestros sentimientos.

—Yo sigo dudando de que este sea el mejor momento para hablar de emociones. Tal vez debería saber cómo se encuentra su madre y cómo está ella para poder hablarlo todo con calma.

—Si crees que os sobra el tiempo... Espera todo lo que creas necesario —dijo Paula dando la sensación una vez más de que conocía algún detalle que a mí se me escapaba.

—Me estás poniendo muy nervioso con tus intrigas —respondí malhumorado.

—Pues tranquilízate que lo último que necesita Iris ahora es que nos plantemos en el hospital más desquiciados de lo que ya estamos.

No respondí a sus últimas palabras e hice un esfuerzo por mantener la calma. Pero la conversación con mi hermana había provocado todavía más incertidumbre en mi interior. Sabía que en el fondo tenía razón. Cuanto más esperara a contarle a Iris lo que sentía por ella, más seguiría yo sufriendo en silencio. Sin embargo, no estaba preparado ante el hecho, bastante probable, de que me rechazara. ¿Y si era el único de los dos que sentía esa atracción? ¿Qué pasaría si ella me seguía viendo tan solo como a un amigo y, al sincerarme, lo que conseguía era alejarla un poco más de mí?

Una de las cosas que menos me gustaba de las mujeres era el análisis al que parecían someter cualquier decisión que tomasan. Cómo consultaban lo mismo una y otra vez con todas sus amigas. La forma en la que meditaban sobre lo que más les convenía y, en definitiva, las vueltas que le daban a todo. Para mí la vida siempre había sido sencilla.

Cuestión de sí o no, blanco o negro, dentro o fuera. En aquel instante me sentía exactamente como una de esas chicas que tanto me fastidiaban. Hecho un mar de dudas por el temor a algo nuevo: ser rechazado por primera vez en mi vida y, de paso, perder a mi mejor amiga. Aunque en el fondo sabía que todo aquello no tenía la menor importancia porque también era consciente de que cuando creía en algo con firmeza me lanzaba a por ello. En el caso de mis sentimientos hacia Iris estaba convencido de que eran reales y, aunque me diera un golpe del que me luego me costara recuperarme, estaba dispuesto a correr el riesgo. Hablaría con ella en cuanto tuviera ocasión.

CAPÍTULO 6

Julia conducía por las calles de Barcelona tan rápido como podía. Yo sostenía la mano de mi madre y todo lo que había sucedido durante las últimas horas pasaba por mi mente a toda velocidad, aunque era el diagnóstico que no había querido dar el médico lo que más me preocupaba. Tal vez estuviera equivocada, pero mi experiencia me decía que, cuando un profesional era tan reservado a la hora de emitir una opinión clara, había que ponerse en lo peor. Y eso es precisamente lo que estaba haciendo yo mientras lanzaba discretas miradas de preocupación en dirección a mi madre. Trataba de imaginar qué era lo que había causado la escena tan dura que había vivido en casa.

Mientras todo tipo de pensamientos acudían a mi mente, escuchaba a lo lejos la voz de Julia que se esforzaba por darle conversación. Aquella debía de ser su particular forma de tratar de mantener la situación bajo control y creo que también le servía para tranquilizarse después de lo que había pasado. Sentí una mezcla de agradecimiento y admiración por ella. Llevaba tantos años siendo la mano derecha de mi madre que yo estaba convencida de que era la única persona que la conocía de verdad. Incluso podría asegurar que la quería más que yo. Conocía el carácter brusco y agrio de mi madre como nadie y, sin embargo, era capaz de ver su lado más tierno y humano. Algo que, para mí, su hija, era una tarea bastante complicada.

Julia detuvo el coche en la puerta de urgencias, tal y como el doctor Rius había indicado. Allí nos esperaban ya dos celadores, una enfermera y lo que me pareció intuir que eran tres médicos. Mi madre bajó del vehículo por su propio pie, pero los profesionales sanitarios se hicieron cargo de ella y desaparecieron antes de que pudiéramos preguntar a dónde se la llevaban. Julia y yo nos miramos con cierta angustia, pero tratamos de disimularla. Éramos dos mujeres fuertes y no estábamos dispuestas a hundirnos. Al menos no sin presentar algo de batalla antes. Traté de bajar del coche. Debía estar con mi madre. Pero todo había sucedido tan deprisa que no sabía con exactitud dónde la habían llevado. De modo que me quedé inmóvil y acompañé a Julia hasta el aparcamiento. Luego deshicimos el camino andando en silencio hasta que accedimos a la zona de ingresos de urgencias. Allí pregunté por mi madre y una chica morena, menuda, más o menos de mi edad, maquillada de forma impecable, nos invitó a acomodarnos en una sala de espera que estaba justo enfrente del mostrador de admisiones. Al atravesar la puerta accedimos a una amplia estancia de color blanco con enormes ventanales e impresionantes vistas a la montaña. Dirigimos nuestros pasos hacia los dos sillones de cuero más próximos a la ventana y nos sentamos. Levanté la vista y pude ver que al otro extremo de la sala había un matrimonio de unos cuarenta años de edad cogidos de la mano y que se miraban con cierta preocupación. Ellos y nosotros éramos los únicos familiares que esperaban noticias en aquella sala.

—Voy a por un par de cafés —dijo Julia con la misma eficiencia de siempre—. Trata de tranquilizarte, Iris. Seguro que no es nada. Tu madre es una mujer muy fuerte.

Ni siquiera me molesté en responder. Me sentía tan abrumada por todo que fue incluso fácil obedecer sin rechistar. Me hundí un poco más en la butaca de cuero en la que estaba sentada y observé el paisaje a través de la ventana mientras sentía todo el peso del mundo sobre mis hombros. La ciudad empezaba a despertar y, de no haber sido por las circunstancias, incluso hubiera disfrutado del momento. Respiré hondo y noté cómo las lágrimas amenazaban con salir a borbotones. Volví a coger aire con fuerza en un vano intento por mantener la calma. Fue entonces cuando sentí una mano firme sobre mi hombro. Giré la cabeza en dirección hacia esa calidez que me resultaba tan particular y me encontré directamente con los ojos azules de Arnau. De forma automática e incontrolada me levanté y dejé caer mis brazos alrededor de su cuello. Lo siguiente que recuerdo es que lloraba desconsolada apoyada en su pecho mientras que él se limitaba a acariciarme el pelo con ternura.

—Anda, Iris... Dale un sorbo al café que te ha traído Julia. ¡Es un capuchino! Y para ser de máquina está hasta bueno —dijo Paula justo a mi lado y a quien no había visto ni oído llegar—. Bebértelo no te quitará la preocupación que sientes, pero al menos, te hará entrar en calor.

—Es que no creo que pueda tragar nada —respondí entre hipidos.

—Mujer... —dijo Arnau mirándome entre divertido y sorprendido.

—¡Eres tremendo! —No me quedó más remedio que sonreír ante la intención que acababa de darle a sus palabras.

—Por lo menos te ha cambiado la cara. Eso ya es algo —se apresuró a añadir Julia, que me miraba también con cierta preocupación.

Acerqué el vaso de cartón a mis labios y di un par de sorbos al café. Mis amigos tenían razón. Estaba más que aceptable para ser una bebida salida de una máquina expendedora de hospital. Seguí bebiendo hasta casi terminármelo. Unos segundos después noté cómo la cafeína empezaba a llenar todo mi cuerpo y me daba algo de energía para afrontar la situación con algo más de aplomo. A continuación, Julia se levantó de su asiento y se dirigió de nuevo a la máquina. Miré a mi alrededor y pude comprobar que nos habíamos quedado solos en la sala de espera. El matrimonio que había visto al entrar ya no estaba allí. Volví la vista hacia mis dos amigos, que estaban sentados enfrente. Antes de que pudiera decirles algo sostenía otro café entre las manos.

—La idea es que se despeje, no que se suba por las paredes —dijo Paula mientras miraba a Julia sin dejar de sonreír.

—Cierto. Pero sé que las mujeres de esta familia funcionan mucho mejor con cierta sobredosis de cafeína en el cuerpo —respondió con su amabilidad habitual.

—En ese caso, bebe... —añadió Arnau mientras inclinaba ligeramente el vaso de plástico a la altura de los labios y me miraba de un modo que provocó que todo mi cuerpo se estremeciera.

Tan solo había dado un sorbo cuando el doctor Rius entró en la sala. De inmediato me puse en tensión y me preparé para lo peor. Lo miré directamente a los ojos, tratando de adivinar lo que me iba a decir. Sin embargo, el médico tenía un gesto tan inescrutable que no dejaba traspasar emoción alguna. A medida que se acercó hacia donde nos encontrábamos nos fuimos poniendo en pie, pero solo fui yo quien dio un paso hacia adelante para conocer el verdadero estado de mi madre lo antes posible.

—Le hemos hecho unas pruebas y un estudio preliminar a doña Carmen. De momento los resultados no son concluyentes —se apresuró a decir con aquel tono suyo tan profesional.

—¿Y eso qué significa exactamente? —respondí mientras notaba cómo la angustia y el desconcierto se instalaban en la boca de mi estómago.

—Que todavía es algo prematuro avanzar un diagnóstico exacto.

—Pero doctor... Alguna idea tendrá ya de lo que le ha sucedido a mi madre, ¿verdad?

En aquel instante pude notar a la perfección cómo el hombre que tenía frente a mí se debatía entre la profesionalidad y la amistad que le unía a mi familia desde hacía tantos años. Fue entonces cuando hizo ademán de sentarse en el otro extremo de la sala de espera, en un rincón bastante apartado. Con un leve gesto me invitó a que le siguiera. Le obedecí y, pocos segundos después, estábamos sentados uno frente a otro.

—Iris... Como te acabo de decir, todavía es algo prematuro hacer un diagnóstico preciso que explique el episodio que ha padecido tu madre hace unas horas.

—Pero... —me apresuré a añadir convencida de que la información que se me estaba ocultando no era, ni mucho menos, esperanzadora.

—Hay ciertos indicadores que nos permitirían realizar un diagnóstico bastante aproximado en un porcentaje muy elevado.

—¿De qué cifra estamos hablando, doctor?

—Entre un 70 y un 75% —respondió mirándome directamente a los ojos.

—No sé mucho de medicina, pero en cualquier otro ámbito, esa cifra es casi una certeza; de modo que me gustaría saber, aunque tan solo se trate de una primera estimación, qué es exactamente lo que le sucede a mi madre.

—Iris, tu madre podría tener Alzheimer. Por supuesto tenemos que seguir haciéndole más pruebas para descartar otros trastornos algo remotos, aunque no imposibles. Pero, por desgracia, el diagnóstico de todos los médicos que la estamos atendiendo es prácticamente unánime.

El doctor Rius continuó hablando durante varios minutos más, pero no fui capaz de seguir escuchándole. Tan solo llegaban a mi cerebro expresiones como «bastante avanzado», «pérdida casi total de la memoria y las funciones cerebrales», «fallo progresivo en órganos vitales». Durante todo el tiempo que había estado en la sala de espera había intentado prepararme para lo peor. Esperaba cualquier otro diagnóstico excepto aquel. Por alguna extraña razón me había convencido de que mi madre podría estar siendo víctima de algún tipo de tumor que extirparían sin mucho problema. Luego sería sometida a varias sesiones de quimioterapia y, como la luchadora que siempre había sido, saldría adelante. Lo superaría. Aquel era el peor de los escenarios que había diseñado mi mente. En ninguno de ellos se contemplaba la posibilidad de que sufriera Alzheimer y, mucho menos, que estuviera en un estado tan avanzado en el que la desaparición de la mujer que siempre había sido fuera cuestión de meses en el mejor de los casos.

Poco a poco empecé a sentir que algo me quemaba en el interior del estómago y que se abría paso por mi pecho hasta alcanzar la garganta. Solo me dio tiempo a coger la papelera metálica que tenía a mi derecha, sujetarla con fuerza entre mis manos y vomitar. Noté cómo un sudor frío recorría mi cuerpo desde la nuca hasta el final de la espalda y cómo mi estómago se contraía en un nuevo espasmo a pesar de no tener nada más que eliminar. El doctor Rius alargó la mano y la colocó alrededor de mi muñeca izquierda mientras yo trataba de controlar el temblor que se había apoderado de todo mi cuerpo. Pude advertir que hablaba con alguien, pero a duras penas podía darme cuenta de nada. Bastante tenía con respirar y conseguir que mi estómago se calmara. Una silla de ruedas, una camilla, un pinchazo... Poco después estaba tumbada en un box de urgencias y conectada a un gotero que me hacía sentí mejor a medida que su contenido se expandía por todo mi cuerpo. Al mirar a mi alrededor me di cuenta de que Arnau estaba justo a mis pies y me observaba con preocupación. En cuanto se percató de que tenía los ojos abiertos se acercó y me cogió la mano.

—¡Menudo susto nos has dado! Si querías protagonizar la nueva versión de *El exorcista* solo tenías que haberlo dicho. ¡No hacía falta el espectáculo completo! —dijo mientras me acariciaba con ternura la mejilla.

—¿Tanto la he liado?

—¡Parda! Julia y Paula han ido a buscar a un sacerdote.

Empezaba a esbozar una enorme sonrisa en los labios, pero entonces recordé la conversación que había mantenido con el médico. Las imágenes y las palabras se sucedían a tal velocidad que empecé a sentirme mareada de nuevo. Arnau debió de darse cuenta de lo que estaba pasando porque me acarició con más intensidad e insistió en que cerrara los ojos. Poco a poco dejé de escuchar los sonidos que me envolvían, sentí que la oscuridad se hacía más densa y, al tiempo, más apetecible. Lo siguiente que vino fue un sueño profundo y tranquilo.

—Hora del desayuno —dijo una voz que no fui capaz de reconocer. Traté de abrir los ojos, pero mi cuerpo pedía a gritos seguir durmiendo. De modo que me encogí entre las sábanas y traté de retomar el hilo del sueño tan estupendo que estaba teniendo. Casi lo había logrado cuando volví a escuchar a aquella mujer, solo que, en esta ocasión, una mano movía la mitad de mi cuerpo con bastante energía.

—Hay que ir espabilando, Iris. El doctor Rius pasará dentro de nada a ver cómo estás y a hablar contigo. Anda, come que te han preparado el desayuno *deluxe*.

Con mucho esfuerzo conseguí abrir los ojos. Una enfermera morena de unos cincuenta años me miraba con una enorme sonrisa dibujada en los labios. En sus ojos negros descubrí una inmensa dulzura que hizo que me estremeciera de la cabeza a los pies. Enseguida reaccioné e intenté incorporarme. Ella me ayudó colocando varias almohadas detrás de mi espalda para que estuviera más cómoda. A continuación, otra enfermera algo más joven depositó sobre la mesa una bandeja repleta de comida. Aspiré con fuerza el aroma del café y mi estómago no tardó en reaccionar. Sonreí a ambas mujeres con timidez y me dispuse a desayunar como hacía años que no recordaba.

Lo primero que tomé fue el café con leche. Al igual que había sucedido la noche anterior, su sabor me sorprendió. Estaba buenísimo. Dejé que el aroma me reconfortase y, junto con él, también lo hicieron los recuerdos de todo lo sucedido. Noté cómo todo mi cuerpo se encogía, pero lejos de comenzar a temblar, la reacción física no pasó de ahí. Por primera vez me sentía capaz de gestionar las emociones que se agolpaban en mi interior a medida que iban surgiendo. Todo bastante alejado del colapso del que había sido víctima la noche anterior. Volví a pensar en mi madre, en el duro futuro que nos esperaba a ambas. No tenía ni idea de cómo se habría tomado ella la noticia en el caso de que ya se la hubieran comunicado. Sin embargo, en aquel momento poco o nada podía hacer yo para solucionarlo. De modo que me dediqué a desayunar sintiendo una ligera bruma en el interior de mi mente que me impedía pensar con total claridad. Algo que, dadas las circunstancias, hasta agradecí.

Se puede decir que devoré toda la comida que había en la bandeja. Estaba deliciosa y, afortunadamente, se alejaba de lo que yo imaginaba que era un desayuno de hospital. Claro que me encontraba en una de las mejores clínicas privadas de la ciudad y en una habitación que debía tener el mismo precio por noche que una semana de vacaciones en el Caribe. En cuanto terminé le pregunté a una de las enfermeras si podía darme una ducha. Necesitaba sentirme fresca y despejada antes de que el médico pasara a hablar conmigo. Me animó a ello. No sé qué cara debí poner cuando vi sobre la cama unos pantalones vaqueros, una camiseta de algodón y la ropa interior perfectamente doblada.

—La ha traído tu novio —se apresuró a decir la enfermera más joven—. Tienes muy buen gusto. Es un chico guapísimo y parece inteligente —añadió con una enorme sonrisa dibujada en los labios.

Estaba a punto de responder que no tenía pareja cuando vi a Arnau apoyado en el quicio de la puerta. No sabía cuánto tiempo llevaba ahí ni si había llegado a oír las palabras de la enfermera. En cualquier caso, me alegré enormemente de su presencia. Tenerle a mi lado en un momento como aquel era exactamente lo que necesitaba.

—Cariño, ¿necesitas ayuda con la ducha? —dijo él confirmándome así que lo había escuchado todo.

—No, gracias. Creo que podré sola —respondí mientras le lanzaba una mirada entre furiosa y divertida.

—Tal vez deberías dejarte ayudar. Todavía llevas la vía enganchada al gotero y es complicado moverse con él si no se tiene algo de práctica —añadó la enfermera.

Pude ver cómo el rostro de Arnau se iluminaba, pero por suerte, mi cerebro estuvo algo más rápido.

—¿Y no podrías quitármelo solo cinco minutos para que pueda disfrutar de una buena ducha?

La enfermera nos dirigió una mirada divertida a ambos. Pude ver en sus ojos que se debatía entre ceder al capricho del guapísimo Arnau o dar una tregua a una mujer que necesitaba algo de intimidad.

—Bueno... Pero solo tres minutos, ¿de acuerdo? No quiero que llegue el doctor y te encuentre sin medicar —dijo al tiempo que con un gesto de lo más profesional me liberaba para que pudiera darme una ducha con tranquilidad.

—¡Prometido! —respondí tan emocionada que estuve a punto de darle un beso.

Mientras cogía la ropa de encima de la cama pude ver el semblante serio de Arnau. Noté que había cierta decepción en sus ojos, pero tampoco quise darle mayor importancia. Era consciente de cómo me había dejado mimar por él durante la noche anterior, del modo en el que me había susurrado palabras cargadas de ternura y con qué facilidad me había desahogado con él. Esto era algo que me inquietaba de forma especial, aunque no paraba de repetirme que Arnau y yo éramos amigos desde hacía muchos años. ¿Quién mejor que una persona tan cercana para poder dar rienda suelta a todas tus emociones en un momento complicado de la vida?

Me metí en el baño, me desnudé y poco a poco me metí en la ducha. Entre las horas que llevaba acostada y la medicación, me sentía ligeramente mareada. No tanto como para pedir ayuda, pero sí lo suficiente como para extremar la precaución. Abrí el grifo, ajusté la temperatura y me coloqué justo debajo. Enseguida empecé a notar cómo el agua resbalaba por todo mi cuerpo mientras yo me aferraba con fuerza al asa metálica que tenía justo delante. A medida que pasaban los segundos sentí que mi piel renacía y que incluso mi ánimo mejoraba. Sabía que me esperaban malas noticias. En unos minutos tendría que asimilar un montón de información. Por ese motivo traté de prolongar aquella sensación de bienestar al máximo. Me enjaboné con suavidad sin dejar de sentir en ningún momento la tibieza sobre mi cuerpo. Tuve que poner punto y final a la ducha antes de lo que me hubiera gustado, pero tampoco quería dejar en evidencia a la enfermera que me había liberado del gotero.

Me iba a secar cuando vi mi rostro reflejado en el espejo que había justo encima del lavabo. Tenía una pinta espantosa. Dos manchas de color morado habían aparecido bajo mis ojos dándome una apariencia de mujer cansada y al borde del colapso. Apenas había color en mis mejillas y tenía los labios de color blanco. Parecía más una muerta viviente que una persona dispuesta a afrontar todo lo que se le venía encima. Tal era mi aspecto que cualquiera hubiera podido afirmar que la enferma era yo y no mi madre. Aparté la mirada del espejo y me sequé el cuerpo con la mullida toalla blanca que había encontrado justo al lado de la ducha. Luego hice lo mismo con el pelo. Observé que a la derecha del lavabo había un secador de última generación. Pero no me apetecía sentir calor sobre mi cuerpo y perder la sensación de limpieza que notaba en la piel. Así que me vestí con la ropa que Arnau había cogido de mi casa. Me sorprendió bastante cómo se las había apañado para lograr que todas las prendas combinaran entre sí y también el hecho de que hubiese escogido un atuendo informal, pero al mismo tiempo lo bastante presentable como para reunirse con un médico.

Cuando salí del baño me encontré con que mi amigo estaba desplegando todos sus encantos con la enfermera que lo miraba embelesada. Le había visto usar aquel truco tantas veces que ni me molesté en prestarle atención. Deposité el pijama sucio en una bolsa que me habían facilitado y me senté en una silla junto a la ventana. La enfermera se percató de mi presencia.

—¿Te encuentras mejor?

—¡Ya lo creo! Esa ducha me ha revuelto la vida —dije mientras inspiraba hondo y el aroma del champú me trasladaba de nuevo a la magnífica sensación del agua tibia resbalando por mi piel.

—Me alegro. Ahora te conectaré de nuevo al gotero. Es posible que te entre un poco de sueño. No te preocupes. Es normal. No trates de mantenerte despierta si eso sucede. Simplemente descansa.

—¿Cómo está mi madre? —Era la primera vez que preguntaba por ella en horas. No estaba demasiado segura de querer conocer la respuesta, pero algo en mi interior me empujaba hacia ella.

—El doctor te informará sobre eso en cuanto venga —respondió con un tono tan profesional que provocó que me sintiera todavía más preocupada.

—Pero es que no sé nada de ella desde que ingresó. —Al pronunciar aquellas palabras dejé salir toda la angustia que sentía—. Por favor... —añadí a modo de súplica.

—No tengo mucha más información que tú. Sé que han estado toda la noche haciéndole pruebas, pero desconozco cuáles; tampoco sé si ya tienen los resultados. No estáis en la misma planta, de modo que tendrás que esperar a que venga el médico para que te informe, ¿de acuerdo? Tú procura estar tranquila. Ya verás como todo se soluciona.

Tras escuchar aquellas palabras me hundí en el sofá en el que estaba sentada. O aquella mujer mentía divinamente o era cierto que no tenía ni la más mínima idea de qué era lo que le pasaba a mi madre. De lo contrario no le hubiera dicho a un familiar de un enfermo de Alzheimer que las cosas iban a ir bien.

En cuanto nos quedamos a solas, Arnau se acercó hasta donde yo me encontraba, se sentó a mi lado y me cogió de la mano.

—¿Cómo estás? —dijo mientras sus ojos azules intentaban averiguar mucho más de lo que yo pudiera decirle.

—Es raro. Por una parte, estoy muy tranquila. Imagino que será algún efecto de la medicación que me han dado y, al mismo tiempo, es como si estuviera de puntillas al borde de un precipicio. Siento que una mano tira de mí hacia el fondo del abismo y que no me encuentro con fuerzas para luchar contra ella.

—Iris, nunca me he tenido que enfrentar a una situación como esta y no sé cómo reaccionaría si hubiera recibido la misma noticia que tú. Me siento orgulloso de ti y quiero que sepas que puedes contar tanto conmigo como con Paula para lo que necesites.

—¿Dónde está tu hermana? —me apresuré a responder al caer en la cuenta de que no había vuelto a verla desde la noche anterior.

—Hace un rato la he mandado a casa a descansar. Sé que en este momento debe mantener la mente ocupada o nos volverá locos a todos.

—¡Ostras! ¡el despacho! ¡Mireia! —fue todo lo que acerté a responder mientras trataba de levantarme.

—Está todo solucionado. Hace un rato yo mismo le he explicado lo que había sucedido. No sé por qué te quejas de ella. Ha sido toda amabilidad y comprensión —dijo Arnau sin dejar de sonreír.

—¿No le habrás dicho que...? —Apenas pude terminar la frase porque un enorme nudo se acababa de instalar en mi garganta.

—Tranquila. Le he dado pocos detalles. Solo le he comentado que vas a necesitar unos días para recuperarte de unos ligeros mareos y que la mantendré informada de todos tus progresos.

Lo miré fijamente a los ojos tratando de adivinar qué maldad habría cometido mientras yo dormía como un tronco en una cama de hospital. Sabía que era capaz de cualquier cosa. No en vano se había convertido en uno de los periodistas más destacados del país antes de cumplir los treinta. Me daba miedo preguntarle qué cuento le habría explicado a mi jefa para lograr que pudiera ausentarme del trabajo varios días sin tener que dar demasiadas explicaciones.

—En cuanto le he dicho que debíamos someterte a un intenso tratamiento de duchas frías se ha quedado sin habla —dijo Arnau casi sin poder contener la risa.

—¿Cómo? —Apenas podía dar crédito a lo que terminaba de escuchar y me dejé contagiar por su risa. Cuando el doctor Rius entró en la habitación ambos nos sujetábamos el estómago con fuerza dejando escapar una carcajada tras otra.

—Iris, me alegro de encontrarte de tan buen humor esta mañana. Veo que la medicación ha hecho su efecto.

En el mismo instante en el que escuché su voz todo mi cuerpo se puso en tensión y la sonrisa desapareció de mi rostro. Había llegado el momento de la verdad. Algo para lo que yo seguía sin estar preparada, pero por lo menos, Arnau estaba allí para sostenerme.

—Doctor, verá, es que mi amigo es muy ocurrente y... —El médico alzó una mano y dejé de hablar.

—Una de las primeras cosas de las muchas que te voy a explicar hoy es que necesito que no te sientas culpable por tus emociones. Es maravilloso que puedas reír y quiero que no dejes de hacerlo por muy duro que sea lo que está por venir.

Me limité a asentir y a apretar con fuerza la mano de Arnau. Sentirlo junto a mí me dio seguridad. Pero esta sensación duró muy poco ya que, después de intercambiar una mirada cómplice, mi amigo se levantó y salió de la habitación. Sin embargo, antes de cerrar la puerta, me hizo un gesto que no dejaba lugar a dudas: estaría allí fuera para lo que necesitara.

—En primer lugar, quiero que sepas que tu madre está bien. —Abrí los ojos como platos al escuchar aquello y, poco a poco, todos los músculos de mi cuerpo se relajaron—. Ha pasado una noche un poco inquieta porque le han realizado bastantes pruebas. A las cinco de la madrugada se ha dormido y ha despertado hace poco más de una hora exigiendo el alta. —El doctor Rius puso los ojos en blanco al pronunciar estas últimas palabras—. Todavía no he pasado a verla porque prefería hablar contigo antes y saber cómo te encontrabas.

—Estoy bien —me limité a responder.

—Anoche sufriste un ataque de ansiedad. Algo totalmente comprensible dadas las circunstancias pero que debemos vigilar al máximo. No queremos que enfermes ahora, ¿verdad, Iris?

En realidad, el médico no necesitaba ninguna respuesta por mi parte porque yo interpreté sus palabras como una pregunta retórica. Aun así, asentí con toda la energía de la que fui capaz.

—Bien. Como te acabo de decir vamos a tener bajo control estos nervios tuyos porque tu madre va a necesitar que estés al cien por cien. El diagnóstico que te di hace unas horas ya está del todo confirmado: Alzheimer. Sin embargo, no nos aventuramos a hacer una catalogación exacta sobre el estadio en el que se encuentra la enfermedad ya que hemos detectado síntomas que se relacionan con etapas muy diferentes.

—¿Eso qué significa exactamente? —dije al mismo tiempo que notaba cómo se me secaba la boca.

—Para explicarlo de forma sencilla te diré que nosotros clasificamos la enfermedad en cuatro fases. La uno sería la inicial, que se caracteriza por olvidos ocasionales, determinados cambios en la personalidad o comportamiento y cierta tendencia a aislarse del mundo. La cuatro sería la fase final en la que la pérdida de memoria es total y la enfermedad ataca al resto del cuerpo, por lo que es bastante frecuente que los enfermos en este estado entren en un proceso vegetativo del que ya no se recuperan.

—Entiendo... —respondí más de forma automática con la conciencia de comprender la situación en su conjunto.

—En algunos aspectos tu madre presenta síntomas de la fase uno, pero en otros está bastante más cerca de la dos. Esto nos ha llevado a la conclusión de que es posible que la enfermedad esté avanzando con bastante rapidez —dijo el doctor con seriedad.

—¿De cuánto tiempo dispone?

—No me gusta aventurarme en cifras cuando me enfrento a este tipo de enfermedades.

—Por favor... —susurré casi al borde de las lágrimas.

—Hasta la pérdida total de la memoria —dijo el doctor Rius como si le estuviera costando la vida ser tan sincero—, un año. Quizás menos.

Un gemido agudo se escapó de mi garganta y me invadió una sensación tanto de impotencia y soledad. Allí estaba yo sentada en un cómodo sillón de cuero de hospital escuchando cómo el médico que nos había tratado durante tantos años me decía que era cuestión de muy poco tiempo que mi madre dejara de existir. Ella todavía era relativamente joven y existía la posibilidad de que pasara años convertida en un vegetal, en una especie de planta que no recordaría a la gran diseñadora que era en la actualidad. A esa persona enérgica y siempre cargada de proyectos que no podía permanecer más de media hora sin hacer nada. Tras escuchar las palabras que me pesaban como una enorme losa, pensé en la relación que ambas habíamos mantenido casi desde el mismo instante en el que nací. Siempre tan distante, tan fría... Arnau y Paula habían tratado de explicármelo en numerosas ocasiones. Sin embargo, nunca llegué a comprender la esencia de aquella magia que ellos compartían cuando estaban en compañía de sus padres.

Durante mi vida adulta casi no me había importado que nuestra relación fuera así. Me había convencido de que no había otra manera de relacionarme con ella y, dado el carácter de ambas, incluso era lo mejor para nosotras. Ahora la realidad me mostraba su lado más cruel. El destino, la providencia o lo que fuera, había puesto un plazo a lo que existía entre nosotras. Una fecha que, ineludiblemente, llegaría y, a partir de la cual, una de nosotras pasaría a ser una auténtica desconocida. Sentí el calor de las lágrimas resbalando sobre mis mejillas. No hice ningún esfuerzo por contenerlas. «¡Bendita medicación!» pensé. Por lo menos no había vuelto a perder el control y era capaz de asimilar la información que se me estaba proporcionando.

—Nosotros vamos a hacer todo lo posible por controlar el avance de la enfermedad. Hay nuevos fármacos que están ofreciendo muy buenos resultados. —Oí que decía el doctor Rius en la lejanía—. Además, nuestro equipo de neurólogos estará encantado de resolver cualquier duda que se te presente ahora o en un futuro próximo. Sería interesante que doña Carmen empiece cuanto antes una terapia de estimulación cognitiva que le será de gran ayuda para sentirse más útil y segura. Además, eso también te proporcionará a ti toda una serie de herramientas para poder trabajar con ella cuando estéis juntas.

—Necesito pensar en todo esto —dije cuando me di cuenta de que empezaba a sentirme abrumada de nuevo por todo lo que estaba oyendo.

—¡Por supuesto que sí! Dentro de un rato pasará a hablar contigo una de nuestras mejores psicólogas y te orientará sobre todo aquello que te preocupe. También estoy yo —dijo mientras dejaba caer una de sus fuertes manos sobre mi hombro derecho—. Para lo que necesites. A cualquier hora del día o de la noche. Ya lo sabes.

—Muchas gracias —logré responder.

—Ahora viene la parte más difícil —dijo el doctor al tiempo que hacía ademán de levantarse.

—¿Cuál?

—Contárselo a doña Carmen.

Al escuchar aquello sentí que me abandonaban las pocas fuerzas que me quedaban. Se suponía que tenía que acompañar al médico, ir a la habitación en la que mi madre había pasado la noche, mirarla a los ojos y aguantar el tipo mientras se le comunicaba que todo su mundo conocido desaparecería, en el mejor de los casos, en apenas doce meses. Respiré hondo e intenté levantarme del sillón, pero no pude. Las piernas se negaban a obedecerme y permanecían clavadas al suelo mientras los ojos se me llenaban de lágrimas. Sabía que, en aquel momento concreto, tocaba ser fuerte. Debía estar al lado de mi madre. Desconocía cómo debía actuar para encontrar la valentía necesaria. Puse todo mi empeño en hallarla en lo más hondo de mí. No tuve éxito.

—Doctor... —dije en apenas un susurro.

—No te preocupes, Iris. Es muy normal lo que te pasa. Julia está con ella. Podrás reunirte con tu madre más tarde. Ahora intenta tranquilizarte y estar lista para cuando la psicóloga venga a hablar contigo. ¿De acuerdo?

Asentí muy despacio y empecé a sentirme fracasada, vacía... Como una auténtica mierda. En cuanto el médico salió de la habitación Arnau regresó a mi lado. Al verme tan abandonada al dolor y tan derrotada, me abrazó. Tal y como había hecho la noche anterior, pasé los brazos alrededor de su cuello, lo miré a los ojos y me perdí en ellos con el fin de aliviar la pena que sentía en mi interior. No sé quién de los dos sucumbió antes al hechizo del otro. Solo sé que, unos segundos después, nuestros labios estaban pegados. Nos habíamos fundido en un intenso beso.

CAPÍTULO 7

Carmen no había encajado el diagnóstico de los médicos demasiado bien. Llevaba veinticuatro horas encerrada en su casa y las últimas tres las había pasado buscando la agenda en la que solía guardar las ideas que se le iban ocurriendo para sus futuros diseños. Se había negado a hablar tanto con el equipo de neurólogos como con su hija. Ni siquiera quería escuchar a Julia, con la que siempre había mantenido tan buena relación. Se debatía entre la incredulidad y la certeza de que el Alzheimer estaba haciendo mella en su cerebro.

Lo primero que había hecho al llegar a casa había sido prepararse un buen baño caliente. Estaba convencida de que vería las cosas con mucha más perspectiva una vez que se hubiera deshecho del olor a hospital que se le había adherido a la piel. Aquella era una de las pocas ocasiones en las que Carmen se daba cuenta de lo poco que había disfrutado la magnífica casa que había ido decorando con el paso de los años. Ahora, desnuda en el *jacuzzi*, mientras sentía cómo las burbujas masajeaban cada músculo de su cuerpo, cayó en la cuenta de la impresionante imagen que ofrecía el Tibidabo justo frente a sus ojos. Dio por sentado que aquel debía de ser el motivo por el que había ordenado colocar la bañera de hidromasaje a cierta altura y junto a la ventana, aunque no era capaz de recordarlo con exactitud. Tampoco estaba segura de todos los cambios que había hecho en el pequeño palacete en el que vivía desde que lo había adquirido años atrás. Tal vez ahora fuera el momento de parar un poco y tratar de disfrutar de las comodidades que había dejado para más adelante. La idea de que no había futuro o de que este no estaba tan alejado como había creído, la enfurecía. La vida no podía estar jugándole esta mala pasada, aunque así era. Todavía le quedaban mil cosas por hacer. Nuevos retos. Nuevos desafíos. Llegar tan lejos en el mundo de la moda como le fuera posible. Conseguir lo que nadie había alcanzado antes.

Sabía que era imposible luchar contra la evidencia. Cinco médicos no podían estar equivocados. Y, aunque en un primer momento se había propuesto consultar a otros expertos en la materia, sabía que tenían razón. No le habían pasado inadvertidos sus recientes olvidos o los cambios de humor que padecía con demasiada frecuencia. Había tratado de convencerse de quc todo se debía al estrés causado por el inminente desfile. Pero sabía que aquello no era del todo cierto ya que tanto su memoria como su personalidad habían empezado a cambiar mucho antes de que aquel evento se pusiera en marcha. No había querido prestar atención a todos los síntomas que le anunciaban de forma inequívoca cuál era la dolencia que padecía. Ahora... allí estaba sola en el interior de su cuarto de baño de treinta metros cuadrados rodeada de un lujo y un bienestar que apenas tendría tiempo de disfrutar.

«Joder», dijo Carmen mientras apretaba los puños con fuerza y parpadeaba para evitar que las lágrimas salieran de sus ojos. «¡Me quedan tantas cosas por hacer!», chilló con la vista clavada en lo alto de la montaña como si alguien pudiera escucharla y solucionar lo que le estaba ocurriendo. Apretó los dientes. Sentía que todo a su alrededor era una auténtica mierda. La vida no podía estar castigándola de ese modo. No ahora, que casi había llegado a la meta que siempre había querido alcanzar. Sabía que tenía la opción de seguir fingiendo que nada de lo que le estaba sucediendo era real. La negación era una de las salidas más airosas que veía en aquel momento. Podía seguir trabajando hasta que un día le diera un ataque tan fuerte que tuvieran que ingresarla de forma definitiva en un hospital. Ella nunca había dado explicaciones a nadie sobre su vida personal.

Durante los cuarenta años que llevaba trabajando no se había ausentado ni un solo día del atelier, por muy enferma que hubiera estado. Ni siquiera el embarazo logró apartarla de lo que más amaba: el mundo de la moda. Podía seguir como hasta ahora y luego desaparecer discretamente. Por lo que le habían dicho, tampoco es que le quedara demasiado tiempo.

Mientras las burbujas seguían relajando su cuerpo, Carmen empezó a convencerse de que aquella era una de las mejores opciones que tenía a su alcance. Todavía se sentía con fuerzas para sacar el desfile adelante. Estaba casi todo listo y, aunque quedaban algunos detalles por ultimar, estaba convencida de que sería un éxito. Había trabajado demasiado en ello como para que no lo fuera. Empezó a sentir algo de frío y decidió que ya había tenido suficiente agua. Se levantó y cogió el albornoz de algodón egipcio de color crema que siempre descansaba sobre la estantería de metal justo al lado de la ventana. Al ponérselo sonrió. Aquella prenda combinaba a la perfección con los diferentes tonos de la pared de piedra natural. Ella nunca dejaba nada al azar, pero acababa de darse cuenta de hasta qué punto llegaba su obsesión por la decoración y el equilibrio estético. Cuando reformó el baño pensó en recrear una terma romana. Siempre había sentido una gran paz en el interior de las construcciones más sencillas hechas a base de elementos naturales. Por eso pensó que, si lograba reproducir ese tipo de arquitectura en el interior de su cuarto de baño, cada vez que entrara en él sería como acceder a un trozo del paraíso. Ahora, al observar cada uno de los detalles que la rodeaban se daba cuenta de que había conseguido su objetivo. Aquel lugar, junto con el estudio en el que trabajaba con vistas al mar eran, sin duda, sus preferidos.

Se puso las zapatillas que descansaban al final de los tres escalones de mármol blanco que daban acceso al *jacuzzi* y caminó despacio hacia el espejo. La luz entraba a raudales por el enorme ventanal iluminándolo todo como si, en vez de la inminente llegada del invierno, fuera la primavera la estación que estuviera a punto de comenzar. Carmen quitó el vaho del espejo con el dorso de la mano y observó su imagen reflejada en él. Al ver aquella piel tan tersa y sus ojos verdes tan llenos de vida como de costumbre, volvió a pensar en que tal vez todo se tratara de un error. Pero su lado racional se encargó de hacerla entrar en razón. Lo que le sucedía era real. Ahora solo tenía que decidir de una vez por todas cómo se enfrentaba a su realidad.

Caminó hacia su dormitorio con paso lento pero firme. Pudo notar cómo el suelo de madera de roble crujía bajo sus pies. Conocía a la perfección hasta el último de los sonidos de aquella casa y aquel en concreto era el que mayor sensación de hogar le proporcionaba. Era curiosa la asociación de ideas que se producían en su mente y cómo un sonido concreto o un aroma determinado provocaban en ella la sensación de haber creado un hogar, aunque viviera sola. Fue directa al vestidor, otra de las joyas de la casa y a la que Carmen no le prestaba demasiada atención. Siete armarios repletos de prendas y complementos perfectamente ordenados por colores y por momentos del día en el que se debían utilizar. Porque así era su vestidor, un lugar en el que reinaba el orden y el buen gusto.

En cuanto entró en la estancia iluminada con la luz natural que se filtraba a través de una claraboya situada en lo alto del techo, Carmen fue directa hacia el armario en el que guardaba la ropa de ir por casa. A Iris siempre le hacía mucha gracia esta expresión que utilizaba su madre para referirse a las prendas que solía utilizar cuando no estaba trabajando porque se alejaba mucho de las prendas que, por lo general, las mujeres se ponían para estar por casa. Para ella, el colmo de la comodidad solían ser unos pantalones tobilleros de Ralph Lauren de color negro (o como ella solía llamarlo cuando bromeaba, Rafael Lorenzo), un jersey de punto *oversize* de este mismo diseñador y unas bailarinas. A pesar de ser rubia y de tener los ojos claros, siempre que se vestía con aquellas prendas tenía un aire a lo *Sabrina* que cautivaba a todo el que la viera. Este atuendo tan particular siempre iba acompañado de un maquillaje suave pero tan bien aplicado que le proporcionaba un aire sofisticado a cualquier hora del día. El toque final que acompañaba a su *look* aparentemente improvisado pero que estaba pensado al milímetro eran las cinco gotas de *5th Avenue* de Elisabeth Arden. Un perfume con un sutil aroma a flores que acompañaba a Carmen desde hacía más de veinte años y que siempre conseguía transportarla a Nueva York, ciudad en la que había pasado algunos de los mejores momentos de su vida profesional.

Como no podía ser de otro modo, Carmen optó con los pantalones tobilleros, un jersey de color gris de cuello vuelto que se ceñía a sus caderas y unas bailarinas negras. Hacía todavía demasiado calor para enfundarse las botas y, como no había llovido en los últimos días, podría pasearse por el jardín con aquel calzado sin miedo a mojarse los pies. Cuando contempló el resultado frente al espejo le gustó lo que vio. «Nadie diría que estoy a punto de perder la cabeza para siempre», murmuró con esa actitud tan cínica suya con la que solía enfrentarse a los reveses de la vida. Desde que el doctor Rius había hablado con ella no dejaba de hacer chistes crueles sobre el futuro que le esperaba. Por supuesto no los contaba en voz alta cuando estaba acompañada, sino que se los dejaba para los momentos del día en los que se deprimía de forma especial. Era como si encontrara algún tipo de alivio en el hecho de regodearse en su desgracia, o como si de algún modo pensara que, cuanto más daño se hiciera a sí misma, más se alejaría la enfermedad de ella. En el fondo sabía que no había nada que pudiera salvarla de su futuro más inmediato, pero en aquel momento, no quería enfrentarse al Alzheimer de otro modo.

Sabía que no era sensato lo que estaba haciendo. Era consciente de que no tenía demasiado tiempo para dejar todos sus asuntos en orden. Un año, en el mejor de los casos, le habían dicho. No sabía si quería vivir tanto en unas condiciones tan penosas. Aunque los médicos se habían esforzado en explicarle que el deterioro no tenía por qué ser dramático, Carmen se imaginaba sentada en una silla de ruedas, con la mirada perdida en algún punto en el horizonte y limitándose a respirar como una planta. Desde luego ese no era el final que había previsto. Siempre se había imaginado envejeciendo con cierta dignidad y marchándose de este mundo del mismo modo que había llegado a él: sin hacer ruido. Sin embargo, parecía que la vida tenía otros planes para ella.

Había momentos en los que no tenía claro si debía resignarse ante lo que se le avecinaba o si, por el contrario, lo que debía hacer era facilitarle las cosas a la enfermedad. Carmen detestaba los hospitales, las medicinas y, como mujer independiente y hecha a sí misma que era, lo que más odiaba era convertirse en una carga para los demás. Amaba su independencia por encima de todas las cosas. Por este motivo, cada vez que pensaba en su futuro más inmediato la idea de quitarse de en medio lo antes posible iba cobrando fuerza en su interior.

Antes de abandonar el vestidor abrió el primer cajón del armario que tenía a su derecha y sacó de él un chal de cachemir color rosa palo de Chanel. Era todo lo que necesitaba para pasear por el jardín y tratar de aclarar las ideas que se agolpaban por su mente. Pasó brevemente por su dormitorio para aplicarse algo de maquillaje, se retocó el pelo y luego bajó en dirección a la parte trasera de la casa. En cuanto abrió la puerta corrediza, una brisa fresca le despejó los sentidos. Se echó el chal sobre los hombros y salió al exterior. Un sendero de piedra daba acceso al jardín; una de las cosas de las que Carmen se sentía más satisfecha era del pequeño, aunque frondoso bosque del ala derecha del jardín. Cuando compró la casa en aquel mismo lugar solo había un par de pinos y tres cipreses más muertos que vivos. Sin embargo, gracias a su empeño y a las milagrosas manos de un jardinero estupendo, ahora podía disfrutar de su particular zona verde sin tener que salir de casa.

Aunque le encantaban las especies tropicales, Carmen sabía que lo mejor para tener un jardín en condiciones era recurrir a las autóctonas. De modo que tanto ella como Josep habían decidido dividir el terreno en tres partes. En la zona más elevada donde ya se encontraban los pinos y los cipreses, plantarían otros árboles típicos de la zona como encinas, olmos y eucaliptos. A su izquierda, plantaron palmeras, naranjos, limoneros y hasta un par de olivos que, para sorpresa de ambos, acabaron cuajando e incluso dando fruto. En la zona más cercana a la casa, el jardinero había habilitado un pequeño huerto con plantas aromáticas clásicas como la salvia, el tomillo, el romero o el espliego, y un montón de verduras de temporada: tomates, pimientos, berenjenas y calabacines, que se consumían en la casa durante todo el año.

Sin embargo, la pasión de Carmen por los árboles o las hortalizas no se extendía a las flores. Siempre le había costado entender el empeño de las personas en querer cultivar hortensias o claveles cuando el lugar adecuado para ellos se encontraba en plena naturaleza. Por supuesto, la casa contaba con un espléndido jardín en la parte delantera donde buganvillas, margaritas, jazmín y rosas daban la bienvenida a los visitantes. Pero aquello había sido cosa de Josep, un pequeño capricho que le había concedido después de ver la dedicación y el esmero con el que realizaba el resto de tareas.

En cuanto llegó a la zona del jardín en la que daba comienzo su bosque particular respiró hondo. Como todavía era temprano, la humedad de las primeras horas del día mezclada con el aroma que desprendían eucaliptos y pinos despertaron sus sentidos. Se abrigó un poco más con el chal y empezó a caminar por el sendero que se adentraba entre la arboleda. Mientras andaba disfrutó del canto de los pájaros, de especies que no sabía identificar, pero con cuyos sonidos llevaba viviendo todos aquellos años. Sentía cómo el aire fresco y puro le llenaba los pulmones y la ayudaba a ordenar sus pensamientos. Sabía que debía tomar una decisión respecto a su futuro más inmediato y debía hacerlo mientras conservara sus facultades mentales intactas.

A medida que se adentraba entre los árboles la luz del día fue desapareciendo hasta que llegó un momento en el que la vegetación se había vuelto tan frondosa que creaba una noche artificial. Fue al llegar a ese punto exacto cuando Carmen vio con claridad qué era lo que debía de hacer a partir de aquel momento. La idea no era nueva, se trataba del mismo planteamiento que había tenido cuando conoció su diagnóstico; pero ahora acababa de descifrar cómo iba a llevar a cabo su plan. Amaba tanto su libertad que respetaba profundamente la de los demás. No quería que Iris lo dejara todo para ocuparse de una madre demente que iría a peor día a día. Tampoco quería terminar aparcada en una silla de ruedas en una residencia con los pañales a rebosar y medicada hasta las cejas. Carmen tenía pensado ejercer su derecho a decidir sobre cómo quería morir. Era consciente de que lo que planteaba era imposible en España. Sin embargo, tenía dinero. Así podía comprarse en el extranjero la clase de muerte que estaba prohibida en su país. Llegado el momento viajaría a Suiza y elegiría una muerte tan dulce como digna. No quería que nadie sintiera lástima ni compasión por ella. Se negaba a que el mundo viera su declive y, ante todo, no necesitaba vivir su propia decadencia de aquel modo. Sin embargo, antes de que llegara el momento, debía hablar con su hija. Tenía que compartir con ella una parte de su pasado que jamás había explicado a nadie.

También podía abandonar el mundo sin confiar a nadie el secreto que guardaba. Al fin y al cabo, era algo que solo le pertenecía a ella, a una vida no muy lejana. Carmen consideró durante varios minutos aquella posibilidad. Pero la desechó. Había algo en su interior, llamémosle egoísmo, que la impulsaba a querer emprender un viaje cuyo recorrido conocía de sobra. Solo que en aquella ocasión quería hacerlo en compañía de su hija. Después de aquello podría morir en paz.

CAPÍTULO 8

Mi primera mañana en el despacho tras la hospitalización fue como el argumento de una película de Disney. Jamás en mi vida había visto a mi jefa tan amable conmigo ni tan dispuesta a facilitarme la vida. A lo largo de la mañana telefoneé a Paula en un par de ocasiones y le pedí que me gritara porque no acababa de creerme tanta simpatía. Ambas nos reunimos a la hora del almuerzo y, nada más entrar en un restaurante vegetariano que nos gustaba mucho, descubrí que Arnau nos estaba esperando. El estómago me dio un vuelco. Nos habíamos visto un par de veces desde nuestro beso en el hospital, aunque no habíamos hablado de ello. Era consciente de que aquella tampoco era la situación apropiada para hacerlo, pero en cuanto mis ojos se posaron en él, sentí un cosquilleo alrededor de mi nuca y un aleteo bastante familiar en la parte baja de mi vientre.

—Veo que la bruja malvada os ha dejado escapar de la torre del castillo —dijo mientras nos besaba con efusividad a las dos.

—¿Qué pasa, no tienes a ningún político a quien poner a parir hoy? —Paula miró a su hermano con cierta desconfianza.

—En realidad tengo muchos, pero prefiero conocer los secretos de dos mujeres estupendas. —Tras pronunciar aquellas palabras Arnau clavó su mirada en mí. Traté de controlar el rubor que ya subía por mis mejillas, pero fue inútil. Por suerte para mí Paula estaba demasiado ocupada mirando a nuestro alrededor como para darse cuenta de nada.

—Pues nos vienes genial. Ya sabemos quién paga hoy —dijo mi amiga guiñándome un ojo.

—Eso está hecho. Venga elegid lo más caro. ¡Arruinadme!

En cuanto Arnau dijo aquello, Paula y yo cogimos la carta de vinos del restaurante y pusimos cara de malas. Tenía que reconocer que disfrutaba de aquellos ratos en su compañía. Conseguían que me sintiera mucho mejor y que llegara a olvidar, aunque fuera durante unos minutos, todo lo que estaba sucediendo con mi madre.

—¿Cómo estás? —dijo Arnau en cuanto le dejamos claro que no pensábamos abusar de su tarjeta de crédito.

—Bien... Intento no pensar mucho en ello y trato de vivir el momento.

—Eso es bueno —dijo Paula—. Nunca sabemos qué nos puede traer el futuro.

—Creo que es lo mejor que puedo hacer. De lo contrario empiezo a mirar los meses en el calendario y me angustio bastante.

—¿Ha comenzado ya tu madre con el tratamiento? —Arnau no era de los que se andaba por las ramas cuando quería averiguar algo.

—No quiere saber nada del tema. Está convencida de que los médicos se equivocan. Dice que se encuentra mejor que nunca y que recuerda perfectamente las cosas. Hay momentos en los que, cuando veo la energía que está derrochando en la organización de este desfile, llego a dudar del diagnóstico. Luego recupero la cordura y vuelvo a ser consciente de la enfermedad que padece a pesar de la aparente normalidad en la que vive ahora.

—¿Está tomando algún tipo de medicación? —Había cierto temor en las palabras de Paula.

—Es a lo único que ha accedido. Le dijo al doctor Rius que, por respeto a la amistad que les unía, se tomaría aquella basura que le estaba recetando, pero que aquello era todo.

A los tres se nos dibujó una pequeña sonrisa en los labios. Mi madre era genio y figura incluso en el momento más delicado de toda su vida.

—¿Has intentado hablar con ella? —Ahora era Arnau quien se mostraba más cauteloso.

Docenas de veces, pero vive encerrada en su despacho. Cada vez que voy a visitarla e intento sacar el tema me responde que no tiene tiempo para tonterías y que me meta en mis asuntos. Dadas las circunstancias, es bastante complicado ayudarla.

—¿Qué tienes pensado hacer? —dijo Arnau mientras le echaba un rápido vistazo al menú.

—Es un clásico que mi madre se ponga histérica antes de un desfile. Así que es absurdo tratar de abordar este tema cuando ella no por la labor. He pensado que lo mejor es dejar que trabaje, que pase el dichoso evento... Luego tendré que armarme de paciencia e intentar hacer que entre en razón lo antes posible. El tiempo no es que corra precisamente a nuestro favor...

—¿Cuántos días faltan para el gran evento? —Paula me miraba muy seria.

—Tres.

—Piensas ir, ¿verdad?

—Sí y tú me acompañarás si quieres.

Pude ver cómo su rostro se iluminaba. A continuación, se levantó de la silla y se echó literalmente encima de mí.

—¿Te he dicho cuánto te quiero? —dijo casi al borde de las lágrimas.

—En innumerables ocasiones, pero creo que nunca con tanta efusividad como ahora —añadió Arnau, mientras me escrutaba con sus enormes ojos azules.

—¡Es que la quiero mucho! —protestó Paula.

—Y me temo que tu amor va a aumentar cuando veas los regalos que han preparado para los VIP's

Los ojos de Paula se abrieron casi tanto como los de un niño en la mañana del día de Reyes. A continuación, una enorme sonrisa le iluminó el rostro y empezó a aplaudir con euforia. Después empezamos a hablar de temas relacionados con el trabajo y, en especial, sobre el cambio de actitud de Mireia.

—Cuando un médico te ruega con cortesía que mimes a una persona muy valiosa en la empresa y además te envía unas flores exquisitas, es difícil ser capaz de negarse a cambiar de actitud —dijo Arnau con picardía.

—¿Puedes explicarme qué has hecho exactamente? —Necesitaba averiguar cómo había conseguido Arnau que Mireia me tratase con tanta consideración, un cambio tan drástico.

—Ya sabes que tras el incidente del hospital llamé a tu jefa para pedirle amablemente que prescindiera de ti durante unos días. Pues además le pedí, como médico tuyo, que en lo sucesivo, fuera más... indulgente contigo —se limitó a responder mientras me mostraba una de sus mejores sonrisas.

—¡No me lo puedo creer! ¿Cuántas veces tengo que decirte que no te metas en la vida de los demás? Un día de estos te van a partir las piernas. —Paula estaba bastante enfadada con su hermano.

—Tranquilízate, fiera. Solo le he hecho un favor a una amiga.

—Algo que dudo mucho que ella te haya pedido —respondió mientras me miraba.

—Tranquila, Paula —me apresuré a aclarar—. Si tengo que ser sincera... Lo agradezco. Con todo lo que está pasando en mi vida ahora mismo, solo me faltaba seguir aguantando las impertinencias de la jefa.

—¿Pero es que no lo ves? —Paula estaba realmente fuera de sus casillas—. ¡Cualquier día se hace pasar por tu ginecólogo o por tu psiquiatra y te mete en un problema! ¡Arnau estás enfermo!

—Te prometí que no volvería a sacarte de ningún lío y así lo he hecho —dijo mirando muy serio a su hermana—. Con respecto a los demás puedo hacer lo que quiera.

—Siempre que ellos te lo permitan, ¿no?

Paula tenía razón. Sabía que Arnau era un excelente negociador. A lo largo de su carrera profesional había conseguido proyectos inaccesibles para muchas otras personas. Pero de ahí a hacerse pasar por alguien que no era había un trecho. En este caso concreto me había sido de gran ayuda. Solo esperaba que el tema no se le acabara escapando de las manos.

—Te agradezco enormemente lo que has hecho. Sin embargo, me gustaría que, en lo sucesivo, me consultaras tus planes antes de ponerlos en práctica —dije con un tono que no dejaba ningún lugar a la duda.

—De acuerdo —se limitó a responder—. Como he dicho, solo pretendía ayudar. Lamento si te ha molestado.

Durante varios minutos se hizo el silencio entre nosotros. No es que fuera del todo incómodo, pero tampoco estábamos acostumbrados a estar los tres callados al mismo tiempo. Por suerte, el camarero vino a tomar nota y, a partir de aquel instante, todo volvió poco a poco a la normalidad. Durante el almuerzo volvimos a ser los tres amigos de siempre. Reímos con las ocurrencias de Paula y nos estremecimos con algunas de las últimas informaciones de carácter político a las que Arnau había tenido acceso. Como la noticia que me preocupaba era más que conocida por ellos evitamos incluirla en la conversación. Agradecí mucho ese gesto. Me sentaba de maravilla mantener la mente ocupada en algo que no fuera el inminente deterioro que iba a experimentar mi madre.

Paula recibió una llamada de teléfono que la obligó a salir del restaurante quince minutos antes de que terminara nuestra hora para almorzar. Arnau y yo nos quedamos solos. Nos limitamos a mirarnos en silencio. Estaba casi convencida de que él estaba buscando el mejor modo de abordar lo que había pasado en el hospital porque era exactamente lo mismo que estaba haciendo yo. No quería ser la primera en hablar. Temía que él hubiera malinterpretado lo sucedido. Además, me inquietaban las emociones que experimentaba cada vez que recordaba aquel beso.

—Iris... —dijo Arnau con muchísima dulzura en su voz—. ¿Cómo te encuentras?

—Ya os lo he dicho antes. Un poco aturdida con toda la situación, pero tratando de salir adelante con toda mi energía —respondí con la misma facilidad que si hubiera aprendido la frase en un manual de autoayuda.

—No me refería al tema de tu madre —murmuró sin apartar la vista de mi rostro.

—Ah... —fue todo lo que pude decir. No esperaba una pregunta tan directa a pesar de que sabía de sobra lo directo que podía llegar a ser cuando algo le interesaba de verdad.

—Me refiero a lo que pasó entre nosotros el otro día. —Arnau me miró todavía con más intensidad si es que eso era posible.

—La verdad... No sé qué decirte. —Y era cierto.

Había revivido nuestro beso una y mil veces, aunque en ningún momento me había atrevido a ponerle nombre al cúmulo de sensaciones que experimenté. Tampoco quería dar cosas por sentadas. Al fin y al cabo, hacia muchos años que nos conocíamos. Tal vez solo se tratase de una muestra de afecto más. No tenía por qué significar otra cosa. Pero entonces, ¿por qué no paraba de darle vueltas al asunto en los escasos momentos en los que dejaba de pensar en mi madre?

—Pues yo pienso que hay muchas cosas que decir. —Arnau estaba tan serio que me desconcertó—. No es algo que debamos pasar por alto. Primero, por la amistad que nos une y segundo, porque estoy convencido de que a ninguno de los dos nos dejó indiferente.

—Arnau, yo... —Quería decirle muchas cosas. La principal, que no era un buen momento para pensar en un rollo, una relación o lo que fuera que pudiera surgir entre ambos si dábamos rienda suelta a nuestras emociones. Debía centrar todas mis energías en convencer a mi madre para que redujera sus horas de trabajo y, en especial, para que siguiera una terapia adecuada lo antes posible. No teníamos tiempo que perder.

—¿Qué es lo que te asusta, Iris? —Lo miré sorprendida en cuanto terminó de formular la pregunta. Me impresionó lo claro que parecía tenerlo él.

—El momento, el motivo y, en especial, el no querer estropear esto tan especial que nos une desde hace tantos años.

Si algo había aprendido desde que mi madre había sido diagnosticada de Alzheimer era que no se debían dejar para el futuro las cosas que realmente importaban. Y lo que me estaba pasando con mi mejor amigo era algo primordial para mí. Existía la posibilidad de aparcar el tema durante semanas e incluso meses. Pero ¿y si ese mañana nunca llegaba?

—Estoy de acuerdo contigo en que el momento en el que ha pasado todo esto no es el más idílico. Ahora la pregunta a la que ambos debemos responder es si queremos seguir adelante o dejarlo pasar.

—¿Y tenemos que decidirlo hoy? —dije un poco a la defensiva.

—Deberíamos tomar una decisión lo antes posible —se limitó a responder.

Me sentí furiosa con él. ¿Acaso no sabía toda la presión que ya había en mi vida? ¿En serio necesitaba apretarme las tuercas un poco más? «¡Hombres!», pensé. Siempre con sus exigencias y sus necesidades por delante de todo. No tenía ni el cuerpo ni la mente para decidir sobre nada, así es que me limité a permanecer en silencio.

—¿Y bien? —dijo cuando la ausencia de conversación entre nosotros se hizo insoportable.

—Ya te he respondido. Lamento mucho que no sea lo que

tú esperabas. —Mi voz sonó seca, dura e incluso con una seguridad que yo no sentía. Pero me alegré de poder mantener el tipo ante un asedio como aquel. Arnau estaba muy acostumbrado a salirse siempre con la suya. Sin embargo, hoy no lo iba a tener tan fácil o, al menos, así lo creía yo.

Vi con sorpresa cómo se levantaba de la silla. Sin apartar la vista de mí, se acercó con decisión. Se inclinó ligeramente, tomó mi cara entre sus enormes manos y me besó. Todo mi cuerpo reaccionó al sentir el contacto de sus labios sobre los míos y la piel se me erizó en el mismo instante en el que su lengua rozó levemente la mía. Luego se separó de mí casi con la misma rapidez con la que había llegado. Fui consciente de que me costaba respirar, lo que más claro me quedó, era que me moría de ganas de más.

—Cuando estés dispuesta a hablar de tus sentimientos, ya sabes dónde encontrarme.

Arnau se dio media vuelta y, con su elegancia habitual, se encaminó a la salida del restaurante. Yo permanecí sentada con una mezcla de deseo y furia corriendo por mis venas. Por supuesto, el beso no me había dejado indiferente pero aquella sensación casi se solapaba con el monumental cabreo que me producía su actitud de machito amo del corral. ¿Quién puñetas se creía que era? ¿Justin Bieber en un concierto? ¿Madonna? ¿Richard Gere en *Pretty Woman*?

Cuando recuperé la capacidad de movimiento mi primera intención fue ir tras él y cantarle las cuarenta. Pero enseguida descarté esa opción. Jamás en mi vida había ido detrás de nadie y aquella no iba a ser la primera vez. Luego se me pasó por la cabeza la posibilidad de contárselo a Paula. Siempre me ofrecía excelentes consejos sobre las cosas que me preocupaban. Sin embargo, Arnau no era un hombre cualquiera. Se trataba de su hermano, ella era mi mejor amiga y ni siquiera le había contado lo que había sucedido entre nosotros en el hospital. Estaba claro que debería tratar de resolver yo sola todo lo que estaba pasando por mi mente.

Regresé al despacho un poco agitada. Por suerte Mireia había salido a almorzar con un cliente y pude disfrutar de un poco de paz. Aproveché su ausencia para serenarme y poner mis pensamientos en orden. Como no lo logré, decidí que lo mejor sería sumergirme en el trabajo y desconectar del mundo. A las siete en punto cerré el ordenador. Mi jefa no había aparecido en toda la tarde así que había podido avanzar bastante papeleo que tenía atrasado. Cogí el bolso, la chaqueta y me dirigí hacia el ascensor. Apenas quedaba nadie en la oficina a aquellas horas. Cuando salí a la calle mi primera intención fue ir a ver a mi madre. Procuraba pasar algo de tiempo con ella todos los días, pero como seguía su ritmo frenético de trabajo acudía a su estudio para nada. Apenas tenía tiempo para saludarme con un leve movimiento de cabeza y luego se olvidaba por completo de que yo estaba allí. Solo faltaban tres días para el gran evento y sabía que tendría a todo su personal trabajando veintitrés horas al día. Estaba a punto de coger un taxi cuando mi teléfono móvil empezó a sonar.

—¿Sucede algo, Julia? —dije alarmada al ver el nombre de la secretaria de mi madre en la pantalla.

—Tranquila. Todo está en orden —se apresuró a responder con total normalidad—. Siento si te he asustado.

—No pasa nada —respondí mientras sentía cómo se destensaban todos los músculos de mi cuerpo.

—Te llamaba por si querías ahorrarte la visita de hoy. —Conocía a Julia desde hacía muchos años y nunca antes se había puesto en contacto conmigo para hacerme sugerencias sobre el momento en el que debía o no ver a mi madre. Aquello me desconcertó un poco pero enseguida siguió hablando y despejó todas mis dudas—. Doña Carmen está en plena euforia laboral. Creo que vamos a volver a pasar otra noche sin dormir así es que si prefieres irte a casa o quedar con tus amigos ni te lo pienses.

—¿Pero está bien?

—Perfectamente. Como si nada hubiera pasado.

Un silencio cómodo se estableció entre nosotras. El hecho de haber compartido el episodio tan desagradable que había llevado a mi madre al hospital nos había acercado bastante. Ninguna de las dos había hecho alusión al diagnóstico tan desesperanzador que nos habían dado. Julia tampoco había querido ofrecer detalles sobre cómo se enfrentaba mi madre a la enfermedad si es que se había permitido tener el tiempo suficiente para ello. Existía entre nosotras una complicidad que me hacía sentir mucho menos sola en un momento como aquel.

—¿Estás segura de que no es necesario que vaya? —dije sintiéndome un poco culpable por preferir irme a casa a tumbarme en el sofá.

—Lleva toda la tarde cambiando el orden de las modelos y hace media hora la he oído amenazar al taller con cambiar la colección entera si no se siguen sus instrucciones al pie de la letra.

Al escuchar aquello una sonrisa se dibujó en mis labios. Esa era mi madre. Solo cruzaba los dedos y me encomendaba al destino para que aguantara sin ninguna recaída cuarenta y ocho horas más. Una vez el desfile hubiera terminado y la prensa volviera a referirse a ella como la diva mundial de la moda, podríamos ponernos manos a la obra. Y lo haríamos quisiera ella o no. Yo estaba lista para todo.

—En ese caso creo que voy a irme a casa, pero si hay cualquier cosa, lo que sea...

—No te preocupes, Iris —dijo Julia sin dejarme terminar la frase—. Todo va a ir bien, pero si sucede cualquier contratiempo te llamo. Aprovecha para descansar, ¿de acuerdo?

Asentí en silencio y me sentí en deuda con la vida porque mi madre tuviera a su lado una mujer como aquella.

—No sabes cómo te lo agradezco, de verdad.

—Solo hago mi trabajo —se limitó a responder con un tono más cariñoso que profesional.

—Haces mucho más y lo sabes. En cualquier caso, muchísimas gracias.

—Desconecta un poco. Seguro que lo necesitas.

Sonreí de nuevo al escuchar sus palabras. Cuando colgué el teléfono me sentía mucho más ligera. Como si, de repente, el enorme problema que ocupaba mi mente se hubiera hecho mucho más pequeño y dejara algo de espacio para pensar en mí. Respiré hondo y miré al cielo. Ya había anochecido y, a pesar de las luces de la ciudad, se podían adivinar algunas estrellas. No hacía demasiado frío de modo que decidí regresar a casa dando un paseo. Caminar siempre me ayudaba a sentirme mejor. Barcelona estaba preciosa en esa época del año en la que todavía la gente recorría las calles sin demasiada ropa de abrigo y disfrutando de una buena temperatura. Siempre había sentido fascinación por lo que yo consideraba «la zona centro para las compras». De modo que me tomé mi tiempo para caminar por Plaza Cataluña con una sonrisa dibujada en los labios y observándolo todo como si fuera la primera vez. En apenas unas semanas tendríamos que sacar de nuevo los chaquetones y enfrentarnos tanto a la lluvia como a esa humedad que se te cala en el alma hasta casi bien entrada la primavera. Encaminé mis pasos hacia la calle Pelayo. Disfruté de los escaparates, las luces, los diferentes aromas de los puestos callejeros de castañas y boniatos que se entremezclaban con otros más dulces que provenían de las tiendas de venta de turrones que ya se estaban preparando para la Navidad. Me acerqué a una de ellas y, en cuanto leí los sabores que proponían se me hizo la boca agua. Crema catalana, dulce de leche, tres chocolates... Anoté mentalmente que debía regresar a darme un buen capricho. Cuando me di cuenta había pasado más de una hora y estaba en la puerta de casa. Me sentía llena de energía y ya había decidido que pasaría la noche practicando una de mis aficiones preferidas: leer.

* * *

La escena del restaurante con Iris había sido demasiado para mí. Su frialdad me había desconcertado. Esperaba algo más por su parte después del beso en el hospital. Tal vez no hubiera sido el momento más romántico de nuestras vidas, pero estaba convencido de que había sido especial para ambos. Podía sentirlo. Había pasado varios días dándole vueltas al despertar de mis nuevas emociones y sentimientos. Una pregunta ocupaba mi mente casi todo el tiempo: ¿por qué?, ¿cuál era la razón de que no pudiera apartar de mis pensamientos a la mujer que había sido mi mejor amiga durante todos estos años? ¿Qué era lo que había cambiado para que ahora la viera con ojos tan diferentes? Una y otra vez intentaba convencerme de que mi atracción por ella era algo pasajero y que, pasado un tiempo prudencial, todo volvería a la normalidad. Obvio decir que no lo conseguí. Cuanto más pensaba en ella, con más claridad tenía la respuesta. A pesar de lo indignado que estaba conmigo mismo por mi actitud durante el almuerzo, fui lo bastante inteligente como para asumir la respuesta a las preguntas que me formulaba en mi interior: me había enamorado de Iris. De esa chica de grandes ojos negros, tez blanca y unos labios perfectos para ser besados. De la mujer inteligente y segura de sí misma que siempre había sido, aunque, en ocasiones, ella se empeñara en hacer creer lo contrario. No era capaz de marcar el momento exacto en el que mis sentimientos hacia ella se habían transformado. Solo sabía que había sucedido y que no estaba dispuesto a dejar escapar la ocasión de demostrárselo.

Era la primera vez en mi vida que me enamoraba. Era plenamente consciente de ello y hasta me gustaba. Ninguna mujer hasta entonces me había tocado tanto el corazón como Iris. Había tenido rollos de una sola noche, ligues de fin de semana y hasta mis «novias». Incluso alguna mujer me había hecho sentir las famosas mariposas en el estómago, aunque solo hubieran durado unas pocas horas. Pero todo era diferente ahora. Cuanto más cerca de ella me encontraba, más necesitaba sentirla entre mis brazos, acariciarla, susurrarle al oído todas las palabras que, ahora me daba cuenta, había estado reprimiendo durante años. ¿Por qué? No lo sé. Solo era capaz de responder a esa pregunta con esta otra: ¿por qué no?, ¿qué más daban las razones que me hubieran llevado hasta allí, o las relaciones que hubiera necesitado para darme cuenta de que siempre había tenido a mi lado a la mujer que quería? Lo importante era que estaba sucediendo y no estaba dispuesto a dejar escapar la oportunidad. No ahora que por fin había encontrado la razón de todo lo que sentía en mi interior.

Me levanté de la mesa de mi despacho con una única idea en la mente: decirle de una vez por todas lo que me estaba pasando. No me importaba si era correspondido o no. Solo deseaba compartir con ella un sentimiento que me hacía sentir muy feliz. Por supuesto, ella estaba en su derecho de rechazarme o de hacerme esperar hasta que las cosas en su vida se tranquilizaran un poco, pero yo no estaba dispuesto a ocultar lo que me estaba pasando ni un segundo más. Me había enamorado, sí. De Iris, sí. Ya era hora de dejar de esconderme en relaciones que tan poco me aportaban, de ser el hombre inmaduro que saltaba de relación en relación con ese halo de independencia que no era del todo real. Estaba cansado de la vida que había llevado hasta entonces. Tal vez observar en primera persona lo breve que puede ser la vida o cómo pueden cambiar las circunstancias personales de un día para otro me había hecho ver con más claridad lo que sentía. ¿Hasta cuándo pensaba seguir perdiendo el tiempo? Con lo que le había pasado a Carmen me había quedado claro que no es buena idea posponer las cosas que de verdad importan. Y eso era precisamente lo que iba a hacer en cuando llegara a casa de Iris. Ser tan sincero con ella como las palabras me lo permitieran.

* * *

Acababa de quitarme los zapatos de tacón cuando el timbre me sobresaltó. Decidí no abrir. No esperaba a nadie. Unos segundos después, volvió a sonar con más insistencia. Me cubrí con una sudadera y caminé bastante enfadada en dirección a la puerta. Cuando la abrí tuve que echar mano de mi autocontrol para mantener la barbilla en su sitio y la boca cerrada. Allí estaba Arnau vestido con unos tejanos claros y una camisa azul marino que realzaba tanto la blancura de su piel como el color de sus ojos. Estaba guapísimo. Entonces recordé que estaba molesta con él y su innegable atractivo pasó a un segundo plano.

—Está visto que hoy no tienes nada que hacer... —dije mientras giraba sobre mis talones, le daba la espalda y me dirigía al interior de mi casa.

—Y tú has debido de perder el sentido de la estética en algún momento del día —respondió y pude sentir sus ojos recorriéndome desde la cabeza hasta los pies—. No sé qué diría tu madre si te viera vestida así. —En cuanto terminó de pronunciar estas palabras se empezó a reír.

Me di la vuelta y a punto estuve de lanzarle el florero que descansaba sobre la mesilla de madera del pasillo. Lo miré furiosa durante varios segundos mientras él seguía riéndose cada vez más fuerte. Su felicidad era contagiosa. Tanto que, unos segundos después, estaba riéndome a su lado.

—Que sepas que sigo enfadada contigo —dije en cuanto fui capaz de recobrar el aliento y respirar con normalidad.

—Creo que no he dicho nada para ofenderte —respondió sin dejar de sonreír.

—Te has portado como un capullo engreído. O peor... como una estrella del pop malcriada y consentida.

Arnau me atravesó con aquellos ojos azules suyos. No supe interpretar con exactitud qué era lo que quería transmitir con su mirada.

—Iris... Ya no tenemos edad para andar con jueguecitos. Tanto tú como yo sabemos que lo que pasó el otro día en el hospital no fue un simple beso.

Sabía que tenía razón. Yo misma le había estado dando vueltas al tema una y otra vez, pero no estaba dispuesta a dejarle ganar la batalla con tanta facilidad.

—¿Nos tenemos que casar? —dije con un tono de voz bastante más irónico de lo que yo pretendía.

—Evidentemente no —se limitó a responder con bastante frialdad—. Pero lo que tampoco podemos hacer es seguir adelante como si nada hubiera pasado.

—¿Por qué?

—Porque yo sentí cosas y estoy convencido de que tú también. Y no tengo intención de continuar siendo solo amigos. No sin antes haber aclarado el tema.

¡Caray con Arnau! Eso sí que era ir directo al grano. Y yo que pensaba demorar la conversación lo máximo posible. No me sentía ni con ganas ni con ánimo de enfrentarme a mis emociones. Básicamente porque las tenía a flor de piel y no estaba en el mejor momento para tomar decisiones o hablar sobre las cosas que bullían en mi interior. Durante los minutos que permanecimos en silencio, tan solo mirándonos, se me pasó por la mente la posibilidad de aparcar el tema por mucho que él estuviera empeñado en gestionarlo lo antes posible. Sin embargo, opté por coger el toro por los cuernos. Si Arnau quería una respuesta se la iba a dar y, de paso, yo me quitaría un dolor de cabeza. Ya tenía bastantes preocupaciones a las que hacer frente.

—Está bien. Hablemos. Pero deja que antes me ponga cómoda. Sírvete lo que quieras. Para mí una copa de vino, por favor.

Me di la vuelta y fui directa al dormitorio a terminar de vestirme. Miré en dirección a la mesilla de noche donde me esperaban varios libros. «Adiós a mi tranquila noche de lectura», pensé. Luego entré en el cuarto de baño, me recogí el pelo con una coleta alta y me lavé la cara. Necesitaba estar despejada para afrontar una conversación que intuía que muy fácil no iba a ser. Cuando regresé al salón vi a Arnau moverse por la cocina. Me senté en el amplio futón que hacía las funciones de sofá y lancé una fugaz mirada en dirección a la ventana. Las terrazas de los bares estaban en su momento álgido. Era todo un lujo poder disponer de una vista como aquella cuando regresaba del trabajo. Precisamente esa había sido una de las razones que me habían animado a comprar un espacio de cincuenta metros cuadrados en Montjuïc. La vida en el barrio era tan intensa que no necesitabas ir a ningún otro sitio de Barcelona para pasar una noche de copas con los amigos. Además, haberme encontrado un *loft* completamente reformado en un edificio considerado patrimonio histórico de la ciudad a un precio tan asequible fue lo que me acabó de convencer para mudarme allí. En cuanto vi las paredes de piedra natural de todo el apartamento y los elevados techos de madera me acabé de enamorar por completo. A ello había que añadirle los suelos de baldosa hidráulica que formaban diferentes dibujos en función del ambiente del apartamento en el que te encontraras y que, además, se conservaban en perfecto estado. Con ayuda de Paula y algún que otro consejo que acepté de mi madre había ido decorando mi nueva casa hasta conseguir un lugar que reflejara por completo mi personalidad. Siempre he sido muy amante de los espacios abiertos y el ambiente minimalista. Creía a pies juntillas en el *feng shui*, en la búsqueda de espacios elegantes y calmados en los que existiera un equilibrio. Precisamente por eso había buscado muebles de madera de corte bajo y en tonos neutros. Todo seguía un orden estricto que tenía como objetivo lograr que cualquier persona que me visitara se sintiera enseguida como en su propia casa. La decoración se completaba con mullidas alfombras en colores crudos en cada una de las diferentes estancias del *loft*. La única zona de la casa en la que me había permitido romper un poco ese estilo había sido en la cocina, pero porque me había enamorado de una de color rojo que había visto en una revista de decoración y que resultó quedar perfecta una vez instalada en mi nuevo hogar.

Alargué la mano en dirección a la pitillera que descansaba sobre una pequeña mesa de madera de color blanco y me encendí un cigarro. La primera calada fue tan profunda que me provocó cierto mareo, pero necesitaba fumar para tranquilizarme. Un delicioso aroma lo envolvió todo. Miré en la dirección de la que provenía el olor y descubrí a mi mejor amigo con una bandeja en la mano y una amplia sonrisa. Siempre había admirado a las personas que eran capaces de preparar una cena con cuatro latas sacadas de un armario. Él era uno de los seres que tenía esa habilidad. El rugido de mis tripas se escuchó alto y claro. Ambos sonreímos y decidimos enterrar el hacha de guerra al menos hasta que nos hubiéramos saciado.

Unos nachos con guacamole esperaban tentadores a que me lanzara sobre ellos, así como una ensalada tibia con queso de cabra que no tenía ni la menor idea de dónde había salido. Sobre la bandeja también habían unas tostadas con virutas de *foie* y jamón serrano. Me sorprendía que todo aquello hubiera salido de mi nevera. Solo la abría cuando tenía alguna fiesta en casa y tenía que preparar algo sencillo para los invitados.

—No hay nada caducado. Puedes comer tranquila —dijo Arnau mientras me guiñaba un ojo. Él mejor que nadie conocía mi comportamiento en la cocina.

—Pues mira, no lo había pensado, pero ahora que lo dices me quedo mucho más tranquila. Aunque, si te soy sincera, no me acordaba de que hubiera comprado todas estas cosas.

—Cuando sigues las listas de la compra que te hago sueles traer comida medio decente a esta casa —respondió mientras acercaba a los labios la copa de vino.

—¡Qué haría yo sin ti!

En cuanto terminé de pronunciar aquellas palabras sentí cómo me sonrojaba. En cualquier otra circunstancia la frase hubiera pasado sin pena ni gloria, pero después de lo ocurrido, podía dar lugar a diversas interpretaciones.

—Los amigos estamos para eso —se limitó a responder con amabilidad, algo que agradecí enormemente.

A partir de aquel instante empecé a sentirme un poco más relajada. Cuando terminamos de cenar volvíamos a ser los de siempre. Incluso bromeábamos sobre los jefes a los que cada día teníamos que enfrentarnos en el trabajo.

—Yo siempre le he dicho que con ese cuerpo que tiene podría dedicarse a cosas más lucrativas —dijo Arnau al tiempo que su cara se transformaba en una mueca digna de un anciano lascivo—. Pero Paula se empeña en seguir en ese cuartucho ocho horas al día cobrando esa miseria.

—No todos podemos ser como tú. Además, con esa manía tuya de llegar a la hora que te da la gana, cualquier día de estos te quedas sin trabajo.

—Ya saldrá otro —se limitó a responder.

Siempre me había admirado la confianza que derrochaba. No se amilanaba ante nada y, cada vez que tenía que enfrentarse a un problema, lo hacía con un optimismo impresionante. En algunas ocasiones había llegado a envidiar aquella fuerza con la que se enfrentaba a la vida y su actitud eternamente positiva.

—Las ofertas de trabajo no es que sobren precisamente... —dije en plan Pepito Grillo.

—Siempre puedo crear mi propia empresa. Pero no te preocupes por eso. Tengo todo controlado y mi trabajo asegurado. Al menos hasta mañana. —Arnau me dedicó una enorme sonrisa. Luego alzó la copa. Yo le imité. No tenía ni idea de por qué estábamos brindando. Solo me dejé contagiar por su entusiasmo y el placer de la compañía.

Terminamos de cenar e hice intención de recoger, pero

él me lo impidió. Con un leve gesto me indicó que regresara de nuevo al sofá y que se encargaba de todo. En cualquier otra situación hubiera protestado. Sin embargo, hasta lo agradecí. De modo que me acomodé todavía más no sin antes coger la copa de vino y sostenerla entre mis manos. Deseaba con todas mis fuerzas que la sensación de bienestar que estaba experimentando se alargase lo máximo posible. Poco a poco empecé a notar que todos los músculos del cuerpo me pesaban. A continuación, fueron los párpados. Apoyé con suavidad la cabeza en el respaldo del sofá y cerré los ojos. El silencio me envolvió por completo. Era el primer momento de auténtica paz del que había podido disfrutar desde que había sabido el diagnóstico de la enfermedad de mi madre. Sentí una punzada de dolor en el centro del pecho. Traté de tomar conciencia del ritmo de la respiración y de apartar ese pensamiento. Intenté poner la mente en blanco y me concentré en el número siete. Esa técnica la había aprendido unos años atrás en un taller de gestión del estrés al que había asistido y solía funcionarme. Me fui sintiendo cada vez más relajada y desconectada del mundo. Creo que incluso durante varios minutos me quedé dormida.

El aroma a café recién hecho me devolvió a la realidad. Abrí los ojos y me encontré directamente con los de Arnau. Me observaba con dulzura y con otra emoción más que no supe del todo cómo descifrar.

—¿Llevas mucho tiempo ahí?

—El suficiente como para darme cuenta de lo agotada que estás —dijo mientras me tendía una taza de café y yo le entregaba en su lugar la copa de vino vacía—. Tranquila es descafeinado. Te sentará bien algo caliente antes de meterte en la cama.

¿Por qué de repente todas las palabras que salían de su boca me parecían tan sensuales y cargadas de intención? Podía haberlo achacado al estado de agotamiento en el que me encontraba, aunque en el fondo, sabía lo que estaba pasando entre nosotros. Aun así, opté por guardar silencio y volví a acomodarme en el futón. Observé todos sus movimientos mientras se preparaba su propia mezcla de cafeína y coñac. Era algo que le había visto hacer en muchísimas ocasiones, pero me pareció más erótico que nunca. Hice un nuevo esfuerzo por recuperar la calma. Me abstraje en la taza que sostenía entre las manos. Luego di un largo trago y no pude evitar volver a mirarlo. Ahora Arnau tenía los ojos puestos en mí. Sin lugar a dudas había llegado el momento de abordar lo que nos ocurría.

—¿Y bien? —dijo él como si me acabara de leer la mente.

—Sigo sin tener respuesta.

—¿Qué es lo que te preocupa exactamente? —Aquella pregunta me desconcertó porque la única preocupación que yo tenía en aquel momento no tenía nada que ver con nosotros.

—Aparte de mi madre no muchas más cosas, la verdad.

—Yo también sé jugar a esto, ¿sabes? —dijo con una dureza que me dolió.

—Lamento mucho si crees que estoy adoptando algún tipo de pose, haciéndome de rogar o cualquier otra cosa por el estilo. No es así. Me limito a responder a tus preguntas de la forma más honesta que puedo.

—¿Qué sentiste el otro día en el hospital? —Al menos tenía que reconocer que iba directamente al grano.

—Fue raro. Ternura y sorpresa al mismo tiempo.

—¿Te gustó?

—¿Y a ti? —Sabía cuánta rabia le producía que le respondiera a una pregunta con otra pero tampoco iba a poner yo sola todas las cartas sobre la mesa.

—Sí. Hacía mucho tiempo que deseaba hacerlo.

Sus palabras me dejaron descolocada. Había pasado varios días convencida de que nuestro encuentro había sido más producto del momento que de otra cosa. Ahora me daba cuenta de que, al menos por su parte, había sido algo premeditado. Un montón de preguntas cruzaron por mi mente.

—¿Desde cuándo? ¿Por qué? ¿Cómo? —Las palabras salían de mi boca sin control. Quería saciar cuanto antes la necesidad de saber.

—Es posible que no tenga todas las respuestas. Solo te puedo decir que me he dado cuenta de que mis sentimientos por ti no son solo los de un buen amigo.

—Pues no me aclaras mucho las cosas, la verdad —dije con cierta acidez.

—Lo sé. A mí también me cuesta asumirlo, pero prefiero afrontar las cosas ahora que seguir permitiendo que pase el tiempo.

—Arnau, yo... —dije mientras trataba de tragar saliva y aclararme la garganta, que se me había quedado seca por completo—. No sé qué esperas que te diga. Lo del otro día fue muy bonito, intenso y sí, me gustó. Pero no hay nada más allá de eso.

—¿Estás segura? —Sus ojos azules se clavaron en mis labios como, si de ese modo, pudiera hacerme cambiar de opinión.

—Somos amigos. Esa ha sido siempre nuestra relación. Además —me apresuré a matizar—, no estoy en condiciones de cambiar eso ahora.

—¿Qué te da miedo?

—Nada. Es solo que todo el tiempo del que disponga a partir de ahora se lo tendré que dedicar a mi madre.

—¿Y eso te impide mantener una relación? —dijo al mismo tiempo que alzaba la ceja izquierda y me miraba con seriedad.

—No exactamente. Para tener una relación con alguien primero tengo que querer y, me temo, que no es el caso.

—No me lo pareció el otro día.

Después de escuchar aquella respuesta estuve a punto

de perder el control de mi cuerpo. ¿A qué venía aquella actitud suya tan de gallito? ¿Acaso se creía que por un simple beso iba a caer rendida a sus pies? No entendía nada. Pero, en cualquier caso, daba igual. Yo tenía perfectamente claras mis prioridades y las razones por las que hacía las cosas.

—Anda, dejemos de darle vueltas al asunto y hablemos de otra cosa —dije tratando de recuperar el equilibrio que siempre había existido entre nosotros.

Arnau no dijo nada y se limitó a mirarme. Me empezaba a poner nerviosa aquella manía que parecía haber adquirido en las últimas horas de clavar la vista en cada centímetro de mi rostro. Me hacía sentir un poco extraña y, al mismo tiempo, no lograba entender el interés tan repentino que parecía sentir hacia a mí. Poco a poco se fue acercando hasta donde me encontraba. Se pegó a mí de tal manera que pude sentir su aliento fresco sobre mis labios. Toda la piel de mi cuerpo se erizó. Excepto por el beso que nos habíamos dado en el hospital, hacía algún tiempo ya que un hombre no se acercaba a mí con esa mezcla de ternura y deseo que destilaba cada poro de su piel.

Cerré los ojos y respiré hondo. Aquel era el momento perfecto para tomar la decisión más sensata. Mi lógica me decía que tenía que parar aquello.Debía de aclararle las cosas tantas veces como fuera necesario hasta que entendiera que solo éramos amigos. Estaba a punto de abrir la boca para decir algo cuando sentí la suya sobre la mía. Se me aceleró el pulso y unas enormes ganas de dar rienda suelta a mis emociones se apoderaron de mí. Perdí el control de mis pensamientos y centré todas mis energías en pasar los brazos alrededor de su nuca, aprisionar sus labios entre los míos y dejarme llevar. La voz de la razón intentaba hacerse oír, pero mi necesidad de sentirme deseada en un momento personal como el que estaba viviendo logró apartarla de un manotazo. Le mordisqueé con fuerza. Arnau dejó escapar un hondo suspiro que me animó a seguir adelante. Entreabrió un poco los labios y mi lengua se coló en su interior. Estaba húmedo, salado, caliente. Su sabor me embriagó de tal modo que me afané en recorrer cada centímetro. Nos enredamos con fuerza, pasión e incluso furia. Podía notar cómo mis uñas se clavaban en su nuca al tiempo que sus manos aprisionaban mis mejillas como si quisiera asegurarse de que no iba a huir.

La respiración de ambos se aceleró. Como si nos hubiéramos puesto de acuerdo, nuestras manos empezaron a desprenderse de la ropa del otro que salía despedida en diferentes direcciones. Solo había una idea en nuestras mentes que lo dominaba todo: sentir la piel del otro y perderse en ella.

—Vamos a la cama —dijo con la voz entrecortada por el deseo—. Necesito espacio para hacer contigo lo que quiero desde hace tiempo.

Ya en el dormitorio me abalancé de nuevo sobre su boca. Lo hice con tanto ímpetu que ambos caímos sobre la cama. Por suerte para mí él estaba justo debajo, así que decidí tomar el control de la situación. Sin dejar de besarlo deslicé las manos sobre su pecho al tiempo que le clavaba ligeramente las uñas. Sentí cómo toda su piel se erizó bajo mis dedos y también escuché uno tras otro los pequeños gruñidos de satisfacción que se escapaban de su boca. Notar su erección bajo mis dedos fue todo lo que necesité para dar rienda suelta a la mujer apasionada que había dentro de mí. Me dejé caer sobre él y empecé a pasear la lengua por cada rincón de su piel. En una de las ocasiones en las que mi lengua acariciaba la línea de sus perfectos oblicuos, Arnau apoyó sus manos a ambos lados de mi cabeza y me asió con fuerza obligándome a ir un poco más abajo. Me incorporé con rapidez y me senté a ahorcajadas sobre él. Alargué la mano en dirección al cajón que guardaba bajo la cama. Cogí lo que buscaba y centré la atención en rasgar el envoltorio del preservativo que, lentamente, fue envolviendo su miembro. A continuación, fui bajando las caderas y acercándome un poco más a la punta de su pene. Permanecí así el tiempo justo para llenarme de la expresión de deseo, morbo y necesidad que había en su rostro. Luego descendí lentamente hasta quedarme a unos pocos milímetros de él. Entonces fue Arnau quien tomó la iniciativa ya que alzó levemente la cadera y se deslizó hacia mi interior con suavidad. A medida que su sexo se abría paso dentro del mío, el hormigueo intenso que se había instalado entre mis muslos se fue liberando hasta provocar un dulce orgasmo que me recorrió entera. En cualquier otra situación aquello hubiera bastado, pero no con él. Cuanto más dentro lo sentía más quería. Empecé a moverme al ritmo que sus manos marcaban de nuevo sobre mis caderas. Al principio era lento y sinuoso, pero después empezó a convertirse en algo tan rítmico e intenso que, durante varios minutos, tuve la seguridad de que iba a partirme en dos. Empecé a notar cómo mi sexo tomaba vida propia y se adelantaba a cualquier decisión que yo pudiera tomar. Eran sus ansias de satisfacer el placer las que guiaban mis manos sobre el cuerpo de Arnau, las que me impulsaban a dejarme llevar como nunca lo había hecho antes.

Con la última sacudida de placer que se produjo en mi cuerpo caí desmadejada sobre el torso de Arnau. El corazón le palpitaba con tanta fuerza que, por un momento, pensé que se le iba a salir del pecho. Sonreí satisfecha al comprobar que el mío latía casi tan rápido como el suyo. No era capaz de procesar todo lo que había sucedido. Solo sabía que me hacía sentir infinitamente bien y hacía tiempo que necesitaba algo tan grande como lo que terminaba de experimentar. Unos brazos se enroscaron alrededor de mi espalda y empezaron a moverme muy despacio. Era como si me estuvieran meciendo. Imaginé que aquella era la forma que él tenía de expresar lo que sentía en aquel instante y me dejé hacer. Cerré los ojos y me concentré en el sonido del latido de su corazón que se iba acompasando al ritmo de su respiración. Podía sentir su aliento cálido sobre mi pelo y volvía a estar envuelta en aquel aroma tan sensual suyo.

Una de las cosas que más me sorprendió de ese momento de intimidad que estábamos compartiendo los dos era la serenidad y la normalidad que había en cada uno de nuestros movimientos. Si alguien nos hubiera estado mirando desde el exterior hubiera afirmado sin lugar a dudas que no era la primera vez que nos dejábamos llevar por la pasión y que, lo que acabábamos de hacer, era una constante en nuestras vidas. Permanecí quieta y sin abrir los ojos. Él me acariciaba la espalda y me producía escalofríos de lo más placenteros por todo el cuerpo. Era como si quiera alargar al máximo todo el placer del que acabábamos de disfrutar. Por primera vez en mucho tiempo tenía la mente en blanco. Yo que siempre tenía una idea u otra rondando por la cabeza estaba siendo capaz de disfrutar de ese placer del que tantas veces había oído hablar pero que nunca había sentido. Solo estaba centrada en nuestro pulso y respiración. Todo mi cuerpo estaba relajado y en perfecta armonía. Tanto que me quedé dormida.

* * *

Un intenso aroma a café despertó todos mis sentidos. Abrí los ojos y descubrí que estaba perfectamente arropada en mi cama. Respiré hondo y otro olor muy familiar se coló en mi interior. El aroma de Arnau. En cuanto mi cerebro fue capaz de reaccionar ante aquel estímulo me incorporé de golpe. Por mi mente empezaron a desfilar imágenes de lo que acababa de vivir no hacía demasiado tiempo porque aún era de noche. Todavía no había tenido tiempo de procesarlo todo cuando Arnau apareció sonriente por el quicio de la puerta.

—Lo siento, no quería despertarte —dijo al tiempo que se acercaba y me dejaba un dulce beso en los labios.

—Tranquilo, no lo has hecho. Ha sido el olor de eso tan estupendo que creo que estás preparando —respondí sonriente, aunque un poco confundida.

—Ahora te sirvo uno. Dame un minuto.

Desapareció con la misma rapidez con la que había llegado hasta el dormitorio. Me volví a acurrucar en el nórdico no sin antes abrir el segundo cajón de la mesilla de noche y ponerme una camiseta de manga corta. A pesar de lo que había sucedido entre nosotros no me producía ninguna sensación de comodidad seguir desnuda. No quería pensar en nada. Al menos mientras él todavía estuviera en casa, pero mi cerebro ya despierto del todo no paraba de bombardearme con una y mil preguntas mientras que en mi interior se agolpaban toda clase de emociones. Traté de concentrarme en el hecho de no pensar en nada. Algo que, hacía unas pocas horas, se me había dado tan bien. Por suerte Arnau regresó cuando estaba a punto de caer en la tentación de dejarme arrastrar por las dudas.

—También te he preparado unas tostadas con mantequilla y mermelada de naranja amarga. Todavía es tu favorita, ¿verdad? —Arnau dejó la bandeja con cuidado sobre mis muslos y luego se sentó frente a mí.

—Hay cosas que nunca cambian —dije tratando de darle la máxima normalidad posible a algo que desde luego no lo era.

—Siento el madrugón, pero hoy tengo mucho lío en el trabajo.

—¿Qué hora es?

—Las cinco y media. A ti todavía te quedan un par de horas —dijo al tiempo que me dirigía una mirada de lo más sugerente.

—Prefiero no volver a dormir. Así tendré tiempo de ir a ver a Julia y que me ponga al día sobre cómo está mi madre.

Aunque, conociéndola, lo más seguro es que esté pasando por completo de tomarse la medicación y lleve ya días sin dormir.

—Iris —dijo Arnau casi en un susurro y acariciando el dorso de mi mano con sus dedos—, todo va a ir bien ¿de acuerdo?

—No, Arnau. Nada va a ir bien. Mi madre no tiene un resfriado o una varicela que se cure pasando tiempo encerrada en casa. En apenas unos meses esa mujer a la que ahora tanta gente admira no sabrá ni cómo se llama. —Las palabras salieron de mi boca con más dureza de la que me hubiera gustado, pero empezaba a molestarme el hecho de que la gente tratara de quitarle importancia al drama que se nos avecinaba.

—Que te amargues la vida o que te deprimas no va a hacer que tu madre mantenga la memoria durante más tiempo —se limitó a responder él casi con la rudeza con la que yo terminaba de hablarle—. La adversidad y la enfermedad se enfrentan mejor siendo positivo.

—Perdona que no me muera de risa porque mi madre tenga Alzheimer. —En cuanto pronuncié aquellas palabras sentí que una mezcla de rabia, dolor e indignación se instalaba en el centro de mi pecho. ¿Cómo era posible que mi mejor amigo, con quien además terminaba de acostarme, me pudiera hablar de aquel modo? ¿Acaso no le importaba todo el infierno al que estaba obligada a enfrentarme sin la ayuda de nadie?

—Guárdate las ironías para otros, Iris. Lo que trato de decirte es que es muy triste lo que está sucediendo, pero que tu vida no se termina aquí. Yo estoy a tu lado.

No terminaba de entender del todo su actitud. ¿Qué era lo que estaba tratando de decirme? ¿A qué venía ese discurso y, sobre todo, por qué había manifestado precisamente en un momento como este sus ganas de estar a mi lado?

—Cierto, mi vida no se acaba, pero una parte de mí desaparecerá el día que mi madre pierda la última de sus neuronas. En ese instante todo lo que hemos vivido, lo que ha sentido, soñado e incluso las cosas que probablemente no me haya contado jamás, se irán para siempre. Y cuando llegue ese momento un trozo de mi ser también desaparecerá con ella. Nadie debería enfrentarse a algo como esto jamás. Pero menos aún cuando se supone que tienes toda una vida por delante y que lo único de lo que debes preocuparte es de trazar tu propio futuro.

—Es una putada lo que te está sucediendo, pero tienes que ser fuerte. Además, no estás sola. —Arnau se acercó a mí con la intención de depositar un beso en mis labios. Sin embargo, yo no estaba demasiado por la labor. Me sentía demasiado furiosa con él y con el mundo como para dejarme llevar por zalamerías. Tampoco tenía claro en qué punto nos encontrábamos. Para mí lo sucedido unas horas atrás había sido una especie de liberación, algo totalmente salvaje que me había hecho sentir a las mil maravillas, pero nada más. Detrás del sexo no había ningún sentimiento más allá del cariño que sentía por él desde hacía bastantes años y de la atracción física a la que no me había podido resistir en un momento de debilidad, soledad y agotamiento. Sabía que las cosas no estaban tan claras por su parte y por eso decidí abordar el tema. No quería pasar el resto del largo día pensando en qué decirle la próxima vez que le viera.

—Antes de seguir adelante con eso —murmuré ya con mis labios a escasos centímetros de los suyos—, quiero que dejemos las cosas bien claras. Tú y yo no estamos saliendo. No somos pareja, solo dos adultos que han disfrutado de un sexo maravilloso durante una noche.

Las palabras brotaron de mi boca con la misma facilidad que si las hubiera pronunciado en muchas otras ocasiones. En cierto modo así había sido. Mi tendencia natural a huir del compromiso y de las relaciones duraderas me habían llevado en más de una ocasión a dejarle bien claro a un hombre que nuestros encuentros no iban a pasar de disfrutar del sexo y cierta amistad mientras durase el buen rollo. Yo no estaba dispuesta a mucho más.

—Iris —se limitó a susurrar él mientras me acariciaba las mejillas con ternura— ...no me trates como a uno de tus rollos de una noche. Sabes lo que hemos compartido hace un rato y lo que ambos hemos compartido. No desperdiciemos la oportunidad de vivir aquello que sentimos. Yo... creo que te quiero.

—Arnau, no estoy para bromas. Tú y yo hace años que somos amigos y así vamos a seguir. Nos acabamos de acostar, algo que no sé si ha sido una buena o una mala idea. Hemos disfrutado y ahora estamos compartiendo el desayuno. Todo bastante romántico, diría yo. Pero lo nuestro se acaba aquí. No quiero una relación, no quiero complicaciones y, sobre todo, no quiero perder a un amigo —dije, y le lancé una mirada de súplica que el interpretó a la perfección.

—No estaba bromeando. De un tiempo a esta parte mis sentimientos por ti han cambiado. No tengo ni la menor idea de qué es lo que ha propiciado que las cosas sean diferentes, pero no quiero dejar escapar la oportunidad de vivir lo que siento a tu lado. Si no quieres, no seremos novios. No iremos por la calle cogidos de la mano ni nos pasaremos horas al teléfono cada noche antes de ir a dormir. Solo déjate sentir. Permíteme que te quiera, deja que sea el hombro en el que apoyarte mientras te enfrentas a todo lo que esté por venir.

—¿Soy tu obra de caridad del mes? —dije esbozando media sonrisa y tratando de ocultar lo sorprendida que estaba por la declaración que acababa de hacerme.

—En realidad eres la de todo el año —respondió y luego me besó con dulzura.

—Estoy hablando en serio —volví a insistir en cuanto sus labios se separaron de los míos—. No quiero que haya ningún malentendido. Los sentimientos que tienes hacia mí no son correspondidos.

—¿Llegarán a serlo algún día? —dijo sin apartar sus ojos de los míos—. Iris... Ya no soy el tipo que se fue con otra chica en una fiesta en la universidad. Las personas maduran e incluso cambian. ¿Por qué no nos das una oportunidad?

Aquella pregunta me sorprendió de forma especial. Arnau no era un hombre que se planteara las cosas de ese modo. Solía ser bastante más... práctico.

—¿Por qué esperar? Puedes tener a la mujer que desees. En este momento conmigo ya sabes lo que hay. No puedo hablar sobre lo que sentiré mañana, pasado o el mes que viene; solo puedo serte sincera sobre el aquí. Ahora mismo no siento más por ti que lo que te he dicho, no tengo ninguna intención de emparejarme ni tampoco de enamorarme.

Durante los minutos siguientes los dos permanecimos en silencio, cada uno sumido en sus pensamientos, tan solo interrumpidos por los pequeños sorbos que dábamos al café. Las tostadas que me había preparado tenían una pinta estupenda, pero con la conversación que estábamos manteniendo, había perdido el apetito.

—Mi decisión no cambia —dijo al fin—. Quiero estar a tu lado del modo que sea posible, aunque agradecería que fuera de un modo en el que pudiera seguir tocándote.

—¿Me estás pidiendo que seamos «follamigos»?

Apenas podía contener la risa después de pronunciar una expresión que, personalmente, odiaba bastante. Pero aquella era la única palabra que se me ocurría para definir lo que Arnau me estaba proponiendo.

—Llámalo como quieras, aunque yo preferiría no ponerle etiquetas a esto... —dijo y me miró de arriba abajo como si intentara quitarme la poca ropa que llevaba puesta.

—Lo que menos deseo es perder a un amigo. Ya te lo he dicho y no estoy segura de que lo que propones sea una buena idea.

—Dejémonos llevar. ¿Qué podemos perder?

—A nosotros —respondí con contundencia.

—Eso no lo sabremos si no lo intentamos —dijo como si ahora fuera él quien hubiera ensayado la frase mil veces.

—Si llegamos a saberlo, lo que hemos compartido durante más de una década correrá el peligro de desaparecer.

—No lo hará.

No sé si fue la seguridad que había en las palabras de Arnau o la necesidad de sentirme arropada por alguien de forma especial, la cuestión es que quise confiar en que lo que estaba diciendo era cierto. Si esa relación no llegaba a ningún puerto, cosa que, por supuesto iba a pasar, los dos seguiríamos siendo amigos. Nada podría romper ese vínculo tan especial que nos unía.

CAPÍTULO 9

Faltaban tan solo unas horas para el gran desfile. Me había esforzado por mantener los nervios a raya. Solo era necesario que la noche transcurriera con normalidad y podría respirar sin sentir ese nudo que se había instalado en la boca del estómago. Había mantenido una breve conversación con Julia en la que me había contado que no se había producido ningún cambio significativo en el estado de salud de mi madre. Más allá de su histeria y su excentricidad típica a la hora de organizar este tipo de eventos, nada hacía presagiar que las cosas no fueran a salir tal y como estaban planificadas: perfectamente.

Mi jefa estaba tan emocionada con la invitación al desfile que estaba muy relajada en su trato hacia mí. Probablemente aquella fuera su forma de demostrarme su agradecimiento por haber sido incluida en uno de los eventos internacionales del año. En cualquier otra circunstancia me hubiera sentido incluso molesta con Mireia, pero como había decidido concentrarme exclusivamente en todo lo que tuviera que ver con doña Carmen y con mi trabajo, había pasado por alto todo lo demás. En realidad, todo no.

El día anterior, uno de los mensajeros que de forma habitual trabajaba para la empresa de mi progenitora apareció en la puerta de casa. Portaba dos enormes cajas que tenía órdenes estrictas de entregarme tanto si las aceptaba como si no. Como el pobre muchacho no tenía la culpa de nada dejé que depositara la carga sobre la mesa de la entrada y me despedí de él con una amable sonrisa. A pesar de lo tarde que ya era y de lo agotada que me encontraba sabía con exactitud cuál era el contenido de los paquetes.

Mi madre y yo nunca habíamos estado demasiado de acuerdo en cuanto a moda se refiere. Tampoco lo estábamos en muchas otras cosas, pero esta, sin duda alguna, era una de las causas de las mayores discusiones que habíamos tenido. No aprobaba en absoluto mi forma de vestir. Mientras que yo optaba siempre por un estilo cómodo, formal y discreto, ella siempre escogía para mí prendas cargadas de colorido y que destacaban partes de mi anatomía que yo detestaba. Yo no era la clase de mujer que despreciaba su físico, al contrario, me consideraba bastante atractiva. Estaba muy orgullosa de las proporciones de mi cuerpo, del color tan blanco de mi piel y de mis labios gruesos que me proporcionaban un aire incluso felino. Sin embargo, solo lucía mis encantos en mis momentos de ocio. Por lo que respectaba al trabajo siempre había preferido vestir con ropa clásica y que llamara poco la atención sobre mi físico. Durante mis años en la universidad me había grabado a fuego la idea de que quería que se me valorara exclusivamente por mi inteligencia. Por nada más. Y creía que lo había conseguido. Sabía que mi madre se habría encargado personalmente de escoger el modelito que debía lucir en el gran evento del día siguiente. Probablemente también había hecho lo mismo con los complementos. Ni siquiera me digné a mirar el contenido de las cajas. Por primera vez en mi vida no iba a discutir con ella. Me pondría cualquier cosa que hubiera seleccionado, y listo.

Sentí una punzada de dolor en el centro del pecho. Había sido necesario conocer la noticia sobre la enfermedad de mi madre para que, cosas que en otra época me habían preocupado, ahora estuvieran en un segundo plano. Me sentí perversa y mala en aquel momento. La principal razón por la que estaba aceptando llevar aquellas prendas no era por satisfacer a mi madre ni a mí. El motivo por el que había decidido con tanta rapidez que no pondría objeción alguna a su decisión era que no iba a haber más momentos como el que estaba viviendo. No se producirían muchos más acontecimientos a los que tuviera que ir vestida como a ella le gustara. Sentí cómo, poco a poco, la angustia se iba abriendo paso a través de mi garganta y las lágrimas empezaron a deslizarse por las mejillas. Al principio solo fue un llanto silencioso y controlado. Pasados unos minutos el dolor que no había podido sacar de mi cuerpo desde que había recibido la terrible noticia salió a borbotones. No sé cuánto tiempo estuve acurrucada en el sofá mientras trataba de acompasar el ritmo de la respiración y los lamentos que se escapaban de mi boca sin ningún tipo de control. Me sentía muy disgustada conmigo misma.

Desconocía cuánto necesitaba desahogarme hasta que logré recuperar cierto control sobre mis emociones. Fue entonces cuando me di cuenta del peso que me había quitado de encima con aquel llanto desgarrador e incluso animal. Me había liberado ya no solo del dolor que sentía por lo que le estaba pasando a mi madre, sino también por la frustración que acarreaba desde hacía mucho tiempo por otros aspectos que rodeaban mi vida, como el trabajo o las relaciones con los hombres. Fue precisamente pensar en esto último cuando rememoré lo que había sucedido entre Arnau y yo. Repasé con detalle la conversación que habíamos mantenido y, aunque no estaba del todo segura de que las bases de lo que habíamos empezado fueran lo suficientemente claras, me sentí bastante aliviada al comprobar que no me sentía culpable por nada de lo sucedido.

Mireia me había dado la tarde libre, de modo que a las dos de la tarde salí del despacho y me dirigí a casa. No tenía hambre, así es que decidí comprar una ensalada para llevar en la tienda de la esquina. Cuando llegué la deposité sobre la mesa de la cocina. A continuación, fui directa a la ducha. Me sentía mucho más relajada cuando me senté en el futón del salón dispuesta a darme al menos media hora de descanso. Era consciente de que la noche iba a ser larga y la preocupación porque todo saliera bien iba en aumento. Apoyé la cabeza en el respaldo, me tapé con una manta y cerré los ojos. Estaba a punto de dormirme cuando sonó el timbre de mi casa. Me levanté hecha una furia y fui a abrir la puerta mientras lanzaba todo tipo de improperios. Un huracán se coló a través de la puerta en cuanto la abrí.

—¿Pero qué haces en chándal y con esos pelos? ¡Solo faltan cinco horas para el evento del siglo! —Paula recorrió a toda velocidad el pasillo de casa y empezó a moverse nerviosa por el salón. Yo me limité a cerrar la puerta y a tratar de disimular un poco el cabreo monumental que llevaba—. ¡No me mires así y empieza a prepararte!

—Como bien acabas de decir todavía quedan cinco horas. Me sobran cuatro para estar lista. Además, tenía la sana intención de descansar.

—Tú no eres capaz de vestirte sola en sesenta minutos para un desfile como ese ni con todos los asistentes que tiene tu madre a tu disposición. Así es que mueve el culo y enséñame qué vas a ponerte.

Dirigí una mirada cargada de hastío, indiferencia y cierta tristeza hacia la mesa del recibidor donde todavía descansaban las cajas que había traído el mensajero el día anterior. Paula captó lo que estaba sucediendo y emitió un agudo chillido.

—¡No me lo puedo creer! ¿Ni siquiera lo has abierto? —dijo mientras corría en dirección a las cajas y las traía al salón.

—No he tenido tiempo —me limité a responder sin demasiada emoción.

—¡Venga ya! Di que te importa tres puñetas todo —dijo Paula bastante enfadada.

—Sí. Estoy tan preocupada por mi madre y por lo que pueda pasar en los próximos meses que asistir a un desfile emperifollada como una mona no se encuentra en los primeros puestos de mi lista de prioridades.

—Tal vez sea el último evento que organice tu madre...

—¿Y crees que no lo sé? ¡Precisamente por eso! Ella tendría que haber suspendido el desfile o haber permitido que otra persona se encargase de su organización los últimos retoques. Pero no. Doña Carmen Roig, genio y figura, tiene que seguir haciéndose responsable de todo y Dios sabe lo que puede pasar esta noche si se le olvida algo.

Con aquellas palabras le transmití a mi mejor amiga los sentimientos encontrados a los que me estaba enfrentando. Algo que ella comprendió a la perfección ya que, a partir de aquel instante, el tono de su voz fue bastante más agradable.

—Todo va a ir bien y tú vas a estar estupenda esta noche. Lo único que tienes que hacer es disfrutar de todo lo que veas a tu alrededor y estar cerca de tu madre.

—Pero... —protesté sin demasiada energía.

—Mira, si algo tiene Carmen es que está rodeada de un equipo de profesionales excelentes. Si algo sucediera, que no tiene por qué, seguro que ellos sabrán sacar adelante el evento con la misma maestría que ella. De modo que relájate y trata de enfocar esto desde un punto de vista positivo.

—Lo intentaré —dije después de sopesar sus palabras durante varios segundos—. Por cierto... ¿tú no deberías de estar arreglándote ya?

—Sí, pero he pensado que sería más divertido prepararnos juntas para la gran noche —Se limitó a responder sonriente.

—Cualquier día de estos te echan a la calle. Dos de las secretarias más indispensables en su casa poniéndose monas para irse de juerga —dije al tiempo que reía con ganas.

—Bueno. mientras puedas conseguirle a Mireia entradas para todos los saraos a los que quiere asistir creo que estaré a salvo.

No pude evitar sonreír ante aquella ocurrencia. Lo cierto era que Paula casi siempre conseguía todo lo que se proponía. Por eso yo la admiraba tanto.

—¿No te mueres de curiosidad por saber lo que hay ahí

dentro? —dijo igual de emocionada que una niña frente a su primer estuche de maquillaje.

—En absoluto, pero como sé que no me vas a dejar tranquila hasta que lo averigüemos dejaré que hagas los honores.

Paula me miró con los ojos tan abiertos que, por unos segundos, pensé que se le iban a salir de las órbitas. Luego me dedicó una amplia sonrisa y fue directa a la caja más grande. Con toda la delicadeza que los nervios le permitieron empezó a rasgar el papel en el que venía envuelta. Poco después aparecían las letras plateadas que yo tan bien conocía. El nombre de mi madre resaltaba sobre el negro, color insignia que definía su marca por todo el mundo. Creo que ambas contuvimos la respiración cuando la tapa de la caja se separó con facilidad del pequeño enganche de cartón al que estaba sujeta. Las manos de mi mejor amiga temblaban cuando retiró la cubierta que dio paso a metros y más metros de papel de seda de color blanco que no dejaba ver el contenido.

Picada por la curiosidad me acerqué hasta el lugar en el que se encontraba Paula y me asomé tratando de descubrir lo que se ocultaba. Ella ya había metido las manos con delicadeza y retiraba el papel con el mismo cuidado con el que se baña a un recién nacido. Las primeras perlas y brillantes comenzaron a aparecer. De forma casi automática cerré los ojos. No quería ver qué excentricidad tendría que lucir tan solo unas horas después. Oí cómo mi amiga seguía separando el papel hasta que una exclamación casi a gritos me obligó a abrir los ojos.

—¡Hostia puta! —dijo Paula en un tono de voz tan elevado que era probable que la hubieran oído desde la frontera francesa—. ¡Esto es una joya! —se limitó a añadir, al tiempo que me miraba como esperando a que yo le diera la razón.

—¿Qué pasa? —fue todo lo que alcancé a decir.

—¡Mira!

Con sumo cuidado Paula fue sacando la prenda del interior de la caja. A medida que lo hacía, un modelo de color negro de encaje francés, con falda estructurada en dos capas de tul con bordados en degradé apareció ante mis ojos. Era un vestido especialmente diseñado para resaltar una de las partes más bonitas de mi cuerpo: el pecho. Mi madre no se había olvidado de eso al incluir un pronunciado escote en forma de V y aquello me emocionó de forma especial. Seguí con la vista fija en la prenda y me sorprendía con los bordados artesanales con perlas y diamantes que se habían insertado en él. Al principio pensé que se trataba de una excentricidad de la diseñadora, pero en cuanto el vestido estuvo a la vista por completo, me di cuenta de que las reproducciones de cristal y la pedrería en talla diamante le daban al traje el peso necesario para estructurar a la perfección la caída de la falda. Corrí al dormitorio a por el perchero y lo dejé justo al lado de mi amiga. Entre las dos colgamos el vestido y nos quedamos mirándolo. Ella con auténtica devoción yo, no voy a negarlo, con muchísima sorpresa.

Aquella era la prenda más bonita que había visto en toda mi vida. A pesar de que muchos de los modelos que diseñaba mi madre no eran de mi agrado, de vez en cuando veía alguno en una revista que me atraía lo suficiente como para habérmelo puesto si se hubiera dado la ocasión. Sin embargo, la prenda que tenía frente a mí superaba cualquier vestido que yo hubiera visto antes. Si algo llevaba escrito aquella prenda en cada centímetro de tela era la palabra «elegancia». Mi madre había conseguido dejarme sin palabras y Paula tampoco parecía muy dispuesta a decir nada, ya que estaba completamente hechizada por él. Me acerqué hacia la caja y vi que en el fondo descansaba un sobre. Alargué la mano y lo cogí. Reconocí de inmediato la pulida caligrafía de mi madre. El corazón me dio un vuelco. ¿Cuánto hacía que no me enviaba nada escrito de su puño y letra? Conseguí rasgar el sobre con cierta precisión y saqué una pequeña cartulina de su interior. De nuevo apareció el logotipo de su marca y justo debajo de él pude ver las palabras que la gran diseñadora me dirigía.

Querida Iris:

Espero que luzcas con el glamour que se merece esta prenda que he diseñado en exclusiva para la ocasión. No está nada mal para una vieja decrépita que se supone que está perdiendo la cabeza, ¿verdad? Quiero que lleves el vestido con orgullo y que te desentiendas de los diamantes que lo envuelven. Están asegurados. Espero verte espléndida dentro de unas horas.

Un saludo,

Carmen.

No sabía qué era lo que más sorprendida me tenía. Si el hecho de que me hubiera escrito, que me hubiera dado una vez más las pautas sobre cómo comportarme en un evento de esas características, o la forma con la que concluía su nota. A estas alturas de nuestras vidas no esperaba que la relación entre ambas cambiara de forma radical, pero, una parte de mí había albergado la esperanza de que, después del diagnóstico suavizara un poco su comportamiento. Al parecer estaba equivocada y continuaba siendo la misma persona de siempre. Respiré hondo y clavé la mirada en Paula, que seguía impresionada por el magnífico vestido.

—¡Vamos a probártelo ya! —dijo Paula mientras lo descolgaba de la percha con sumo cuidado.

—Pero si ni siquiera me he puesto la ropa interior adecuada —protesté en un intento de ganar tiempo. La nota de mi madre todavía me tenía algo desconcertada.

—¿Cuánto tardas en ponerte bragas limpias?

Puse los ojos en blanco después de oír aquello. Por lo general Paula solía ser extrovertida pero bastante comedida en sus expresiones. De vez en cuando se le escapaba alguna perla y, por lo visto, hoy estaba especialmente sembrada.

Me levanté y fui directa al cajón en el que guardaba la mejor lencería. En aquel momento recordé que tenía un conjunto precioso de La Perla que todavía no había tenido ocasión de estrenar y que, por suerte, era de color negro.

Fui al baño, me desnudé, me tomé mi tiempo para ponerme las braguitas y el sujetador. Cuando terminé miré el resultado frente al espejo. Tenía que admitir que estaba impresionante. El encaje se adhería a mi cuerpo como si estuviera hecho a medida al tiempo que el sujetador realzaba mis pechos de una forma bastante sensual. Sonreí satisfecha al comprobar que todavía mantenía mi espléndida figura.

Cuando regresé al salón, Paula me esperaba ya con el vestido entre las manos. No me pasó desapercibida la mirada de admiración que le dedicó al modelito que había escogido. Pero no dijo nada. Solo se limitó a levantar las manos a la espera de que yo introdujera la cabeza por la abertura del vestido. Unos segundos después sentí la tela deslizarse sobre mi piel y ajustarse a mis curvas a la perfección. Yo no tenía ninguna duda de que mi madre era una artista. No ya por el reconocimiento mundial del que gozaba desde hacía años, sino porque durante mi infancia había sido testigo directo de cómo creaba arte en cada uno de sus diseños. No pude evitar sonreír para mis adentros cuando noté que la pequeña cremallera que cerraba el vestido en la parte izquierda se deslizaba con facilidad. De nuevo Carmen Roig había demostrado su excelente ojo para saber las medidas exactas de una mujer. Cualquier madre sabe aproximadamente cuánto mide o pesan sus hijos, pero dado que nosotras no habíamos vivido juntas durante demasiados años, tenía que atribuir aquel buen ojo a su profesionalidad. Ni por un instante se me pasó por la cabeza que aquella prenda no hubiera sido confeccionada directamente por ella. Sabía que no dejaría en manos de nadie algo que, sin duda alguna, sería uno de los referentes de la colección que presentaba aquella misma noche.

—¡Ay, Iris, por favor... Pareces una princesa! —dijo Paula casi al borde de las lágrimas.

—¿Tú crees? —respondí tratando de restarle importancia al halago que acababa de recibir.

—¡No seas tonta! Ve a mirarte en el espejo de la habitación. ¡Vas a alucinar!

Me di la vuelta y fui de nuevo hacia mi dormitorio. Luego me planté frente al espejo y levanté la cabeza. Una enorme sonrisa iluminó mi rostro. Mi amiga tenía razón: a pesar de que todavía no me había maquillado ni peinado, resplandecía. Y no solo lo hacía por la luz que desprendían los centenares de brillantes que formaban el bordado de la falda, sino porque daba la sensación de que aquella prenda se había hecho especialmente para que yo la luciera. El color negro contrastaba a la perfección con el blanco de mi piel y con mis ojos también oscuros. Los tirantes anchos con los que estaba rematada la prenda y que caían perfectamente sobre mis hombros ofrecían a mi escote un aspecto todavía más atractivo. Tenía que admitir que estaba más guapa que nunca y aquello hizo que me sintiera mejor que bien. ¡De maravilla!

—¿Ves? ¡Estás preciosa! —Paula apareció sonriente justo detrás de mí.

—Tengo que reconocer que puesto es incluso más bonito que en la caja. Claro que la percha también hace mucho —dije mientras le guiñaba un ojo a mi amiga.

—Tu madre nunca te enviaría nada espantoso para celebrar su gran noche —se apresuró a añadir antes de que yo pudiera sacarle alguna pega a la prenda.

—No creas... Es capaz de muchas cosas —respondí.

—Anda deja de pensar en cosas absurdas, quítate el vestido y métete en la ducha. Hay que maquillarte y peinarte para ir a juego con esta maravilla.

—¿Y tú? —Paula todavía no me había dicho qué pensaba ponerse para el desfile.

—Cualquier cosa que me ponga esta noche hará que parezca tu asistenta. Así es que no te preocupes por mí. Lo llevo todo en la bolsa que he dejado en el salón.

—¡De eso nada! Si yo voy a estar espectacular, tú también. De lo contrario sacaré los pantalones negros que tenía pensado ponerme e iremos las dos a juego.

—¿Esos que llevas a las reuniones en las que sabes que Mireia va a estar especialmente desagradable para que los tíos te miren cómo se te marca el culo y no le presten a ella demasiada atención? —dijo Paula de carrerilla.

—Los mismos.

—¡Entonces sí que ibas a parecer la que sirve las copas durante la recepción! —Paula empezó a reírse con ganas después de pronunciar aquellas palabras y yo la imité.

—Ayúdame a quitarme el vestido —le dije a Paula todavía con la sonrisa en los labios—. Y vamos a ver qué has traído para ti.

—No esperes nada especial, de verdad. He cogido algo que compré hace unos meses pero que todavía no había tenido ocasión de estrenar.

El halo de misterio que pareció envolver sus palabras despertó mi curiosidad. Por lo general, mi amiga solía ser bastante más explícita a la hora de hablar de ropa así es que traté de desvestirme tan rápido como los metros de tela me lo permitieron. Luego me puse mi bata rosa de felpa que usaba para ir por casa, cogí a Paula de la mano y regresamos al salón no sin antes dejar mi vestido perfectamente dispuesto sobre la cama.

—Venga, enséñame el modelito —dije al tiempo que me encendía un cigarro y sacaba dos cervezas de la nevera.

—Verás es que...

—No te hagas más de rogar o yo misma iré a verlo.

Paula no dijo nada y depositó con cuidado una bolsa negra sobre la mesa. Cuando había llegado a casa no me había fijado en lo grande que era pero claro, había pasado como una exhalación por mi lado.

—¡Venga, dale! —dije con bastante emoción.

—Allá va... —murmuró Paula mientras deslizaba la cremallera de la funda con una lentitud capaz de desquiciar a cualquiera—. Cierra los ojos.

Respiré hondo. No entendía a qué venía tanto secretismo, pero la obedecí. Escuché a la perfección cómo la cremallera se deslizaba hasta el cierre. A continuación, percibí un roce finísimo de tela y que mi amiga se movía con bastante delicadeza. A punto estuve de hacer trampas, pero me contuve.

—Ya puedes mirar —dijo con una ansiedad en el tono de su voz que no me pasó desapercibida.

Abrí los ojos y me quedé sin palabras. Había visto ese vestido en dos ocasiones. La primera de ellas en una conocida serie de televisión, la segunda en una no menos famosa revista de moda.

—La madre que... —No pude terminar la frase porque, como si a ambas nos hubieran apretado a la vez el mismo resorte, empezamos a gritar enloquecidas y a dar saltitos de emoción. Estuvimos así hasta que fuimos capaces de liberar toda la adrenalina que escapaba a borbotones de nuestros cuerpos—. ¿Eso es un Óscar de la Renta? —dije de forma absurda porque tenía la certeza de que sí que lo era.

—No —se apresuró a responder Paula—. Es «ese» Óscar de la Renta —haciendo clara alusión al vestido del que nos habíamos enamorado.

—¿Lo has robado?

—Casi... —se apresuró a responder mi amiga con una sonrisa perversa dibujada en los labios.

—Quiero los detalles ya.

—Digamos que a raíz de la estancia de tu madre en el hospital Julia y yo hemos estrechado lazos —respondió como si tal cosa.

—Eso no me aclara nada.

—Hablamos del desfile, de los asistentes y de todo el

glamour que iba a envolver la noche de hoy. Una cosa llevó a la otra y, bueno, ayer por la tarde llegó esto a mi casa.

Sonreí al pensar en que mi vestido había llegado también a aquella misma hora. Estaba clarísimo a quién tenía que atribuirle el mérito.

—Pero... ¿es tuyo? —Apenas podía pronunciar frases coherentes por la velocidad con la que los pensamientos cruzaban mi mente.

—Es un préstamo —respondió emocionada—. Pero eso nadie más lo sabe. Esta noche me voy a poner «ese» vestido y voy tocar el cielo.

Ambas nos miramos y fuimos presas de un nuevo ataque de emoción. Era un vestido de color rojo precioso confeccionado en seda natural y escote palabra de honor con un corpiño que debía ajustarse a la perfección a la cintura de la mujer que lo llevara ya que desde allí caían metros y más metros de tela que formaban una falda con un volumen casi imposible. De haber sido blanco podría haber pasado por el traje de novia que todas las mujeres desean para el día de su boda. Estaba segura de que Paula iba a estar preciosa con él puesto. Y no podía esperar para ver el resultado.

En cuanto conseguimos calmarnos anoté dos cosas en mi mente: darle las gracias a Julia por haber pensado en todo y acercarme lo suficiente a mi madre en un momento tan especial. En el fondo sabía que ella también había tenido que ver algo en todo aquello. Pasamos las siguientes dos horas encerradas en el cuarto de baño sometiéndonos a todo tipo de experimentos con el maquillaje. Al final ambas encontramos el que más nos favorecía y resaltaba lo mejor que teníamos en nuestro rostro. En el caso de Paula sus impresionantes ojos azules. En el mío, los labios carnosos, muy sensuales, unos ojos negros almendrados y cautivadores, una piel tersa y de tono uniforme que otras mujeres solo lograban a base de carísimos tratamientos de belleza. Después de abrir la segunda de las cajas que había enviado mi madre comprobé emocionada que en ella descansaban unas sandalias de doce centímetros de tacón, de finas tiras de piel negra que caían justo sobre los dedos para después unirse en forma de pulsera alrededor del tobillo. También encontré un abrigo de piel de color blanco al que acompañaban unos pendientes de brillantes con forma de infinito. Al observarlos con detenimiento me di cuenta de que cada brillante tenía un tono ambarino diferente al resto y que era precisamente la combinación de todos aquellos tonos al mismo tiempo lo que les otorgaba el calificativo de «únicos».

A las ocho y media en punto sonó el timbre de la puerta. Paula y yo estábamos listas. Salimos de casa envueltas en perfume y *glamour*, pero no fuimos conscientes de nuestro aspecto hasta que salimos a la calle para subir al taxi y vimos cómo giraban la cabeza en nuestra dirección quienes paseaban por allí a aquella hora. Paula y yo sonreímos. Las dos nos sentíamos como auténticas estrellas de Hollywood. Sin embargo, mi felicidad no era absoluta. Aunque había conseguido distraerme mientras me arreglaba, no dejaba de pensar una y otra vez en mi madre al tiempo que trataba de convencerme de que todo iba a ir bien.

—Esta noche va a ser genial —dijo Paula ya acomodada en el interior del taxi como si pudiera leer mis pensamientos con claridad.

—Eso espero porque... —pero mi amiga no permitió que terminara de hablar.

—El desfile va a ser un éxito y tu madre brillará como siempre. —A continuación, me cogió de la mano y me dio un beso en la mejilla.

La emoción asomó a mis ojos, pero no podía permitirme el lujo de llorar. Me había esforzado tanto con el maquillaje que quería llegar perfecta al desfile y no con el rímel ya hecho un desastre. El taxi avanzaba rápido por las calles de Barcelona. El evento se celebraba en los Jardines de Pedralbes. Organizar un evento al aire libre en el mes de noviembre tenía sus riesgos. Sin embargo, el tiempo se había portado bien. Extremadamente bien porque la temperatura era agradable. Paula seguía sosteniendo mi mano entre las suyas y fue entonces cuando caí en la cuenta de que no le había dicho ni una palabra de lo que había sucedido entre Arnau y yo.

¿Cómo era posible que se me hubiera pasado? Traté de buscar una explicación lógica frente a aquello y cuando la encontré no me gustó en absoluto. Era cierto que una parte de mí había estado muy ocupada entre asumir la enfermedad de mi madre y el trabajo. Pero, en realidad, no era eso lo que me había impedido poner a Paula al día de lo que había sucedido entre su hermano y yo. La razón principal no era otra más que el miedo. No sabía por qué ni qué parte de mí era la que estaba tan aterrorizada por el hecho de contarle a mi mejor amiga que me había ido a la cama con su hermano. Claro que él también era mi mejor amigo y tampoco es que estuviera muy clara nuestra relación a partir de ahora.

—Paula, yo... —empecé a hablar sin tener demasiado claro cómo afrontar el tema.

—Tranquilízate —respondió sin apartar la vista de la ventanilla del coche.

—Es que tengo algo importante que decirte.

—Sea lo que sea seguro que puede esperar a mañana. Ahora solo *carpe diem*.

No supe muy bien cómo interpretar sus palabras. Esperaba que se estuviera refiriendo exclusivamente a todo lo que rodeaba a mi madre porque si estaba haciendo alusión a otro tema aquello no podía significar nada más que Arnau se me había adelantado. Tragué saliva, respiré hondo y decidí permanecer en silencio. Le haría caso a mi mejor amiga. Disfrutaría de la noche y ya afrontaría aquella conversación pendiente al día siguiente.

El taxi se detuvo. De no haber sido porque solía visitar

aquella zona de la ciudad con cierta frecuencia, hubiera pensado que nos habían llevado a otra parte. Los alrededores de los jardines estaban iluminados como nunca los había visto antes. Justo delante de donde nos encontrábamos había una hilera de coches a cuál más lujoso de los que iban bajando parejas con vestidos y trajes de impresión. En aquel momento el pulso se me empezó a acelerar y supe que a Paula le estaba pasando exactamente lo mismo. Divisé una alfombra roja sobre la que posaban algunos de los personajes famosos que, sin duda alguna, estarían presentes en el desfile y luego lancé una mirada más en dirección a los jardines. No sé qué nos esperaba en su interior, pero seguro que algo casi tan mágico como lo que ya se podía intuir desde el interior del vehículo.

Paula y yo bajamos del coche con prestancia, como si viviéramos a diario acontecimientos como aquel. Miré la cara de mi mejor amiga. Estaba radiante y tenía un brillo en la mirada que hablaba por sí mismo. Sonreí y, por un momento, pensé que yo debía dar una impresión parecida. A pesar de todos los problemas que tenía encima, una noche como aquella no la iba a volver a vivir probablemente nunca más. De modo que me coloqué en los labios la mejor de mis sonrisas y empecé a caminar muy despacio en dirección a la alfombra roja. Hubiera dado la mitad de la fortuna de mi madre por poder obviar la exposición al público y pasar completamente desapercibida. Pero sabía que ni ella ni Paula me perdonarían jamás haberme librado de mis quince minutos de fama. Volví a mirar a mi amiga que ahora estaba concentrada en cada uno de los movimientos que yo realizaba, le hice un leve asentimiento con la cabeza y las dos comenzamos a andar al mismo ritmo.

Nada más poner un pie en la alfombra roja cientos de *flashes* me deslumbraron hasta el punto que, de no haber sido por un tipo estupendo vestido de esmoquin que me tomó del brazo, no hubiera sido capaz de encontrar el camino de entrada al desfile. Giré ligeramente la cabeza para ver si conseguía localizar a Paula. Por suerte la encontré justo detrás también cogida del brazo de otro atractivo hombre. Al contrario que yo, parecía estar en su salsa y se podría decir que ella era más digna de representar a mi madre. En la entrada de los jardines había una nube de fotógrafos y cámaras de televisión. Las dos nos acercamos con curiosidad hasta allí para ver a qué se debía tanto revuelo. En cuanto conseguimos hacernos un hueco nos dimos cuenta de que aquella era la zona en la que se había instalado el *photocall* de rigor por el que estaban pasando todas las celebridades que habían acudido al desfile. Volví a tirar de la mano de Paula. Si algo no me apetecía era terminar allí subida, cosa que sucedería en cuanto mi amiga procesara todo lo que estaba sucediendo. Una vez traspasada esa zona, los flashes desaparecieron y nuestros ojos se tuvieron que acomodar de nuevo a una iluminación más tenue.

Una joven completamente vestida de negro nos pidió amablemente nuestras invitaciones por cumplir con el protocolo pero, en cuanto se fijó en la prenda que yo llevaba puesta, supo perfectamente que era la hija de la gran diseñadora. No es que yo fuera muy popular en los medios de comunicación ni tampoco me prodigaba demasiado en las fiestas, pero sin duda alguna, todo el personal del evento debía saber a la perfección el diseño que tanto Paula como yo íbamos a lucir para la ocasión. Dimos unos cuantos pasos hacia el interior del jardín y enseguida el camarero nos ofreció una copa de champánosado y carísimo como casi todo lo que veríamos por allí el resto de la noche. A continuación, empezamos a recibir varias bolsas de regalo de firmas como Chanel, Armani, Dior, D&G... Cada vez que Paula recibía una abría todavía más los ojos de forma que, cuando llegamos al asiento que se nos había asignado para el desfile, tenía el rostro tan tenso que parecía que se hubiera inyectado cinco viales de bótox. Antes de sentarnos,

Joana, una de las asistentes más jóvenes del atelier de mi madre, vestida de negro riguroso, se acercó a nosotras y se hizo cargo de todos los paquetes. Ambas lo agradecimos porque queríamos disfrutar del espectáculo sin perdernos detalle.

Era la primera vez que Paula acudía a un evento como aquel y, por lo que a mí respectaba, debía ser la tercera o la cuarta. Debido a la fría relación que existía entre mi madre y yo, a mi escaso interés por el mundo de la moda y a las pocas ganas que tenía de pasarme los fines de semana asistiendo a desfiles de las pasarelas europeas, tampoco estaba demasiado acostumbrada a noches como aquella. Sin embargo, procuré que no se notara mi falta de experiencia en estas lides, ni mi sorpresa ante muchas de las caras conocidas que tenía sentadas justo a mi lado. Traté de aparentar la máxima normalidad posible y debí de conseguirlo porque, pasados unos minutos, vi cómo Julia se acercaba hasta el lugar en el que nos encontrábamos con una enorme sonrisa dibujada en los labios.

Miré a mi alrededor con toda la discreción que pude, aunque era difícil no dejarse impresionar por el despliegue de lujo y *glamour* a nuestro alrededor. Yo no era una persona que estuviera muy al día de la alta costura, ni siquiera mostraba mucho interés por marcas ampliamente conocidas, aun así, reconocí al caballero de pelo blanco y sonrisa tímida que estaba sentado justo a mi lado. Se trataba del gran diseñador Karl Lagerfeld. Le observé con disimulo y enseguida me admiró el modo tan natural que tenía de lucir una camisa de color blanco que se abotonaba justo debajo de la barbilla. No me pareció que fuera una prenda demasiado cómoda, pero él parecía estar muy a gusto con ella. Seguí recorriendo las hileras de sillas con la vista y me encontré con una mujer muy morena y de penetrante mirada. Llevaba una blusa negra con escote en forma de uve y unos pantalones también negros. Iba completamente vestida de negro y, sin embargo, era toda luminosidad. Me pareció que me sonreía y yo le devolví el gesto con una ligera inclinación de cabeza, era Miuccia Prada, amiga incondicional de mi madre desde sus años de juventud. También me di cuenta de que, entre el público asistente se encontraban algunas de las modelos que habían trabajado con mi madre hacía bastantes años y que, en la actualidad, estaban retiradas de las pasarelas. Ese era el caso de Claudia Schiffer, Naomi Campbell o Cindy Crawford. Todas ellas seguían siendo bellísimas, por supuesto, y me sorprendió ver que también habían escogido el color negro para una ocasión como aquella. No sé por qué razón siempre había imaginado que las profesionales de la moda cuando acudían a los desfiles como invitadas iban con ropa algo más extravagante. Me gustó saber que estaba equivocada.

—¡Casi no os había reconocido! Si no hubiera sabido los asientos exactos que ibais a ocupar hubiera sido muy difícil encontraros —dijo una voz justo a mis espaldas.

—Tampoco es para tanto —me limité a responder—. Solo me he limitado a seguir las instrucciones de la diseñadora.

—Has hecho mucho más que eso. Estás preciosa y tu madre se va a alegrar de verdad cuando te vea.

—Por cierto... ¿Cómo está? —dije al tiempo que notaba cómo la boca se me secaba ligeramente.

—Al borde de un ataque de nervios como le pasa siempre antes de un desfile. Pero —Julia suavizó el tono de su voz—, por lo demás, no hay ningún cambio.

—Me alegra oír esto. Yo solo deseo que esta noche pase lo más rápido posible y que podamos a tomar decisiones cuanto antes.

—Seguro que todo va a ir estupendamente —se apresuró a decir Paula que hasta aquel momento había permanecido en silencio.

—Cruzaremos los dedos —dije con bastante nerviosismo—. Ya que al menos hemos podido controlar que no se conozca la noticia, lo mejor que puede pasar es que esto sea todo un éxito y que mi madre se retire por todo lo alto.

—¿Que se retire? —Julia no podía ocultar su sorpresa ante lo que acababa de escuchar.

—Sí. Tengo la intención de hablar muy seriamente con ella y hacerle comprender la gravedad de lo que le sucede. No quiero que se vaya degradando y que el mundo se dé cuenta de lo que le sucede en realidad.

Era consciente de que mis palabras sonaban con bastante dureza, pero tras haberlo meditado durante las noches en las que el insomnio se había apoderado de mí, había llegado a la conclusión de que aquella era la mejor solución. Carmen Roig pondría un punto y final brillante a su carrera con aquel desfile. Después desaparecería del mapa y yo personalmente iba a ocuparme de ello.

—Iris, admiro tu energía, pero creo que va a ser muy difícil alejar a tu madre de todo esto. —Julia miró con admiración los jardines llenos de gente, así como la majestuosa pasarela que se había instalado para la ocasión—. De todos modos, cuenta con mi ayuda.

—Te lo agradezco mucho, de verdad —dije emocionada.

—En cualquier caso, ya hablaremos de todo esto a partir de mañana ahora... Disfruta de la noche porque te aseguro que promete. Yo tengo que regresar a mi puesto.

Paula y yo vimos cómo se alejaba en dirección al *backstage*. Probablemente tras él mi madre estaría volviendo loco a todo el mundo. Pero así hacía las cosas Carmen Roig y, en gran medida, su perfeccionismo le había servido para conseguir el éxito internacional.

—¿En serio piensas jubilar a tu madre? —dijo mi amiga en cuanto volvimos a sentarnos.

—Esa es la intención. Sí.

—¿Por qué? He leído que para esta clase de enfermos lo mejor es que sigan con sus rutinas y su entorno conocido mientras les sea posible.

—Mira, durante estos días yo también he leído bastante sobre el tema y es cierto lo que dices. Sin embargo, hay otros aspectos que debemos considerar.

—¿Cuáles? —dijo Paula como si fuera incapaz de ver la importancia real que tenía aquello.

—Mi madre es una mujer muy conocida y respetada en su profesión. Quiero que eso siga siendo así hasta el último de sus días. Como le acabo de decir a Julia, no quiero que el mundo vea cómo queda reducida a la nada en unos cuantos meses.

—¿Eso no tendría que decidirlo ella?

—No creo que esté en las mejores condiciones para tomar una decisión de esta envergadura —me limité a responder.

—Iris, tu madre todavía tiene la cabeza en su sitio. Tal vez debería ser ella la que decidiera lo que quiere hacer con su futuro.

Hubo tanta seriedad en las palabras de Paula que sentí que me enfadaba por momentos. Desde que mi madre había tenido el brote que la había llevado al hospital me había esforzado en explicarle tanto a ella como a Arnau el alcance de su enfermedad. Pero, visto lo visto, debía de haberlo hecho fatal porque mi mejor amiga consideraba como opción válida que pudiera elegir su futuro.

—¡No has debido enterarte de nada! —murmuré tratando de contener la rabia que en aquel momento sentía—. No sabemos de cuánto tiempo dispone. ¿De verdad crees que voy a arriesgar todo su trabajo y su prestigio? ¿Eres tan ingenua como para pensar que voy a dejar en sus manos una decisión como esa?

Durante unos segundos Paula no dijo nada. Sin embargo, la expresión en su rostro explicaba con claridad lo que en aquel momento pensaba de mí. Pude ver en sus ojos rabia, incomprensión, e incluso desprecio. Aun así, preferí ignorarlo. Sabía que la vida que había escogido para mi madre era la mejor posible dadas las circunstancias.

—Siempre me ha parecido admirable el modo en el que trabajas, cómo antepones tu carrera profesional a cualquier otra cosa. Ya lo hacías en la universidad y, en cierto modo, gracias a eso conseguiste el respeto de todos. Pero en esto... no te reconozco.

—¿Por qué?

—Porque estás hablando de la vida de tu madre. Ya sé que vuestra relación no es precisamente idílica. Tenéis vuestros más y vuestros menos. También soy consciente de que no ha sido la persona cariñosa y preocupada que se suponía que debía ser, pero siempre te ha dado lo mejor. Tú misma lo has dicho cada vez que te has referido a ella. Por todo eso y porque todavía tiene capacidad para razonar creo que debería ser ella quien tomara las riendas de su vida.

—¡Por favor!

No me dio tiempo a añadir nada más porque enseguida se atenuaron las luces y un éxito de la década de los ochenta comenzó a sonar haciendo que el público asistente estallara en aplausos. Yo apenas podía concentrarme en nada. La sangre hervía en mi interior y los pensamientos cruzaban por mi mente a toda velocidad. Paula era mi mejor amiga, pero, ¿quién se creía para juzgarme de aquel modo? Estaba haciendo lo que consideraba mejor para mi madre, para su carrera y para que tuviera la mejor de las despedidas posibles. Cuando ya no estuviera todo el mundo recordaría a Carmen Roig por el gran trabajo que había realizado durante décadas en el mundo de la moda, por sus aportaciones innovadoras, por su creatividad y no por haber terminado sentada en el jardín de casa sin saber dónde tenía la mano derecha. Aquel era el mejor de los homenajes que como hija podía rendirle y no habría nada ni nadie que pudiera impedírmelo.

CAPÍTULO 10

Durante casi dos horas pude ver sobre la pasarela siluetas de los años cuarenta combinadas con abrigos de la década de los sesenta. También desfilaron modelos con chaquetas transparentes, cazadoras de piel con figuras geométricas y faldas ajustadas. Supe que todo había sido un éxito cuando mi madre salió del *backstage*, lugar en el que había permanecido a lo largo de todo el desfile, arropada por sus dos modelos fetiche: Kate Upton y Miranda Kerr. Ambas lucían unos diseños espectaculares. En el caso de Kate Upton un vestido vaporoso de seda en tonos dorados cruzado en la parte delantera, con mucho vuelo y con unas mangas amplias hasta la altura de los codos. Por su parte, Miranda Kerr lucía un *look* floral en tonos verde y violeta con blusa y falda hasta la altura de los tobillos. Unos salones violetas y una cartera de piel de cocodrilo completaban un modelo que, sin duda alguna, estaba a punto de convertirse en la imagen de la temporada.

A continuación, puse los ojos en mi madre. Estaba radiante. Iba vestida de blanco con un sencillo pero sofisticado traje pantalón de dos piezas que le confería un aire elegante y desenfadado al mismo tiempo. Pero, sin duda alguna, lo que más destacaba en Carmen Roig en aquel momento era el brillo que había en su mirada, de un azul tan intenso que era capaz de iluminar el lugar entero. El público comenzó a ponerse en pie sin dejar de aplaudir. Paula y yo, que no habíamos cruzado una palabra en todo el desfile, les imitamos. Durante unos minutos me dejé llevar por la emoción que les embargaba y, sobre todo, por la felicidad que se desprendía del rostro de mi madre. Viéndola así nadie diría que tenía la espada de Damocles sobre su cabeza. Era la mujer de siempre. La triunfadora, la artista, la diosa de la moda. Ella abrazaba una y otra vez a los diferentes diseñadores que la acompañaban y también a las modelos. De vez en cuando se detenía en medio de la pasarela y aplaudía a todo el público con una expresión en los ojos de auténtico éxtasis.

Estaba fascinada observándola; tanto que no me di cuenta de que estaba llorando. Con disimulo, abrí el *clutch* que llevaba y extraje un pañuelo de papel. Traté de limpiar las lágrimas con el máximo disimulo y delicadeza posible. Todavía quedaba mucha noche y no quería que el maquillaje se echara a perder. Durante unos segundos no supe muy bien qué era lo que me estaba emocionando tanto. Si el hecho de verla inmensamente feliz o si ser consciente de que nunca antes la había contemplado en semejante estado. En aquel instante pensé en todos los desfiles que me había perdido, en momentos tan sublimes como aquel e incluso más en los que no había estado a su lado. Y me sentí culpable. Mucho. Apreté los ojos con fuerza, respiré hondo y traté de reponerme. No era el momento de reprocharse nada, sino de disfrutar y tratar que la noche siguiera su curso sin ninguna incomodidad.

Empezaba a sentirme aliviada cuando una de las modelos le susurró algo a mi madre al oído. Ella negó con la cabeza, pero esta volvió a decir algo. Unos segundos después, otra bellísima modelo le entregó un micrófono. ¿Desde cuándo se hablaba en los desfiles? ¿No se suponía que los diseñadores salían al final, saludaban y poco más?

Sentí cómo todo mi corazón se aceleraba y mis sentidos se ponían en alerta. Con la mirada, busqué a Julia con desesperación. Tal vez pudiera dar con ella y hacer algo para evitar que mi madre hablara. Pero no la encontré. Fue entonces cuando escuché una voz inconfundible y el estómago se me encogió. A continuación, noté cómo unos brazos me sostenían desde atrás. No necesité darme la vuelta para saber quién era. No sabía cómo, ni cuándo, ni por qué Arnau estaba allí. Gracias a él no me había caído al suelo ya que las piernas me temblaban tanto que apenas podía sostenerme en pie.

Cuando mi madre empezó a hablar se hizo el más absoluto de los silencios en la sala. Su voz aterciopelada y con una dicción perfecta lo llenaron todo. Traté de concentrarme en sus palabras. Seguía con atención cada una de las frases tratando de asegurarme de que su discurso fuera coherente. Aparentemente lo era. De pronto mi madre se quedó callada y durante unos segundos pude ver en su mirada que no sabía dónde estaba, ni qué hacía allí. Traté de moverme, de ir en su ayuda, pero Arnau me sostenía con fuerza. Intenté de zafarme de su abrazo. Solo quería llegar junto a ella y sacarla de allí. De repente su mirada volvió a cambiar y volvió a ser la mujer de siempre. Continuó hablando e incluso bromeó sobre algunos aspectos de la colección que acababa de presentar. También alabó el excelente trabajo de su equipo y se deshizo en halagos cuando se refirió a su esfuerzo e implicación. Miré a mi alrededor y vi que todo el público sonreía. Nadie excepto yo parecía haberse dado cuenta de lo sucedido. Mientras seguía recorriendo aquella zona del jardín con la mirada me encontré directamente con los ojos de Julia. Ella hizo un ligero movimiento con la cabeza con el que me indicó que también se había dado cuenta de lo que había pasado y que hubiera ido a ayudar a su jefa si su desorientación hubiese durado unos pocos segundos más.

Poco a poco todo mi cuerpo empezó a relajarse y expulsé de los pulmones el aire que había estado reteniendo. Empecé a sentirme mareada y, aunque se suponía que sentarse era una falta de respeto hacia la protagonista de la noche, tuve que hacerlo. Aquella opción era sin duda mucho mejor que la de desmayarme y organizar un espectáculo. Mi madre continuó hablando durante algunos minutos más y después se produjo una de las ovaciones más largas de las que había sido testigo en toda mi vida.

—Vayamos a tomar un poco el aire —dijo Arnau justo a la altura de mi oído.

—Ya estamos al aire libre —me limité a responder todavía un poco mareada.

—Sí, pero aquí hay demasiada gente. Te sentará bien dar un paseo por una zona que esté algo más despejada. Paula, ¿me ayudas?

—Claro —dijo mi amiga como si nada hubiese pasado entre nosotras.

Entre los dos me llevaron a una zona más tranquila y me sentaron en un banco. Una vez allí pude notar el fresco de la noche sobre mi piel y enseguida empecé a encontrarme bastante mejor. El corazón todavía me latía con fuerza a pesar de que ya estaba más serena. No recordaba haber vivido un momento tan tenso como aquel en toda mi vida, como tampoco era consciente de haber estado tan preocupada por alguien como lo había estado por mi madre durante todo el tiempo en el que había estado hablando. Pero todo había pasado y ya podía olvidarlo. Levanté la vista y comprobé que mis dos amigos me miraban con preocupación. Todavía seguía enfadada con Paula. Consideraba que había ido demasiado lejos. Por lo que respectaba a Arnau no sabía cómo sentirme. Nos habíamos acostado juntos, pero no éramos pareja. Su hermana no tenía ni idea de nada. Aquella era la primera vez desde que los tres nos habíamos conocido en los que un secreto se instalaba entre nosotros. No me sentía precisamente bien con todo aquello, pero aquel tampoco era el momento de solucionarlo. Me limité a permanecer en silencio mientras notaba cómo, poco a poco, el calor iba regresando a mis mejillas.

—¿Un poco mejor? —dijo Arnau inclinándose ligeramente hacia mí.

—Creo que sí. Gracias.

—Cuando te apetezca regresamos a la fiesta —respondió mientras se giraba hacia la zona en la que se encontraban los asistentes al evento.

—Id vosotros si queréis. Yo me uniré en cuanto me reponga un poco.

—No vamos a dejarte sola. —La voz de Paula sonó con mucha seguridad y también con bastante frialdad, algo que no le pasó desapercibido a su hermano.

—No me voy a perder —dije de bastante mal humor.

—Pelea de gatas —murmuró Arnau tratando de quitarle hierro al asunto mientras nos miraba intentando encontrar una explicación ante lo que estaba sucediendo.

—Para nada. Mira —dijo Paula mientras se daba la vuelta con aire muy digno—, yo me voy a buscar una copa de champán y a mezclarme entre la gente. Seguro que encuentro a alguien interesante con quien conversar.

—No tengo la menor duda de ello —respondí con cierta maldad.

Arnau permaneció en silencio mientras veía cómo su hermana se alejaba con el gesto torcido y el cuerpo más envarado que el de una armadura. Después clavó sus ojos azules en mí.

—¿Qué? —Yo también sabía mirarle fijamente. No pensaba dejarme intimidar por él.

—¿Se puede saber qué os ha pasado?

—Nada —me limité a responder molesta.

—Iris, no seas niña.

—Anda, ¡déjame en paz! —dije al mismo tiempo que me ponía en pie con la intención de alejarme de allí lo antes posible.

—Te dejaré tranquila cuando me des una explicación razonable de todo esto.

—Que te la dé tu hermana —dije airada.

—Me la vas a dar tú así es que ya puedes empezar a hablar.

Hubo algo en el tono de su voz que me alertó de que no podía seguir comportándome así con él. Arnau era una persona bastante paciente pero cuando se enfadaba tenía un genio terrible. Lo último que me apetecía en aquel momento era discutir con él, así es que me limité a mirarlo en silencio a la espera de que los ánimos se calmaran un poco.

—¿Y bien? —dijo con bastante nerviosismo en la voz.

—Tu hermana que cree que lo sabe todo.

—¿A qué te refieres?

—Ahora es experta en saber qué es lo que más le conviene a mi madre y cómo tratar su enfermedad.

—No creo que Paula vaya por la vida haciendo gala de sus conocimientos.

—Mira qué bien, ahora los hermanos se defienden entre ellos. Bueno... era de esperar.

—¿Quieres dejar de comportarte como una niña estúpida y explicarme de una vez por todas lo que está pasando?

La rabia que había acumulada en mi interior estuvo a punto de hacerme perder el control de la situación. Sentí unas ganas terribles de abofetearlo. Por suerte, me contuve. No me apetecía nada hablar de lo que había sucedido entre Paula y yo, pero sabía que él no me iba a dejar marchar sin que hubiéramos hablado, así es que decidí explicarle la conversación que habíamos mantenido minutos antes del desfile.

—¿Y eso es tan grave? —dijo en cuanto terminé de hablar.

—Siempre he pensado que los amigos están para respetar las opiniones y para mostrar su apoyo, aunque no estén de acuerdo.

—Te olvidas que también estamos para aconsejar y hacer ver que hay otras opciones. No pienso que mi hermana haya dicho nada muy descabellado.

—¡Qué vas a pensar tú! —murmuré lo suficientemente alto como para que me oyera.

—Lo que yo crea no tiene nada que ver con la opinión de los demás, pero basándome en lo que me acabas de contar tampoco parece que la cosa haya sido para tanto.

—Si tú lo dices... —me limité a responder—. Por cierto, ¿qué estás haciendo aquí?

—¿Intentas cambiar de tema?

—No. Solo quiero saber por qué te has presentado en el desfile sin avisar. —Era consciente de que me estaba poniendo muy borde. Así liberaba el estrés, el miedo y las dudas a las que me había estado enfrentando a lo largo de los últimos días.

—No me he colado si es eso lo que te preocupa —dijo Arnau muy serio.

—Te puedo asegurar que las cosas que me preocupan en este momento no tienen nada que ver contigo.

No entendía por qué acababa de decir aquella frase. Solo sé que, en el mismo instante en el que terminé de pronunciarla, me arrepentí. Pude ver cómo los ojos de Arnau se nublaban y el gesto de su cara se tensaba. Contuve el aliento. Me preparé para que se diera media vuelta y me dejara allí completamente sola. Pero no lo hizo. Solo se limitó a mirarme con una mezcla de emociones que me fueron encogiendo poco a poco el corazón.

—Deberíamos hablar de todo esto cuando estés más calmada —dijo después permanecer varios minutos observándome en silencio.

—Será mejor que vayamos con el resto de invitados. Además, yo todavía no he saludado a mi madre.

Me levanté con la certeza de que algo se había roto entre nosotros dos. Por supuesto aquello no tenía nada que ver con la noche que habíamos compartido. Era algo bastante más profundo. En todos los años que hacía que nos conocíamos, Arnau y yo habíamos discutido, pero nada tenía que ver con lo que acababa de suceder. Un regusto amargo se instaló en el fondo de mi garganta. Una sensación que sabía que iba a tardar mucho tiempo en desaparecer. Aun así, me esforcé por caminar a su lado como si ambos continuáramos siendo los mismos de siempre.

Arnau fue en busca de Paula. Yo encontré a mi madre al otro extremo del jardín, con una copa de champán en la mano y charlando amigablemente con dos hombres que enseguida reconocí. Uno era Óscar de la Renta y el otro el gran fotógrafo Mario Testino. Uno de los sueños de mi adolescencia había sido precisamente que aquel hombre me fotografiara y lograra sacar de mí alguna imagen que me hiciera sentir hermosa. Por supuesto, jamás se lo había contado a mi madre porque en el fondo era consciente de que no hubiera tenido el valor de posar ante una cámara y sentirme cómoda.

Traté de unirme al grupo sin interrumpir la animada charla. Clavé la vista en el rostro de mi madre y resplandecía aún más que sobre el escenario; estaba realmente guapa aquella noche, en realidad, era preciosa. Una belleza desde el día que nació. Se la veía feliz, radiante y, sobre todo, parecía estar en un mundo al que solo unos pocos tenían acceso. Un camarero me ofreció una copa de champán y fue entonces cuando todos se percataron de mi presencia.

—¡Iris, por fin te veo! —dijo mi madre al tiempo que se acercaba para besarme con suavidad en ambas mejillas.

—No quería interrumpir —respondí con una sonrisa en los labios y sintiendo cómo el rubor subía a mis mejillas. No estaba acostumbrada a alternar en ambientes tan selectos. Por lo general huía de ellos.

—Es un placer contar con la compañía de una dama tan bella —dijo el hombre que estaba justo a mi izquierda haciendo una leve inclinación con la cabeza no sin antes clavar los ojos en el vestido que llevaba puesto.

—El honor es mío. Admiro tanto su trabajo... —Me sentí furiosa nada más decir aquello. Parecía una fan adolescente ñoña en vez de una mujer que sabe recibir un halago; pero Óscar de la Renta no le suele decir a una cada día lo hermosa que está, de modo que decidí ser un poco más benevolente conmigo misma.

—Caballeros, les presento a mi hija —dijo mi madre que debía estar disfrutando al verme tan turbada ante la presencia de aquellos dos personajes.

—Un placer —respondieron ambos al unísono.

—El placer es mío —dije con la máxima calma de la que fui capaz—. Adoro sus fotografías —dije dirigiéndome a Mario Testino—. Las colecciono desde niña.

Pude comprobar por el rabillo del ojo la cara de sorpresa que puso mi madre al oír aquello, aunque enseguida se recompuso. Por su parte, el gran fotógrafo mostraba una enorme sonrisa más por cortesía que porque le hubieran impresionado mis palabras. Probablemente a lo largo de su vida habría conocido a un montón de mujeres que le habrían dicho exactamente lo mismo.

—Me encantaría poder verlas y conocer de primera mano qué piensas sobre mi trabajo.

Me quedé helada después de oír aquello. No sabía cómo tomármelo, pero sobre todo, no se me ocurriría ni en sueños opinar sobre el trabajo de un artista de su prestigio, y menos delante de él.

—Mario, querido... como te quedas unos días más en Barcelona tal vez puedas venir a casa a cenar así Iris podrá exponer todas sus ideas sobre las fotos que conserva —dijo mi madre con un tono de voz extremadamente amable y que yo sabía que no era otra cosa que un dardo envenenado.

—Mamá, no creo que quiera perder el tiempo escuchando a una mera aficionada —respondí tan rápido como pude.

—Será un placer —dijo el aludido con una enorme sonrisa en los labios.

—Pues no se hable más. Por supuesto, Óscar, tú también estas invitado. Por cierto, Iris... ¿dónde está esa amiga que ha venido contigo? Me han dicho que su vestido está causando sensación esta noche.

—Estaba por aquí hace un rato. Iré a buscarla —dije sintiéndome bastante aturdida.

—No sé qué prenda llevará esa amiga tuya —dijo Óscar de la Renta con ese acento tan peculiar suyo—, pero seguro que no se acerca ni de lejos a la obra de arte que luces tú esta noche.

—Óscar, no seas adulador. —Por supuesto, mi madre estaba encantada con el halago, pero era típico en ella fingir modestia en este tipo de situaciones—. Solo es un vestido de mi última colección.

—Deberías darte mucha más importancia. Esto no es solo una prenda. Es arte —dijo el aludido—. Y se convierte en algo casi mágico sobre el cuerpo de esta mujer.

Sentí cómo me ruborizaba de nuevo. Sabía que todavía no había felicitado a mi madre por el excelente desfile que había organizado, pero no me sentía con fuerzas para continuar siendo el centro de atención de aquel grupo. Así es que murmuré lo más parecido a una disculpa y salí a buscar a Paula. Si mi madre había solicitado su presencia no iba a ser yo quien la contrariara. Por suerte, la encontré bastante cerca. Estaba junto a uno de los enormes rosales que, para mi sorpresa, tenía flores blancas en pleno otoño. Sin duda alguna, las temperaturas inusuales para aquella época del año habían provocado en los árboles y plantas una especie de primavera anticipada.

Paula hablaba animadamente con un joven guapísimo al que no reconocí. Ella parecía absolutamente embelesada con semejante compañía. De lo que sí que me di cuenta fue de que hablaban en inglés y de que había cierta tensión sexual entre ellos, pero tampoco le di mayor importancia al asunto. De Arnau no había ni rastro.

—Perdón... —dije reclamando la atención de mi amiga—. Mi madre quiere saludarte.

—Disculpa. Vuelvo en un minuto. —Mi amiga lanzó una mirada cargada de intenciones a aquel hombre guapísimo y que, sin lugar a dudas, debía ser modelo. Él le sonrió al tiempo que le guiñó un ojo.

—¿Pero tú sabes con quién estaba hablando?

—No, pero está un rato bueno —respondí sin poder contener la risa.

—La vida es injusta —se apresuró a decir Paula—. Tú podrías estar inmersa en este mundo y no quieres saber nada de él. Sin embargo, yo vendería mi alma al diablo por codearme con esta gente a diario.

—Pídele a mi madre que te adopte —respondí sin perder la sonrisa. Me hacía gracia ver a mi mejor amiga tan alterada por un hombre y por un desfile de moda.

—¿En serio que no sabes quién es ese tipo?

—No, aunque tampoco me interesa.

Habíamos regresado al lugar en el que se encontraba mi madre conversando en la misma compañía con la que yo la había dejado. En cuanto nos vio, su sonrisa se hizo enorme. Enseguida me di cuenta de que Paula había triunfado aquella noche y que, a partir de aquel instante, pasaría a ser la protagonista del evento. Así fue. En cuanto hice las presentaciones oportunas, tanto el diseñador del vestido de mi amiga como mi propia madre se deshicieron en todo tipo de halagos que Paula agradeció. Además, consiguió metérselos en el bolsillo haciendo una serie de comentarios sobre las prendas que había visto en el desfile que fueron muy bien acogidos.

A partir de aquel instante supe que me había hecho invisible. Al menos para mi madre, que era la única persona que me importaba esa noche. Permanecí unos segundos más escuchando los comentarios y las bromas que se gastaban entre ellos hasta que decidí que me vendría bien dar un paseo. No estaba enfadada con Paula por captar la atención de todo el mundo. Eso era algo a lo que yo solía estar bastante acostumbrada. Lo que me apenaba era que mi madre no hubiera mostrado el más mínimo interés por mí aun cuando era consciente del esfuerzo que yo había realizado aquella noche para estar allí. Sabía cómo odiaba ese tipo de eventos y lo que detestaba hacer el papel de hija perfecta. Quise hacer responsable a la enfermedad de su comportamiento. Pero eso hubiera sido engañarme y maquillar lo que había pasado. La realidad era que yo no le importaba. Las cosas entre nosotras estaban exactamente en el mismo punto en el que se encontraban justo antes de que le diagnosticaran Alzheimer solo que ahora iba a tener que enfrentarme a ella para ponerla a salvo de todo.

Deambulé por los jardines mientras trataba de poner en orden todos mis pensamientos al tiempo que con la mirada trataba de localizar a Arnau. Pero no había ni rastro de él. Después de cómo me había comportado tampoco podía esperar que quisiera permanecer a mi lado el resto de la noche. Eran poco más de las doce cuando abandoné la fiesta. Paula se lo estaba pasando de maravilla, mi madre la había cogido del brazo y la estaba paseando como si fuera la estrella del evento, presentándole a todos sus conocidos. Me alegré por mi amiga. Sabía que aquel era uno de los sueños de su vida y deseé que ojalá se acordara de pedirle a alguien que inmortalizara los instantes que estaba viviendo, aunque a juzgar por la cantidad de fotógrafos que llenaban la fiesta, seguro que dispondría de unas instantáneas preciosas.

Mientras regresaba a casa en la parte trasera de un taxi pensé en todo lo que había sucedido aquella noche y en lo mal que me sentía en general. Abrí el bolso y saqué el móvil. Le debía una disculpa a Arnau. Con Paula ya tendría ocasión de hablar cuando estuviera menos molesta y cansada.

Siento lo de esta noche.
¿Almorzamos mañana donde siempre?

En cuanto envié el mensaje me quedé mirando la pantalla del teléfono. Él solía contestar enseguida a todos mis mensajes. Pero en esta ocasión no lo hizo. Llegué a casa completamente abatida y sintiéndome desbordada por todo lo que estaba sucediendo a mi alrededor. Me desnudé todo lo rápido que pude, me desmaquillé sin apenas mirarme al espejo. Era incapaz de soportar mi propia imagen. Luego me puse el pijama, abrí el cajón de la mesilla en el que guardaba los tranquilizantes que tomaba de vez en cuando y me tragué uno sin dudarlo. No quería seguir pensando. Al menos no durante aquella noche. Seguro que con ocho horas seguidas de sueño reparador me sentiría mucho mejor.

CAPÍTULO 11

—¡Si crees que vas a alejarme de todo aquello por lo que he luchado es que no me conoces! —Mi madre caminaba furiosa de un lado a otro de la habitación.

—Haz el favor de bajar la voz. No es necesario que todos tus empleados se enteren de la conversación que estamos manteniendo —dije en un intento de calmar los ánimos de ambas.

Hacía más de una hora que nos habíamos encerrado en su despacho. Al principio mi madre se habría sorprendido al verme, pero enseguida pasó a darme todo lujo de detalles sobre la repercusión que había tenido el desfile. Por supuesto aquello era algo que yo ya sabía porque la noticia había salido en las cadenas de televisión, emisoras de radio y prensa de medio mundo. Ningún medio de comunicación había dejado de referirse al gran evento, así como al encumbramiento de Carmen Roig en lo más alto del mundo de la moda. Ya era la reina del sector, pero tras el desfile, había adquirido casi la categoría de diosa.

A lo largo de nuestra charla banal mi progenitora se refirió en varias ocasiones a Paula y no dejó de alabar tanto «sus exquisitos modales» como su «amplio conocimiento del mundo de la moda y su entusiasmo». Sabía que aquellas palabras estaban dichas para provocarme y también para hacerme saber que mi mejor amiga era la clase de hija que le hubiera gustado tener. Decidí no entrar al trapo. Tenía asuntos mucho más urgentes que tratar con ella.

Nunca había sabido con exactitud cómo abordar las cuestiones delicadas cuando se trataba de mantenerlas de mi madre. Desde luego, aquella ocasión no fue una excepción. Mientras la escuchaba saltar de un tema a otro mi mente trataba de introducir el asunto de su enfermedad del mejor modo posible. Pero, por mucho que me estrujé los sesos no encontré otra manera que ir al grano. Así que, en el mismo instante en el que ella dejó de hablar, yo aproveché para exponerle cómo creía que debíamos actuar a partir de aquel momento. La reacción de mi madre no se había hecho esperar y la cólera se había apoderado de ella.

—¿Crees que voy a encerrarme en casa a morirme como una planta sin luz solo porque un doctor de pacotilla me ha dado un diagnóstico con el que no estoy de acuerdo en absoluto? —Tenía el rostro tan congestionado que por un momento temí que fuera a sufrir un ataque.

—Para empezar, no pretendo que te encierres en ninguna parte y, para seguir, te recuerdo que el diagnóstico no está confirmado por un solo médico sino por cinco —dije en un intento de llevar la conversación a buen puerto.

—¡Gente de su propio equipo que estará igual de agilipollada que él! Me encuentro perfectamente. Soy capaz de recordar datos y cifras que tú serías incapaz de retener y nadie va a relegarme de la dirección de esta empresa ni de ninguno de los otros proyectos que estoy liderando en estos momentos.

—Puedes negar la evidencia todo lo que quieras —dije al tiempo que sentía un nudo en la boca del estómago ante la dureza con la que me estaba comportando con ella—, pero eso no va a cambiar las cosas. Podemos enfrentarnos a esto de la forma más sencilla o de la más complicada pero el hecho irrefutable es que debemos hacerlo.

—Estás disfrutando con esto, ¿verdad? —En aquel instante mi madre me miró con un odio y una rabia que pensaba que ningún ser humano era capaz de sentir.

—¿Cómo puedes pensar algo así? —respondí mientras sentía cómo estaba a punto de echarme a llorar—. ¿Crees que te desearía algún mal?

—Tampoco creo que me desees ningún bien.

Sus palabras fueron una auténtica bofetada para todos

mis sentidos hasta el punto de que incluso se me llegó a cortar el aliento durante unos segundos. A aquellas alturas de nuestras vidas ya daba por hecho que nuestra relación no era demasiado buena, pero estaba convencida de que ambas, con el paso de los años, habíamos sabido establecer cierta cordialidad y nos tolerábamos más o menos, pero después de escuchar lo que mi madre acababa de decir era evidente que todo había sido pura fachada. Al menos por su parte.

—Te equivocas —dije en cuanto fui capaz de articular palabra—. En cualquier caso, esa no es la cuestión. El tema es el modo en el que vamos a enfrentarnos a tu enfermedad —volví a insistir.

—Yo pienso seguir trabajando mientras le queden vida a estas manos —se limitó a responder mostrándome sus esbeltos dedos rematados por una manicura perfecta.

—¿Y qué harás cuando no puedas? ¿O el día en el que no recuerdes qué haces aquí?

—Iris, ¿es necesario que seas tan desagradable?

—No lo soy, madre. En absoluto. Trato de hacerte ver lo que nos espera dentro de no demasiado tiempo. Estoy intentando que tengas el retiro que te mereces, aunque no me estás dejando demasiadas alternativas.

—Ya te he dicho que no pienso quedarme en casa marchitándome.

—Entonces ¿prefieres que todas aquellas personas que te admiran, las que compran tus diseños y complementos, y también a las que te has tenido que ganar a base de esfuerzo, vean cómo vas perdiendo aptitudes de la noche a la mañana?

—¡No voy a consentir que me hables así! ¿Quién te has creído que eres? —dijo mi madre con un tono de voz tal elevado que incluso me dolieron los oídos.

—Tu hija, aunque no te guste. Aunque jamás me hayas tratado como tal. Aunque siempre te hayas esforzado por mantenerme bien lejos de ti. A pesar de eso, hay algo que no puedes evitar ni siquiera tú. Hubo un día en el que decidiste tenerme y aquello te convirtió en madre. Luego preferiste no ejercer como tal o, tal vez, tu opción fue hacerlo como te dio la gana. Ahora mismo eso ni lo sé ni me importa. Sin embargo, eso no anula el hecho de que formo parte de ti y te deseo lo mejor, no lo peor.

Me quedé de pie frente a ella mirándola directamente a los ojos al tiempo que traté de recuperar el ritmo de mi respiración. Había hablado con tanta intensidad, rabia y, al mismo tiempo, sinceridad que no me había dado cuenta de que el aire apenas entraba en mis pulmones. Clavé mis ojos en los suyos. No callaría y agacharía la cabeza frente a ella como había hecho en tantas otras ocasiones. Aquel era el día en el que estaban saliendo a la luz años de resentimientos y verdades no dichas. Era el momento en el que, por fin, ambas nos estábamos sincerando, aunque no fueran precisamente palabras de amor las que salían de nuestros labios. Y aquella era la ocasión en la que yo estaba dispuesta a demostrarle que era más fuerte que ella. No me rendiría hasta que lograra que mi madre se diera cuenta de que la mejor opción tanto para ella como para su carrera profesional era seguir el plan que yo había trazado.

—Sal inmediatamente de aquí —dijo mi madre con la mandíbula tan tensa que por un instante pensé que se le iban a romper todos los dientes—. ¡Apártate de mi vista!

—Sí. Ya me voy. Pero pienso volver un día tras otro hasta que logre convencerte de que no estás tomando la decisión más acertada ni para tu salud ni, por supuesto, para tu carrera.

No esperé a que dijera nada más. Giré sobre mis talones, eché a andar en dirección a la puerta de su despacho, la abrí y traté de salir de allí con la mayor dignidad posible. Una vez fuera me encontré con el rostro de Julia que me miraba con la tez tan pálida como si terminara de ver un fantasma. Lo primero que me vino a la mente fue que no iba a revelarle el contenido de la conversación que había mantenido con mi madre. A continuación, me sentí de lo más ridícula. Dado el tono que ambas habíamos empleado, en aquel mismo instante, todos los trabajadores de la empresa estarían al tanto de nuestra bronca monumental.

—Lo siento —fue todo lo que acerté a murmurar.

—No es necesario que te disculpes por nada. —Julia se levantó, rodeó su mesa de trabajo y se acercó hasta mí. Luego me tomó del brazo con suavidad y me llevó en dirección al espacio que ella solía utilizar para almorzar—. Anda, siéntate. Te traeré una tila.

—Preferiría algo más fuerte —dije sin levantar la cabeza del suelo.

—El alcohol no va a hacer que te sientas mejor, pero si es lo que quieres creo que hay *whisky* en el otro *office*.

La conversación que acabábamos de mantener mi madre y yo en su despacho había sido muy dura. Pero no era el contenido de esa discusión lo que en realidad hacía que me sintiera tan mal, sino con quién la había mantenido. ¿Cómo era posible que nos hubiéramos dicho todas esas cosas? ¿Por qué habíamos esperado tantos años para expresar lo que en realidad sentíamos? ¿Qué nos había impedido solucionar todo aquello mucho antes? Vi que Julia regresaba con una botella de Macallan y una copa de cristal. Los dejó en la mesa, frente a mí y me observó en silencio. Yo no tenía cuerpo para que me juzgaran. Me daba exactamente lo mismo, así que alargué la mano, arranqué el precinto de la botella, la abrí y vertí una considerable cantidad de líquido en la copa. Luego la acerqué a mis labios y me la bebí de un trago. Enseguida noté cómo el alcohol se deslizaba por mi garganta provocándome una enorme sensación de bienestar. Repetí la misma operación y comencé a sentirme más relajada. Iba a llenar la copa por tercera vez cuando una mano muy suave me detuvo.

—Me parece estupendo que te emborraches, pero prefiero que no lo hagas en mi presencia —dijo Julia con su eterna voz aterciopelada.

—Perfecto. Entonces me llevaré la botella para el camino —respondí al tiempo que me levantaba del asiento y me dirigía a la salida.

—Espero que no hayas venido conduciendo.

—Tranquila. Aun no estoy tan loca.

Después de pronunciar aquellas palabras sentí cómo el nudo que se había instalado minutos antes en la boca del estómago empezaba a deshacerse. Con toda seguridad era fruto del alcohol así es que, ¿por qué no seguir bebiendo si con ello conseguía mitigar durante unas horas toda la angustia que sentía? Cuando puse un pie en la calle había un taxi esperándome en la puerta. «Julia», pensé. Probablemente al día siguiente tuviera que regresar para disculparme con ella, pero ahora lo único que me importaba era encerrarme en mi casa y lamerme las heridas. Por suerte, había tenido la precaución de meter la botella de *whisky* en el bolso antes de subir al coche de modo que el taxista no se percató del estado en el que me encontraba.

El camino de regreso a casa se me hizo largo. Nada que ver con el que había emprendido apenas unas horas atrás cargada de esperanza y con un discurso elaborado que pensaba que mi madre no iba a cuestionar en exceso. Pero me equivocaba. Las cosas habían salido incluso peor de lo que había previsto en los momentos en los que más dudas había tenido sobre el plan que le iba a proponer. Yo estaba muy dolida y sabía que ella también. Tenía la certeza de que la oportunidad de llevar su enfermedad de la forma más digna posible para mi madre se me había escapado entre los dedos. Ahora parecía que todo quedaba en manos del destino o en lo que el cerebro de mi madre decidiera. Desde luego aquel no era un futuro demasiado halagüeño, pero yo poco podía hacer ya.

Llegué a casa. Dejé el bolso y el abrigo tirados de cualquier manera en el medio del pasillo no sin antes coger la botella de *whisky*. A continuación, hundí todo mi cuerpo en el sofá y empecé a beber. A medida que el alcohol se iba adueñando de cada músculo y también de cada pensamiento me sentí mejor. Más libre y con mayor capacidad para desviar las ideas y preocupaciones sobre la situación de mi madre. Entre trago y trago me encendí un cigarrillo. Empecé a pensar que había querido interpretar un papel que no me correspondía. El de la hija preocupada y llena de amor por su madre. Del mismo modo, me había convencido de que ella me quería y que recibiría todas mis sugerencias con cariño y comprensión. Pero ¿a quién pretendía engañar? Entre nosotras siempre había existido tanta indiferencia y frialdad que éramos unas auténticas desconocidas. Lo único positivo de lo que había sucedido en aquel despacho era que, por fin, ninguna de las dos tenía la necesidad de seguir fingiendo ni un solo minuto más. Bebí de la botella hasta que comencé a sentir que los párpados me pesaban. Luego caí en un sueño profundo carente de pesadillas. El primero tras mucho tiempo.

—Iris... Despierta... —Sentí cómo alguien me sacudía el brazo con fuerza. No reconocí la voz hasta que la volví a escuchar—. Levántate, ¡por favor!

Entreabrí los ojos y, en cuanto entraron en contacto con la luz, sentí como si se me clavaran cientos de agujas en el interior del cerebro. Las náuseas asomaron a mi garganta y me dio el tiempo justo de llegar al baño para vomitar. Todo me daba vueltas y un sudor frío me recorría la espalda. No sabía qué hora era, ni qué me estaba pasando hasta que poco a poco los recuerdos de las últimas horas acudieron a mi mente. La conversación con mi madre, la discusión y la botella de *whisky* de la que me había bebido más de la mitad a palo seco.

—¡Joder, no se te puede dejar sola! —La voz de Paula retumbaba en el interior de mi cabeza agudizándome el dolor que ya sentía.

—¿Puedes hacer el favor de no gritar?

—¿Y tú tienes idea del susto que llevamos en el cuerpo?

Tardé unos segundos en procesar a quién se refería con el plural que acababa de utilizar. Entonces alargué la cabeza y me encontré directamente con la mirada de Arnau, que tenía cierta expresión de angustia en su rostro. En cuanto fui consciente del lamentable estado en el que me encontraba, medio tumbada en el suelo y agarrada todavía a la taza del váter, agaché la cabeza. Era ya lo que me faltaba. Sentirme todavía peor que cuando había llegado a casa.

Por suerte para mí, Paula se dio cuenta de lo incómodo de la situación e instó a su hermano a que fuera a la cocina a preparar un café bien cargado. Ella abrió el armario en el que se guardaban las toallas, cogió una, la mojó con agua fría y la colocó directamente sobre mi nuca. Di un respingo en cuanto la noté sobre mi piel. Sin embargo, a los pocos segundos empecé a sentirme algo mejor. Mi amiga repitió la operación varias veces hasta que se aseguró de que podía moverme por mi propio pie. Aun así, me ayudó a incorporarme y a entrar en la ducha. Supongo que debía de oler a demonios entre el alcohol que llevaba encima, el tabaco y la vomitona.

Cuando salí al salón recién duchada y con cara de acabar de salir de un *after* casi no me atrevía a mirar a mis amigos a los ojos. Me sentía avergonzada, humillada, dolida y sobre todo, inmensamente triste. Era tal el cúmulo de emociones que volvían a arremolinarse en mi interior que empecé a llorar sin más. Arnau fue el primero en acercarse y abrazarme. En aquel momento estaba tan enfrascada en digerir mis sentimientos que no me di ni cuenta de la cara de sorpresa que puso Paula ante aquella muestra de afecto por parte de su hermano. No es que él no fuera cariñoso conmigo habitualmente, pero hasta yo, que estaba hecha polvo, me había dado cuenta de que la forma en la que me envolvía con sus brazos era bastante especial e íntima.

Pasé los brazos alrededor de su nuca y me abandoné por completo al llanto. Creo que era la primera vez en mi vida que daba rienda suelta a mis sentimientos sin preocuparme por el modo en el que lo estaba haciendo. Así, poco a poco, el llanto ligero se fue transformando en algo mucho más intenso, frío y desgarrador que estuvo acompañado de toda clase de lamentos que se escapaban de mi garganta sin control alguno. Podía sentir cómo las manos de Arnau me acariciaban el pelo y, de vez en cuando, incluso llegaba a escuchar su cálida voz junto a mi oído. No tengo ni la más mínima idea de cuánto tiempo permanecí en aquel estado. Solo sé que, poco a poco, me fui apagando hasta que de mis ojos ya no brotó ni una lágrima más.

—Tómate esto. Te sentará bien —dijo Paula mientras me tendía una taza de café humeante.

—Gracias... —logré murmurar separándome lo justo de Arnau para cogerla y notar cómo solo el aroma ya me reconfortaba.

—No te vamos a preguntar cómo te encuentras —dijo mi amigo en aquel tono suyo irónico que tanto solía divertirme—, porque es obvio que estás para el arrastre.

—Pero no nos vamos a ir de aquí hasta que nos expliques al menos el por qué —sentenció Paula.

Aunque no le veía la cara, supe perfectamente que, en aquel mismo instante, Arnau estaba asesinando a su hermana con la mirada. Si había algo de ella que le pusiera realmente nervioso era lo impetuosa que podía llegar a ser.

—Iris nos contará lo que le apetezca y tú y yo tendremos que conformarnos con eso. ¿De acuerdo? —dijo con tanta vehemencia que no había lugar a réplica alguna.

—Discutí con mi madre. Nos dijimos cosas horribles. Luego vine a casa y no sé cuánto *whisky* bebí hasta que me quedé dormida —dije de carrerilla.

—Media botella —dijo Paula.

Los tres permanecimos en silencio. Yo tenía la cabeza apoyada en el pecho de Arnau y podía escuchar a la perfección cada latido de su corazón al tiempo que respiraba aquel aroma suyo que tanto me tranquilizaba. Me encontraba bastante mejor, pero por nada del mundo quería abandonar una postura en la que me sentía a salvo de todo. Me incliné levemente hacia delante para dar un sorbo al café. Estaba delicioso y, poco a poco, fue haciendo su efecto. Sabía que tenía que darles algún tipo de explicación a mis amigos, pero no tenía ni la más mínima idea de por dónde empezar.

—Lo siento —fue lo primero que me salió.

—¿Por qué? —dijo Paula con frialdad.

—Por todo, supongo...

—Sabes que no tienes que hablar si no te apetece, ¿verdad? —Arnau se dirigió a mí con tanta ternura que a punto estuve de volver a echarme a llorar.

—Sí, pero tarde o temprano tendré que dar una explicación y prefiero que sea ahora.

Pasé la siguiente hora explicándoles de la forma más detallada posible la intención con la que había ido a ver a mi madre y cómo habían terminado las cosas entre nosotras. Las cosas terribles que no habíamos dicho.

—Nos tienes a nosotros. —Paula alargó un brazo desde el sillón de enfrente y me rozó el dorso de la mano. Era la primera vez que me tocaba desde que había llegado a casa. Señal de que el enfado conmigo se le estaba empezando a pasar.

—Sí, sois lo más parecido a una familia que he tenido nunca —dije y un intenso suspiro se escapó de mi pecho.

—Seguro que entrará en razón. —Arnau siempre se enfrentaba a los problemas de la forma más optimista posible y esta no iba a ser la excepción.

—Ha dejado muy claro que ella ni está enferma ni piensa abandonar su rutina diaria.

—Tal vez la solución pase por no hacer nada —respondió él como si de algún modo aquella hubiera sido su opinión desde que conoció la noticia.

—¿Cómo dices? —protestó Paula.

—A lo mejor recapacita si Iris deja de mostrar que se preocupa por ella o si se vuelve a llevar otro susto como el del otro día.

—¡Qué poco conoces a mi madre! Llevará a cabo su decisión hasta las últimas consecuencias.

—¿Y qué más da? —dijo Paula bastante enfadada—. Después de todo lo que te ha dicho y de cómo te ha tratado durante todos estos años.

—No es tan sencillo, ¿sabes? Aunque hayamos tenido nuestras diferencias, a pesar de que nunca nos hemos llegado a comprender, no deja de ser mi madre. Y si no le deseo ningún mal a nadie mucho menos a ella, que es mi familia.

—La familia es la que permanece siempre a tu lado —respondió mi amiga.

—¡Paula! —Arnau se incorporó con tanto ímpetu que a punto estuve de caer al suelo.

—¡Joder! ¿Qué pasa contigo? —dijo mi amiga levantándose y encarándose con su hermano—. ¿Estás enamorado o qué?

En aquel instante la tensión y el silencio se volvieron tan densos que se podían palpar. Yo contuve la respiración y aparté la vista de la escena que se estaba produciendo justo delante de mí. Quería levantarme y salir corriendo. Me daba miedo volver a mirar a mis amigos. Nunca les había visto enfrentados de aquel modo y, mucho menos, por mi culpa. Pero no quería decir nada que empeorara la situación. Paula no sabía lo que había sucedido entre Arnau y yo. Era posible que después de lo que acababa de escuchar, probablemente intuyera algo. Se lo tenía que haber contado. Se trataba de mi mejor amiga. Sin embargo, no había encontrado ni el momento ni las ganas para hacerlo. Había antepuesto la situación de mi madre a cualquier otra cosa. También era cierto que podría habérselo explicado Arnau, pero por alguna razón que él sabría, no lo había hecho. Y ahora estábamos allí. En un momento incómodo del que yo no tenía muy claro cómo íbamos a salir.

—¿Pasaría algo si lo estuviera? —respondió mirándola directamente a los ojos y con el cuerpo completamente en tensión.

—Que sería la primera vez —dijo Paula sin poder ocultar la sorpresa que le habían producido las palabras de su hermano.

—Por favor... —intervine apenas con un hilo de voz. No era el momento más adecuado para abordar el tema.

—Deberías preocuparte un poco más de tu vida y dejarnos tranquilos a los demás. —Arnau volvió a sentarse a mi lado algo más calmado, pero visiblemente malhumorado.

—Déjalo estar —susurré sin demasiadas esperanzas.

—¿Tenéis algo que contarme? —Paula tenía muchas virtudes, pero entre ellas no se encontraba la de saber esperar, tampoco la de tener claras las situaciones en las que debía permanecer en silencio.

—Nada más allá de que tu hermano y yo nos hemos acostado...

El silencio se volvió a instalar entre nosotros. Levanté la vista y me encontré directamente con dos pares de ojos de un azul intenso mirándome con sorpresa. Fue entonces cuando me di cuenta de había pronunciado en voz alta el pensamiento que había cruzado por mi mente en cuanto Paula formuló la pregunta.

—Bueno, ahora ya lo sabes —me limité a añadir al tiempo que sentí que empezaba a necesitar más dosis de cafeína en el cuerpo.

La cara de mi mejor amiga era un poema. La de Arnau tampoco es que fuera mucho mejor. Ninguno de los dos se esperaba que fuera a expresarme de aquel modo ni tampoco que contara algo que yo misma había decidido que no iba a ser trascendental en mi vida.

—Entonces... ¿Ahora sois pareja? —No pude evitar sonreír cuando me di cuenta de que el brillo de la ilusión empezaba a aparecer en sus ojos.

—No somos nada —dijo Arnau sin dar ninguna opción más—. Te acabo de decir que no te metas en la vida de los demás y ahí sigues, hurgando a ver qué pillas. ¿No ves que tenemos un problema mayor al que hacer frente que al de con quién hemos pegado un par de polvos?

Tras escuchar aquello fue a mí a quien estuvo a punto de desencajársele la mandíbula. Era cierto que le había manifestado mi intención de no darle más importancia a lo que había sucedido entre nosotros. Que se trataba de una simple noche de sexo. Sin embargo, él se había esforzado en dejarme claro que sus sentimientos iban más allá de un breve encuentro. Entonces, ¿por qué se estaba comportando de aquel modo? «¡Hombres! Nunca saben qué coño quieren», pensé al tiempo que trataba de mantener la calma.

—Pues para no haber nada serio entre vosotros estáis más blancos que la pared —dijo Paula y a continuación, empezó a reírse.

Aquella situación era de locos. Me sentí tan confundida, cansada y fuera de lugar que yo también comencé a reírme. La cara que puso a Arnau entonces fue todo un poema. Algo que provocó que Paula y yo estalláramos en sonoras carcajadas.

—¡Estáis locas! ¿Lo sabéis? —dijo empezando a ser víctima también de un ataque de risa.

—Sí —respondimos Paula y yo al mismo tiempo.

—Prepararé más café... —Arnau se levantó y caminó en dirección a la cocina pero antes de eso pude ver cómo su cuerpo se movía y que en sus labios había una sonrisa que quitaba el hipo.

—¡Ya me contarás todos los detalles! —dijo Paula en cuanto su hermano desapareció de nuestra vista.

—¡Ni lo sueñes! Eso sería algo así como pervertir a mi hermana pequeña.

—¡Pero si tenemos la misma edad!

—Sí, pero yo nací un mes antes. Además, sería como indecente... El sexo no se le explica a la familia. —Volví a reírme al ver su cara, que hacía pucheros como si fuera un bebé—. A lo mejor Arnau te lo cuenta.

—¡Eres mala! —respondió cuando se dio cuenta de que yo no iba a soltar prenda.

—Mucho —dije y sentí cómo el dolor que había conseguido mantener alejado de mí durante un rato regresaba.

—Lo siento... —murmuró Paula, que percibió lo que me estaba sucediendo—. Tomémonos otro café y tratemos de encontrar una solución entre todos. ¿De acuerdo?

—Te lo agradezco, de verdad, pero no creo que haya mucho que podamos hacer. Mi madre ha tomado una decisión y yo también.

—Seguro que podemos hacer algo. Solo tenemos que ponernos a pensar los tres. Eso siempre se nos ha dado bien.

Lo cierto era que Paula tenía razón. Las mejores decisiones que había tomado en mi vida siempre habían sido fruto de tardes interminables debatiendo con ellos dos. De algún modo que no conseguía explicar ambos lograban hacerme ver todas las opciones de las que disponía y orientarme hacía la que más me convenía. Sin embargo, yo no tenía claro que en aquella ocasión concreta el método pudiera funcionar. Eran demasiados años y demasiadas emociones las que debíamos abordar o saber dejar atrás.

Arnau regresó de la cocina con una bandeja en la mano. Traía café para todos y el resto de la botella de *whisky* de la noche anterior. En cuanto la vi mi estómago dio un vuelco y pude notar cómo la bilis ascendía por mi pecho.

—Tranquila, el alcohol no es para ti —dijo mi amigo, que

se había dado cuenta de la reacción de mi cuerpo—. Paula y yo pensamos mejor con un buen escocés en la mano. Y este además tiene solera.

Le lancé una sonrisa y me limité a acomodarme de nuevo en el sofá. Él volvió a sentase a mi lado en cuanto hubo servido las bebidas. Luego alargó la mano y me cubrió el cuerpo con la manta que tenía a mis pies. Aquel gesto tan lleno de ternura me conmovió. Sonreí y pensé que ojalá las cosas fueran diferentes. Que yo fuera distinta y pudiera dejar una pequeña puerta abierta a algo más. Sin embargo, aquello no iba a suceder.

Pasamos el resto de la tarde hablando y tratando de encontrar entre todos lo más parecido a un acuerdo que pudiéramos llevar a cabo tanto mi madre como yo. Personalmente tenía pocas esperanzas de que las cosas fueran a cambiar, aunque cuando Arnau y Paula se fueron de mi casa con la promesa de regresar al día siguiente para pasar el domingo conmigo, me sentía un poco más animada y menos peor persona.

CAPÍTULO 12

Caminaba furiosa de un lado a otro de la habitación. Estaba buscando algo, pero no se acordaba de lo que era. Estas cosas cada vez le pasaban con más asiduidad. Sin embargo, Carmen se había puesto como objetivo no parar. Consideraba que aquella era la mejor medicina para el cerebro y no todas las porquerías que le había recetado el médico. Tenía clarísimo que no iba a tomarse nada de aquello igual que ya había decidido acudir a otro hospital para obtener un nuevo diagnóstico. Así les demostraría tanto a su hija como a los medicuchos aquellos lo equivocados que estaban. Nadie iba a apartarla de su trabajo y menos ahora que estaba tocando el cielo con las manos.

Cada vez que Carmen cerraba los ojos acudían a su mente diferentes momentos de la noche del desfile. Retazos de conversaciones que no lograba recordar con total claridad pero que le arrancaban una sonrisa al tiempo que provocaban que se sintiera profundamente orgullosa de sí misma. Lo había logrado. Años de trabajo sin descanso habían quedado reconocidos en un evento que se recordaría durante años. Ya había entrado a formar parte de la exclusiva historia del mundo de la moda. Eso era por lo que tantas cosas había sacrificado en su vida. Por fin había llegado su momento. Ahora solo quedaba prolongarlo todo el tiempo que fuera posible.

Volvió a recorrer una vez más su dormitorio sin éxito. Seguía sin recordar qué hacía allí. Solo tenía un vago recuerdo de que era algo relacionado con el trabajo. Era consciente de que tenía a grandes profesionales trabajando para ella, pero no confiaba en ellos hasta el punto de dejar sus proyectos al alcance de cualquiera. «Ah... el cuaderno de los diseños», pensó. Eso era lo que estaba buscando con tanto empeño. Entonces recordó que, la última vez que lo había utilizado no lo había guardado en casa, sino en el despacho del atelier. Salió a la calle y, en cuanto la fría brisa del amanecer le rozó las mejillas, comenzó a andar. Pasados unos minutos se dio cuenta de que algo extraño sucedía. Miró a su alrededor, pero no fue capaz de identificar nada de lo que la rodeaba. Siguió caminando calle abajo al tiempo que observaba confundida los edificios y parques que iba dejando atrás.

La humedad de las primeras horas del día empezó a hacer mella en su cuerpo. Como de costumbre había salido a la calle tan solo ataviada son la bata de seda de ir por casa. Pero no entendía cómo era posible que no hubiera llegado ya a su estudio. Tal vez había caminado con tanto ímpetu, que lo había dejado atrás sin darse cuenta. Entonces trató de volver sobre sus pasos, pero de nuevo, no reconoció nada. No sabía dónde se encontraba como tampoco entendía por qué no era capaz de pensar con claridad. Tal vez la ausencia de luz la hubiera desorientado. Sí. Debía de ser eso. Levantó la vista y se percató de que al otro lado de la calle había un pequeño jardín rodeado de unos bancos de madera. Se sentaría en ellos y esperaría a que saliera el sol. Seguro que con la luz del día encontraría una explicación a lo que le estaba sucediendo.

En cuanto se sentó observó el entorno con curiosidad. A su derecha había unos columpios que tenían una pinta fantástica y, un poco más al fondo, un balancín de madera enorme. Se levantó y fue directa hacia el columpio más alto. Se sentó y, a continuación, se impulsó hasta que sus pies se separaron por completo del suelo. ¡Qué maravillosa sensación de libertad y qué alto volaba! Tendría que contárselo a su madre en cuanto regresara a casa, pensó entusiasmada.

Julia conducía calle Aribau arriba. Al parar en un semáforo en rojo miró a su derecha y abrió los ojos como platos al ver a una mujer vestida tan solo con una bata de ir por casa columpiándose. Estaba acostumbrada a ver cosas de lo más extrañas cuando paseaba por Barcelona debido a lo que trasnochaba por causa del trabajo. Pero aquella imagen la impactó de manera especial. Había algo en aquella mujer... Bajó la ventanilla para poder observarla mejor. Fue entonces cuando un grito ahogado se escapó de su garganta: ¡era doña Carmen!

El semáforo se puso en verde y el conductor del coche que estaba justo detrás empezó a tocar el claxon. Julia maniobró de la mejor forma que pudo para apartar el coche con el fin de que dejara de entorpecer el tráfico. Pero estaba tan aturdida por lo que acababa de ver que apenas atinaba a conducir. Por fin consiguió dejar el vehículo estacionado en un lateral con las luces de emergencia encendidas. A continuación, corrió en dirección al parque en el que se encontraba su jefa.

En cuanto Carmen se percató de la presencia de aquella mujer se detuvo en seco. No le gustaba el modo en el que la miraba, aunque había algo en ella que le resultaba un tanto familiar. Sin embargo, en el momento en el que se dio cuenta de que la desconocida avanzaba con rapidez hacia ella sintió miedo. Habían sido muchas las ocasiones en las que su madre le había advertido sobre el peligro que entrañaban los desconocidos. Algunos de ellos incluso se llevaban a los niños para hacerles cosas horribles. El pánico se apoderó de ella y comenzó a chillar.

—Doña Carmen, no se asuste. Soy yo, Julia —dijo la asistente personal sin saber del todo cómo enfrentarse a una situación como aquella.

—¡Déjame en paz! ¡No te conozco!

—Tranquilícese. Déjeme que la ayude a bajar de ahí.

—¡Te he dicho que te vayas! ¡Si no lo haces empezaré a gritar y haré que venga la policía!

Julia estaba aterrada. No sabía si lo más correcto en aquel momento era intentar convencer a su jefa para que bajara del columpio y llevarla después a un hospital o si, por el contrario, la opción de llamar a la policía y que ellos se hicieran cargo de la situación sería lo mejor.

Estaba a punto de marcar en su móvil el 112 cuando una idea cruzó por su mente. ¿Cuánto tardaría en trascender a los medios una noticia como aquella? La historia era de lo más jugosa. La gran diseñadora completamente enloquecida meciéndose en un columpio a las seis y media de la mañana tan solo vestida con una bata de seda. Volvió a guardar el teléfono en el bolso y trató de acercarse de nuevo a la mujer que empezaba a columpiarse con bastante menos ímpetu.

—Doña Carmen, venga conmigo. La llevaré a casa —dijo Julia con el tono de voz más cariñoso del que fue capaz.

—¿Por qué me llamas así? Yo no soy doña Carmen. Esa es mi madre. A mí me llaman Carmencita.

—Entonces, Carmencita... ¿qué te parece si bajas del columpio, te llevo a casa y te preparo el desayuno?

—No debo irme con desconocidos. Es lo que mi madre y la tata me dicen siempre.

—Yo no soy una desconocida —respondió Julia con una seguridad que no sentía—. Además, son ellas precisamente las que me han enviado a buscarte. Tienes que volver a casa enseguida a vestirte porque luego hay que ir al colegio.

Julia apenas podía creer las palabras que estaban saliendo de su boca y la película que estaba montando. Sin embargo, su jefa parecía ir tranquilizándose a medida que ella iba elaborando la historia. De modo que no le quedaba más remedio que seguir adelante con ella hasta que, por lo menos, consiguiera meterla en el coche y pudiera llevarla al hospital.

—Venga, Carmencita. Vámonos a casa.

—¿Me vas a preparar chocolate con melindros?

—¡Claro! En cuanto lleguemos. —Julia se sintió terriblemente mal por mentir de aquel modo pero no podía hacer otra cosa.

—Está bien. Regresemos.

Carmen bajó del columpio y asió con fuerza la mano de Julia. Estaba calentita y aquello la reconfortaba. Además, le iban a preparar chocolate antes de ir a la escuela. Una vez sentada en el interior del coche más moderno que había visto jamás, se sintió feliz. Seguro que su padre se pondría de lo más contento al verlo. A él le encantaba todo lo que llevara cuatro ruedas e hiciera ruido. Sin duda alguna aquel iba a ser un día genial.

Antes de entrar en el vehículo, Julia llamó por teléfono a Iris. Fue una conversación breve. No quería que su jefa volviera a ponerse nerviosa de nuevo. Luego la miró a través del cristal de la ventanilla y un enorme sentimiento de pena se apoderó de ella. «¡Qué final tan trágico para alguien tan especial!», pensó mientras notaba que los ojos empezaban a escocerle. Respiró hondo. No era momento de ponerse sentimental ni dramática, sino de actuar con la mayor celeridad posible. Entró, arrancó y puso rumbo al centro médico.

* * *

Volvía a estar sentada en la sala de urgencias al lado de la secretaria de mi madre. Parecía como si el tiempo se hubiera detenido. La llamada de Julia me sobresaltó y me preocupó, pero no me provocó sorpresa. Los médicos ya me habían advertido de esta posibilidad, aunque no esperaba que se produjera tan pronto. A pesar de lo dolida que estaba con mi madre sabía que no podía dejarla en la estacada. Mi obligación era estar a su lado y exactamente eso era lo que pretendía hacer.

A lo largo de las horas siguientes se repitieron los mismos acontecimientos que ya había vivido. Las pruebas, los médicos, el diagnóstico inequívoco. Cuando por fin pude entrar a ver a mi madre, Carmen dormía profundamente.

Parecía estar envuelta en un halo de paz y serenidad que me conmovió. Era consciente de que la relación entre nosotras jamás sería lo que se dice normal, pero por primera vez en mucho tiempo, me di cuenta de algo: aquella era la madre que para bien o para mal la vida me había asignado.

Sabía que tenía varias opciones. La que más me tentaba era la de dejarla en manos de los médicos y del destino. Gracias a la inmensa fortuna que Carmen había logrado con el paso de los años, estaría perfectamente atendida hasta el fin de sus días. Yo podría seguir adelante con mi vida y continuar luchando por poner en marcha mi propia agencia de publicidad. La otra opción era seguir como hasta ahora. En aquella especie de tira y afloja en el que unas veces nos heríamos de muerte, pero en otras éramos capaces de compartir un almuerzo. Y la que menos me apetecía era por la que sentía que debía optar: permanecer al lado de aquella mujer mientras todavía quedara algo de ella y seguirla acompañando cuando ya no fuera capaz de recordar ni mi nombre.

Sentí que un escalofrío me recorría el cuerpo. En aquel momento la mente me pedía que fuera egoísta, que mirara por mi futuro. Sin embargo, el corazón, que no sabía exactamente de quién lo había heredado, me gritaba todo lo contrario. Un suspiro intenso se escapó a través de mis labios y fue entonces cuando me di cuenta de que mi madre me estaba mirando.

—Hola… —dijo Carmen con apenas un hilo de voz.

—¿Qué tal te encuentras? —dije recorriendo los escasos metros que me separaban de la cama.

—Como si me hubiera bebido una caja entera de champán.

—En un rato seguro que te encuentras mejor.

—¿Qué ha sucedido? —preguntó aturdida.

—Saliste a dar un paseo en plena madrugada y te perdiste. Suerte que Julia te encontró.

—Supongo… —se limitó a responder Carmen visiblemente conmocionada—. ¿Puedes pedir que me traigan agua? Tengo la garganta seca.

Alargué la mano, cogí un vaso lleno que descansaba sobre la mesilla de noche y se lo tendí a mi madre. Observé cómo se lo bebía con ansia mientras pensaba a toda velocidad cómo volver a abordar el tema de la enfermedad.

—¿Habéis encontrado mi cuaderno de diseños? —dijo Carmen.

—Creo que Julia ha ido a buscarlo —mentí. No tenía ni idea de lo que me estaba hablando mi madre. No quería alterarla.

—¡Qué eficiente es esa mujer! Creo que no le pago lo suficiente.

Casi entré en *shock* al escuchar aquellas palabras salidas de la boca de mi madre. Era la primera vez en la vida que la oía hablar bien de una persona que trabajara para ella. Achaqué el ataque de amabilidad a la situación por la que estaba atravesando, aun así, me gustó que fuera capaz de demostrar afecto por alguien.

—Siempre se lo puedes subir —dije esbozando una pequeña sonrisa.

—Le haré un buen regalo para Navidad.

—Me parece bien —respondí mientras trataba de encontrar el valor suficiente para hablar de lo que estaba sucediendo.

—Iris… —Mi madre alargó la mano y la dejó caer sobre mi muslo. Aquel gesto me desconcertó y decidí permanecer inmóvil pero no dejé de mirarla a los ojos—. ¿Qué ha pasado? No recuerdo nada.

—Ya te lo he dicho, mamá. Saliste a dar un paseo y te perdiste. —Intenté transmitirle una calma que yo no sentía en absoluto .

—¿Cómo he podido perderme? ¡Llevo casi treinta años viviendo en el mismo barrio!

Iba a responderle. Entonces recordé una de las frases que Arnau solía repetirle a Paula con cierta frecuencia: «Si no tienes nada inteligente que aportar a una conversación, permanece callada». Así es que opté por guardar silencio.

—No lo entiendo. —Por lo visto mi madre no estaba dispuesta a dar su brazo a torcer—. Le preguntaré al médico en cuanto pase a visitarme.

—Sí. Será lo mejor —respondí aliviada.

Por lo menos en aquella ocasión no sería yo quien tendría que lidiar con la ira de mi progenitora. Además, estaba convencida de que los profesionales de la medicina sabrían cómo controlar la situación con eficacia en el caso de que mi madre perdiera los papeles si le nombraban el Alzheimer.

El doctor Rius entró en la habitación como si de algún modo hubiera intuido que se requería su presencia. Me levanté con intención de abandonar la estancia tan rápido como me fuera posible. No quería asistir a una nueva entrega de histeria maternal. El médico se anticipó a mis intenciones.

—Iris, me gustaría que estuvieras presente —dijo clavando sus ojos en los míos.

—Claro... —murmuré sin demasiado convencimiento.

—¡Qué voy a hacer contigo, Carmen! —El médico se dirigió a mi madre con un tono cariñoso pero, al mismo tiempo, profesional que me gustó.

—Decidme qué me pasa y ponedme en forma para que pueda volver al trabajo —respondió mi madre con seriedad.

—Me temo que eso no va a ser tan sencillo.

—¿Por qué?

—Verás... —El médico se sentó en el mismo lugar en el que yo había estado hasta unos minutos antes, la tomó de la mano y empezó a hablar—. La enfermedad que padeces no tiene cura. Por supuesto, existe medicación que te va a ayudar a controlar algunos efectos y a retrasar otros. Pero es algo con lo que vas a tener que aprender a vivir.

—¿Qué me sucede? —dijo mi madre bastante angustiada. Era la primera vez que yo la veía de aquel modo y me conmovió profundamente.

—Padeces Alzheimer en un estado, digamos... avanzado. —El médico escogía las palabras con sumo cuidado, tal y como había hecho cuando se lo comunicó por primera vez, pero sonaron igual de impactantes—. El episodio de hoy solo ha sido otro aviso más de que la enfermedad avanza. Carmen, tienes que empezar a medicarte ya y también debes hacer una serie de cambios en tu vida.

Cerré los ojos, contuve la respiración y me preparé para oír gritar a mi madre con todas sus fuerzas. Pasó un segundo, dos, tres, cuatro... El silencio más absoluto reinaba en la habitación. Los abrí y miré a mi alrededor en un intento de comprender qué sucedía. Lo primero que vi fueron los ojos de mi madre anegados en lágrimas. Después el enorme gesto de compasión y comprensión que había en el rostro del médico. Permanecí con la espalda apoyada en la pared sin saber muy bien cómo actuar. Estaba bloqueada. ¿Debía acercarme junto a ellos? ¿Sería mejor esperar a que terminara la conversación? Al final opté por quedarme quieta para asegurarme que todo iba a seguir en calma.

—¿Cuánto tiempo? —dijo sin más.

—Siempre es aventurado acertar en este tipo de situaciones —respondió el médico.

—Por favor...

—Meses —se limitó a decir él en un tono de lo más profesional.

En aquel instante mi madre me miró por primera vez desde que había comenzado la conversación. Yo seguía pegada a la pared. De algún modo, saber que algo sostenía mi espalda, por muy frío que fuera, me hacía sentir algo más segura. La cantidad de emociones que descubrí en ellos hizo que fuera en dirección a la cama y la abrazara. Al notar el contacto de su cuerpo contra el mío, el muro que se había levantado a nuestro alrededor durante los últimos veinticinco años, se resquebrajó un poco. Era más que evidente que haría falta mucho esfuerzo para llegar a limar todo el vacío y el resentimiento que había en nuestro interior. Pero quise pensar que aquel era un comienzo, al menos por mi parte.

El doctor Rius abandonó la habitación pocos minutos después y, tras haberle aclarado a mi madre algunas cuestiones sobre la vida que debía de llevar a partir de aquel instante. Cuando volvió a referirse a la necesidad de que abandonara su trabajo pude ver el terror reflejado en su rostro.

—¿Qué vamos a hacer ahora? —dijo en cuanto nos quedamos a solas. Yo no sabía muy bien a qué se estaba refiriendo y tampoco pude evitar sorprenderme ante el plural que acababa de utilizar.

—Lo más sensato sería hacerle caso. Ya te ha explicado que lo que te ha sucedido hoy es muy probable que vuelva a pasarte.

Estuve a punto de recordarle la conversación que ambas habíamos mantenido a este respecto, pero me dio miedo que, al hacerlo, se rompiera la aparente normalidad que se había establecido entre nosotras. Decidí comportarme como si nunca antes hubiera hablado con ella sobre la enfermedad.

—Pero mi trabajo...

—Ya no tienes que demostrarle nada a nadie —dije sin más.

—¡La moda es mi vida! ¿A qué se supone que voy a dedicarme ahora? ¿A vegetar?

—No. A disfrutar de todo lo que no has hecho durante los últimos treinta años —respondí, aunque en el fondo sabía que mi madre no es que se hubiera privado de todo divertimentos.

—Tendré que pensar qué le digo a la prensa.

—No te preocupes por eso ahora —dije mientras confiaba que, una vez más, Arnau pudiera echar mano de sus contactos para controlar cualquier rumor sobre el estado de salud de mi madre.

—¡Claro que me preocupo! ¿Cómo crees que reaccionarán alguno de esos buitres que llevan esperando el más mínimo error por mi parte para crucificarme?

—Esa debería ser ahora la menor de tus preocupaciones.

—¿Tan poco te importo? —dijo mi madre con un tono de voz bastante dramático.

—Ya empezamos... —murmuré.

—Mira, Iris, no tengo intención ni ganas de discutir contigo en este momento. Parece que te encante provocarme.

—Lamento que interpretes así mis intenciones cuando es precisamente lo contrario —dije con frialdad.

—¿A qué te refieres?

—Desde antes del desfile he hecho todo lo que ha estado en mi mano para que no trascendiera el incidente de casa, ni tu anterior ingreso en este mismo hospital.

Mi madre me miró con cara de no estar entendiendo absolutamente nada de lo que le decía. Sin embargo, después de ofrecerle un par de detalles más, pareció empezar a recordar el incidente al que me estaba refiriendo.

—¿Con quién has hablado?

—Nadie. Solo con alguien que me debía un favor.

Le estaba mintiendo con toda desfachatez, pero no tenía ganas de darle más explicaciones. Si le contaba que se lo había pedido a Arnau tendría que responder a otro montón de preguntas más. Era preferible que no se enterara de cómo había logrado que no se supiera nada de su primer ingreso hospitalario.

—Lo acabaré averiguando con o sin tu ayuda —dijo en aquel tono tan autosuficiente suyo.

—Es probable —respondí tratando de imitarla—, pero mientras lo consigues todo ese tiempo que gano yo.

—Ya veremos...

Me quedé mirándola en silencio tratando de evaluar hasta cuándo iba a durar aquella tranquilidad que parecía haberse instalado en el cuerpo de mi madre y que era tan poco habitual en ella. Estaba convencida de que, en cuanto se recuperara del impacto que la noticia le había producido, volvería a ser la de siempre y me tocaría enfrentarme de nuevo a ella. Sin embargo, ahora lo hacía con mucha más fuerza que días atrás porque ya tenía claro que no pensaba dejar que se enfrentara sola a todo aquello. Mientras meditaba sobre el futuro inmediato que se nos avecinaba empecé a sentirme mareada. Fue entonces cuando recordé que ni siquiera me había dado tiempo a tomarme un café. Había salido de casa en el mismo instante en el que Julia me había contado lo que sucedía.

—Voy a bajar a tomar un café. ¿Quieres que te traiga alguna cosa?

—Un cartón de Marlboro estaría bien —respondió mi madre, irónica.

—Me temo que tendrás que conformarte con una revista o alguna novela.

—No traigas nada. No creo que pase demasiado tiempo aquí —dijo con una enigmática sonrisa dibujada en sus labios.

Me di la vuelta tratando de no pensar qué estaría tramando. Estaba convencida de que su mente iba a toda velocidad tratando de buscar alguna solución al tremendo problema que se le acababa de presentar. No ganaba nada preocupándome con antelación, así es que decidí buscar la cafetería del hospital y meterme en el cuerpo un poco de cafeína para sobrellevar la situación. Después de preguntar a varias enfermeras conseguí ubicarme en el inmenso edificio en el que me hallaba. Poco después estaba sentada en una mesa con una taza de café con leche humeante entre las manos y unas tostadas.

Mientras untaba la mantequilla en el pan empecé a pensar en mi trabajo, en la vida que llevaba, en Paula y, por supuesto, en Arnau. ¿Cuántas de aquellas cosas se iban a ver afectadas a partir de ahora? Lo primero que tendría que hacer sería hablar con Mireia, mi jefa, y explicarle la situación. Por supuesto no tenía pensado contarle la verdad. Tardaría nada y menos en cacarearla a los cuatro vientos. Estaba convencida de que sería capaz de explicarle una verdad a medias. Tan solo esperaba que ella tuviera algo de consideración y me permitiera cierta flexibilidad en los horarios porque pensaba que la iba a necesitar.

A continuación, pensé en la vida tan ordenada que había llevado hasta a aquel momento. Llevaba más de una década viviendo sola. Estaba acostumbrada a gestionar mi vida como me viniera en gana. A partir de ahora, ¿qué sería lo más razonable? ¿Debía seguir en mi apartamento o, por el contrario, tenía que mudarme a casa de mi madre y aprovechar así cada minuto de lucidez que ella tuviera? No hallé una respuesta demasiado convincente sobre este aspecto concreto. De modo que pasé al siguiente: mis mejores amigos, ellos ya sabían la verdad sobre la enfermedad de mi madre, pero tendría que advertirles sobre algo que me preocupaba de forma especial. No quería que, bajo ningún concepto, sintieran lástima por mí o que comenzaran a tratarme de un modo especial solo porque iba a atravesar unos momentos complicados.

Al reflexionar sobre aquello mi mente se centró en Arnau. En concreto en lo que había sucedido entre nosotros. Yo ya había llegado a mis propias conclusiones. Mis sentimientos hacia él estaban claros. Me halagaba sentirme tan deseada en incluso querida por él, pero no quería renunciar a mi independencia, al estilo de vida que había llevado hasta aquel momento. Me planteé hasta qué punto sería justo para ambos seguir adelante con aquello. Reflexioné sobre lo bien que me vendría tener un hombro sobre el que llorar, una persona que me hiciera sonreír cuando lo necesitara y un hombre con el que meterme en la cama para poder disfrutar de un sexo maravilloso. Mi lado más egoísta me decía que no había nada de malo en seguir por aquella senda, sin embargo, la parte más tierna de mi persona me instaba a volver a conversar con él y hacer todo lo necesario para no caer la tentación de dejarme querer.

CAPÍTULO 13

Carmen estaba sentada en una hamaca del jardín mientras daba buena cuenta de una botella de Macallan de dieciocho años. Aquella era su particular forma de despedirse de la vida tal y como la había conocido hasta ahora. Después de pasar cinco días ingresada en el hospital había logrado que la dejaran salir no sin antes prometerles a todos los médicos que no estaría sola, que se tomaría la medicación que le habían prescrito y que alguien se haría cargo de ella durante las veinticuatro horas del día. Pocas horas después de despedirse de Iris se había encerrado en su estudio y allí había permanecido hasta estar cada vez más convencida de la decisión que ya había tomado la primera vez que la habían ingresado. Sabía lo suficiente sobre aquella enfermedad como para saber qué le iba a pasar a medida que fuera avanzando. No le tenía miedo a la pérdida de facultades, sino al hecho de no darse cuenta de que le estuviera sucediendo. Al dolor y al miedo que causa pasar por experiencias de las que uno mismo es el protagonista. Sabía de sobra que tendría alucinaciones, que no sería capaz de recordar qué había comido unas horas antes. También estaba segura de que acabaría por no reconocer a su hija y que, las pocas ocasiones en las que lo hiciera, terminaría confundiéndola con su propia madre. Regresaría a una especie de infancia en la que cada vez sería menos consciente de ella misma, hasta que llegaría un momento en el que su cuerpo permanecería con vida, pero su esencia habría desaparecido para siempre.

Por todos esos motivos había decidido concederse un último día de vida normal. Desde que había conocido el diagnóstico, poco a poco, había ido tomando diferentes decisiones. Era evidente que, dadas las circunstancias, no podía seguir al frente de su empresa. Al menos no de cara a la galería. Nombraría a una persona más joven y de su confianza para ese puesto. Lo vendería como un relevo generacional y una oportunidad para dar cabida a jóvenes diseñadores en el mundo de la alta costura. Se encargaría de dejar muy claro que ella seguiría al frente de todo, pero desde una posición un poco más rezagada. Tenía los contactos y conocía a los profesionales, conseguirían que su versión no fuera cuestionada por nadie.

Una vez claro este asunto, Carmen tuvo que enfrentarse a una pregunta que en más de una ocasión le habían formulado durante una entrevista: «¿Qué haría si hoy fuera el último día de su vida?», por supuesto, era consciente de que su muerte no iba a producirse de forma inmediata pero no podía asegurar tampoco a ciencia cierta cuántos meses, semanas o días le quedaban para poder gozar de la lucidez que tenía en aquel momento. La primera respuesta que acudió a su mente fue la de exprimir al máximo cada segundo, cada instante. Luego lo meditó con más calma porque había algo en su interior que la inquietaba. Algo que había tratado de ocultar durante más de treinta años, que casi había logrado enterrar por completo hasta que había ingresado en el hospital por segunda vez. Un secreto que jamás había compartido con nadie y que siempre había tenido intención de llevárselo con ella a la tumba.

Miró al cielo como si quisiera hallar en él la fuerza que necesitaba y luego dio un par de largos sorbos a la copa. Sintió cómo el líquido le llenaba la boca, después se deslizaba por su garganta para acomodarse con suavidad en el interior de su estómago y lograr así que una calidez muy agradable la envolviera entera. Disfrutó de aquella sensación doblemente. En primer lugar, porque quería celebrar el hecho de seguir viva y poder recordar todavía quién era. En segundo, porque era consciente de que ya no habría más encuentros a solas con el escocés en el mismo instante en el que empezara a medicarse.

Una idea atravesó su mente y enseguida una sonrisa le iluminó la cara. «¿Por qué no?» pensó. Se agachó ligeramente y la parte inferior del tablero de la mesa que tenía justo delante de ella quedó a su alcance. Alargó la mano. Abrió una pequeña ranura que había en la parte más baja de la pata derecha y extrajo de ella una cajita de madera. La observó con detenimiento durante varios minutos. A continuación, la abrió y volvió a sonreír al comprobar que su contenido permanecía intacto.

Era consciente de lo que pensaría cualquier persona que la encontrara en aquella situación y conociera la enfermedad que padecía. Sin embargo, Carmen pensaba despedirse de la vida por todo lo alto. Dio un nuevo trago a la copa de *whisky*. Luego tomó uno de los cigarrillos liados a mano que descansaban en el interior de la caja. Se lo llevó a los labios y lo encendió con las minúsculas cerillas que también guardaba allí. Inspiró tan hondo como fue capaz. Enseguida sintió el aroma dulce de la marihuana en el interior de su boca y al instante ya descendía por la garganta. «Dios mío. Cuánto tiempo sin permitirme un vicio», pensó sin dejar de sonreír.

Durante su juventud había flirteado tanto con el alcohol como con las drogas. Nada serio, por supuesto. Recordaba haber pasado noches en vela en pleno éxtasis químico. Ya de adulta había dejado por completo las drogas más intensas, pero siempre tenía a mano varios de los cigarrillos que le preparaba Jacobo, uno de los pocos amigos que conservaba de su época de universidad. Solían verse con cierta frecuencia. Siempre en casa de ella y, cuando se despedían, él siempre le entregaba un par de cigarrillos recién liados. Carmen los escondía en el hueco de la mesa del jardín. Sabía que aquel era un ritual estúpido. Vivía sola y además, nadie se hubiera atrevido a juzgarla ni a decirle nada en el supuesto caso de que la hubieran encontrado fumándose un porro. Pero a ella le gustaba darle algo de emoción. Por eso los tenía ocultos allí. Cada vez que salía a fumar tenía la sensación de estar haciendo algo prohibido. Se sentía como una quinceañera desobedeciendo a sus padres y llegando a casa tres horas después de la hora acordada.

En aquel instante se sentía precisamente así. Como cuando era joven y el futuro estaba lleno de posibilidades. El doctor Rius no había querido hacer un pronóstico preciso sobre el tiempo de lucidez mental que le quedaba. Ella conocía esa cautela. Era la misma que solía emplear cuando le proponían plazos para organizar un desfile o entregar unos diseños en concreto. Siempre dejaba algo de margen por si surgía algún imprevisto. Pero en el caso de su enfermedad, la única cosa no prevista era un deterioro aún más rápido del que le habían anunciado. Por eso tenía que darse prisa y exprimir cada uno de los días que le quedaran de la mejor forma posible.

Volvió a darle otra calada al cigarrillo y se recostó en la hamaca. Por suerte iba bien abrigada porque, aunque hacía una mañana soleada y despejada, la temperatura no era demasiado alta. Se quedó mirando el cielo y algunas de las pequeñas nubes que lo atravesaban con lentitud. Se entretuvo buscando todo tipo de formas en ellas al tiempo que trataba de decidir si revelaba el secreto que había tratado de enterrar a lo largo de tres décadas o si, por el contrario, abandonaba el mundo de la razón convertida en una mujer transparente.

Echó mano de sus recuerdos. Tenía veintisiete años. Empezaba a dar pequeños pasos en el complicado mundo de la moda y estaba convencida de que acabaría triunfando. Aquel era su máximo propósito en la vida. Llegar a lo más alto y ganarse el respeto de los diseñadores a los que tanto admiraba. En aquel momento estaba trabajando hasta la extenuación en la nueva colección que Miuccia Prada presentaría en la Semana de la Moda de Milán en apenas un mes. Era una de las mujeres a las que más admiraba.

En un futuro no muy lejano quería ser como ella y por eso empleaba todo su tiempo en aprender lo máximo posible. Unos días antes el desfile, Miuccia tuvo que hacer un viaje privado a Florencia y le pidió que la acompañara. Carmen todavía recordaba la emoción que había sentido después de escuchar la propuesta y el modo en el que se convenció de que en aquel viaje iban a cambiar muchísimas cosas. Lo que ella no sabía era hasta qué punto la vida se iba a encargar de que así fuera.

Dio una última calada al cigarrillo y se levantó. Tuvo que respirar varias veces antes de poder enfocar bien la vista y ser capaz de mantener el equilibrio. Volvió a sonreír. Nunca le había preguntado a Jacobo qué clase de plantas mezclaba cuando le preparaba los cigarrillos. Ella mejor que nadie sabía que los maestros nunca revelan sus secretos, pero cada vez sentía más curiosidad por saber qué era lo que fumaba y que tan bien le sentaba. Tal vez ahora había llegado el momento de averiguarlo. Total... En breve no iba a saber ni dónde tenía la mano derecha.

Se le escapó una sonora carcajada que lo llenó todo y después otra. Se tomaría la situación con humor. Por lo menos mientras le durara el efecto de lo que se acababa de fumar y del *whisky* que estaba saboreando. Finalmente logró ponerse en pie y regresó al interior de la casa. Una vez allí cogió su móvil e hizo una llamada. No sabía si lo que estaba a punto de comenzar saldría bien o mal. Si tendría éxito o si, por el contrario, fracasaría. Pero no podía despedirse del mundo que conocía sin hacer un último viaje.

A continuación, subió a su dormitorio y se preparó un baño relajante en su particular terma romana. Iris llegaría a la hora del almuerzo y, aunque la idea de presentarse ante ella un poco colocada la seducía bastante, al final optó por ofrecer su imagen de sobriedad de siempre. Estuvo sumergida en el *jacuzzi* hasta que empezó a sentir que la piel iba a abandonar su cuerpo. Luego se envolvió en un mullido albornoz. A continuación, le pidió al servicio que le subieran un Chai Tea al tiempo que encargó un almuerzo ligero para dos. Como todavía faltaba un buen rato para la llegada de su hija se empleó a fondo en prepararse para la cita. Quería dar un aspecto sano y fresco. Existían muchas posibilidades de que Iris se negara a su proposición, pero ella siempre había sido una mujer que conseguía lo que quería. Y hoy iba a ser otro de esos maravillosos días.

* * *

No tenía ni idea de lo que estaba tramando mi madre ni por qué quería verme con tanta urgencia. Aprovecharía mi tiempo del almuerzo para ir a verla. Apenas hacía unas horas que había conseguido reunir el valor suficiente para hablar con Mireia, mi jefa. Sin entrar en demasiados detalles escabrosos le había explicado que estaba atravesando una situación familiar complicada y que, de vez en cuando, iba a necesitar un poco de flexibilidad en los horarios. Seguía tan emocionada por haber podido asistir al desfile de mi madre que apenas puso objeción a mi propuesta. Creo que, en realidad, no había escuchado ni una sola palabra de lo que le había dicho. No hacía más que preguntarme por este o aquel famoso o con qué diseñadores había compartido conversación durante el cóctel de después del evento. La cuestión era que, cuando salí de su despacho, tenía la primera de las batallas ganadas.

Cuando el taxi se detuvo en la calle Santaló no pude evitar admirar la fachada de la casa de mi madre. A la luz del día la edificación de dos plantas de estilo modernista tenía un aspecto todavía más impresionante. La verja metálica estaba completamente cubierta por una enredadera que trepaba de forma ordenada por cada uno de los barrotes entre los que también se habían colado algunas margaritas y buganvillas. Tres especies muy diversas que parecían convivir en perfecta armonía. Conocía cada rincón de aquel lugar a la perfección. Sus amplias habitaciones, el despacho en la buhardilla en el que entraba la luz a raudales incluso durante los meses de invierno, la cocina inmensa en la planta baja y en la que se habían preparado cenas para grandes figuras de la moda... Me pregunté qué habría decidido hacer mi madre con ella cuando muriera. Aunque conociéndola, lo más probable es que terminara en manos de alguna fundación vinculada al mundo de la moda. Llamé a la puerta y me abrió una de las chicas del servicio que amablemente se hizo cargo de mi abrigo y me indicó que mi madre me esperaba en el salón. Al escuchar aquello el corazón me dio un vuelco. Aquella zona de la casa solo se usaba en contadas ocasiones y siempre con motivo de la visita de personas muy famosas. Respiré hondo y fruncí el ceño. Esperaba por el bien de ambas que no me hubiera organizado ninguna encerrona porque, ni iba vestida para la ocasión, ni podía quedarme mucho tiempo, ni tenía ganas de socializar con nadie.

Encontré a mi progenitora presidiendo la enorme mesa de caoba que había acogido a distinguidísimos comensales durante años. Paseé la vista por la estancia con el fin de comprobar quién más había allí, pero estábamos solas. Me sentí sobrecogida por el lujo que se respiraba en su interior. Los muebles de roble le daban a la estancia un carácter de rancio abolengo muy propio del tipo de construcción en la que nos encontrábamos. El hecho de que mi madre fuera vestida con un traje chaqueta rosa de Chanel y que hubiera sacado a pasear sus mejores perlas japonesas, tampoco ayudaba demasiado a que me sintiera relajada. No supe muy bien cómo interpretar la situación y me dejé llevar por la preocupación.

—Hola, madre. ¿Te encuentras bien? —dije al mismo tiempo que me acercaba hasta donde se encontraba sentada y le daba un beso en la mejilla.

—Estupendamente. Siéntate —respondió señalando con una leve inclinación de cabeza el lugar que debía ocupar.

Por fortuna era justo a su lado. Durante un segundo temí que me obligara a comer al otro lado de la mesa sin más sonido que el de la cubertería de plata.

—Vaya despliegue... —Sobre un mantel de hilo blanco descansaba una de las vajillas de porcelana ribeteada en oro a la que acompañaba la cristalería de bohemia en la que había talladas flores de azahar.

—¿Celebramos algo?

—Sí —se limitó a decir ella con una sonrisa de lo más enigmática.

—¿Qué me he perdido? —Empezaba a asustarme. Temía que estuviera siendo víctima de otra de sus crisis.

—Nada... bueno, en realidad, no lo sé.

—Empezamos bien —murmuré con el móvil en la mano y lista para volver a llamar a emergencias en cualquier momento—. ¿Qué tal te va con la medicación?

—Una maravilla. Aún no he empezado a tomármela —dijo divertida.

—¡Sabes que no puedes hacer eso! Te dejé sola porque me aseguraste que vendría una enfermera a estar pendiente de ti las veinticuatro horas del día.

—Y hasta has hablado con ella, ¿verdad?

—Sí... —tuve que admitir a regañadientes—. Pero tendré que volver a hacerlo si no es capaz de seguir las simples indicaciones de un médico.

—No creo que eso vaya a ser necesario.

—¿Por qué?

—La he despedido —respondió mi madre con una sonrisa triunfal que le iluminó el rostro.

Sentí que la respiración se me aceleraba y que la rabia se apoderaba de mí. Traté de contar hasta cien, pero cuando iba más o menos por el siete no pude contenerme.

—¡Eres una inconsciente! Lo sabes, ¿verdad? ¿Quieres morir antes de tiempo? ¿Es eso?

—Iris, querida —dijo sin perder aquel extraño buen humor que la acompañaba—, nadie sabe cuándo abandonará este mundo. Si te estás refiriendo a mi enfermedad, ni siquiera mi médico sabe con exactitud cómo va a funcionar la cosa. Así es que no nos pongamos dramáticas.

—No puedo dejarlo todo para hacerme cargo de ti. —Me arrepentí de lo que había dicho en cuanto las palabras se escaparon de mi boca, pero ya estaba hecho.

—Con todo el dinero que he ganado durante los últimos años las tres próximas generaciones de esta familia podrían permitirse el lujo de vivir sin tener que trabajar. Pero no te he hecho venir para hablar de mis finanzas.

Nunca me había interesado ni su dinero ni su fama. Me había esforzado toda mi vida en que se me conociera por mí misma y por el trabajo que realizaba. No por ser «la hija de». Nunca había aceptado los cheques que me enviaba mientras estuve en la universidad y, en cuanto me licencié, dejó de enviármelos. Le costó cuatro años captar la indirecta y yo me sentí profundamente orgullosa por haber sabido valerme por mí misma. A partir de ahí nunca más habíamos vuelto a hablar del asunto.

—¿Para qué, entonces?

—Nos vamos a Florencia. Tú y yo. Mañana —dijo sin más.

Un montón de emociones encontradas se agolparon en mi interior. Mi cerebro se formulaba mil preguntas hasta casi sacarme de la realidad por completo. Decididamente mi madre había perdido el juicio. ¿Irnos de viaje? ¿Juntas? ¿Ahora? Si la situación continuaba así no iba a tener más remedio que llamar al médico de nuevo.

—No vamos a ir a ninguna parte —dije con mucha más calma de la que en realidad sentía—. Sin embargo, vas a descolgar el teléfono y harás todo lo posible para que esa enfermera regrese a casa. Ya hablaré yo con ella para que se asegure de medicarte correctamente.

—He dicho que nos vamos a Florencia y no hay nada más que hablar.

—Mamá... no puedo irme de viaje. Tengo un trabajo, ¿sabes?

Pensé que si le mencionaba mis obligaciones profesionales aceptaría mejor mi negativa. Ella siempre había antepuesto el suyo a todo y a todos. Seguro que podría entender que no podía ausentarme el tiempo que quisiera del despacho.

—Eso ya está arreglado —respondió de nuevo con su enigmática sonrisa.

Estaba a punto de perder el control por completo cuando el personal del servicio empezó a servirnos la comida. Miré a mi madre enfurecida y me di cuenta de cuánto estaba disfrutando ella con la situación. Además, a juzgar por cómo se estaban desarrollando los acontecimientos, me jugaba mi brazo derecho a que tenía todo perfectamente medido. Me había dado la noticia del viaje sabiendo que la discusión se vería interrumpida por el almuerzo. De aquel modo se aseguraba que yo no montara un espectáculo. Respiré hondo varias veces y traté de devolverle una sonrisa a la chica que puso frente a mí un cuenco de crema de calabacín con parmesano que tenía un aspecto delicioso.

—Come o se enfriará —se apresuró a decir mi madre antes de que la muchacha abandonara la estancia.

—Como si me preocupara mucho eso —respondí sin poder controlar mi monumental enfado.

—Iris, por favor. Es muy ordinario discutir en la mesa. Se ha de almorzar siempre en paz y armonía.

—Madre ...

—Venga, sonríe. En unas horas estarás paseando por una de las ciudades más bellas del mundo. —A continuación, cogió la cuchara con elegancia y empezó a comer.

Yo no sabía si empezar a gritar, tirarme de los pelos, reírme o llorar. Acababa de comprender por qué Mireia se había mostrado tan comprensiva conmigo cuando le había formulado mi propuesta. Ella ya conocía la noticia del viaje porque mi madre se lo había contado todo. A saber qué más historias le habría explicado. No quería ni pensarlo. Nunca había llevado demasiado bien que otras personas decidieran por mí o que hablaran en mi nombre. Pero que lo hiciera mi propia madre era la mayor de las humillaciones que había sufrido en mi vida desde aquella vez en el instituto en la que se me quedó un trozo de clínex adherido a los hierros de la ortodoncia.

Estaba furiosa, pero opté por guardar silencio. Por suerte la crema de calabacín estaba tan buena como prometía y el vino tinto que nos habían servido, la acompañaba a la perfección. Apuré la primera copa de un trago y también la segunda. Necesitaba fuerza para afrontar la situación sin provocar un nuevo enfrentamiento entre nosotras.

—No deberías beber más si tienes previsto regresar al despacho esta tarde —dijo mi madre sin levantar la vista del plato.

—Tú tampoco deberías hacerlo. Se supone que la medicación es incompatible con el alcohol. Claro que...como no te la estás tomando, ¿qué más da? —respondí con amargura.

—Me la voy a tomar. En cuanto lleguemos a Florencia.

Aquello era intolerable. ¡Me estaba chantajeando! Sabía que aquella era la mejor arma que podía utilizar para convencerme de hacer el viaje. En realidad, tenía alguna más a su alcance como que nunca habíamos viajado juntas o que cabía la posibilidad de que aquella fuera una de las últimas cosas que pudiera hacer en plenitud de sus facultades.

—Mamá, no podemos viajar. En tu situación... —dije mientras notaba cómo se me secaba la garganta.

—El médico ha dicho que no hay ningún problema en que me airee un poco siempre y cuando vaya acompañada en todo momento.

—Pero...

Me estaba quedando sin recursos. Lo único que podía decirle ya era que no quería viajar con ella a otro país en aquellas circunstancias. Además, ¿qué íbamos a hacer dos mujeres con gustos tan distintos en una ciudad como aquella? ¿Por qué no Londres, Milán o París? Traté de buscar una excusa que ella pudiera aceptar y que no la hiriera. Pero no fui capaz de encontrarla.

—Si yo fuera tú disfrutaría de esta excelente crema ya que es lo único que vamos a almorzar. Luego me iría derecha a casa a preparar la maleta y me acostaría temprano. El taxi pasará a recogerte a las cinco y media de la madrugada.

—¿Solo vamos a comer esto? —Fue lo primero que me vino a la mente fruto del estado de *shock* en el que me encontraba.

—Si cuando termines el plato te quedan ganas de algo más yo misma estaré encantada de preparártelo —respondió mirándome fijamente.

No dije nada. Sabía que estaba perdida y que, si no era capaz de buscar una razón de peso, terminaría metida en un avión con destino a Florencia apenas unas horas después. Pero, por mucho que me devané los sesos, no encontré absolutamente nada que apoyara mi negativa. Lo único que me quedaba por hacer era darle plantón al taxista cuando viniera a recogerme, pero entonces sería mi madre quien se personaría en mi apartamento y se encargaría de sacarme de allí por los pelos si era necesario.

—Está bien —accedí a regañadientes y totalmente en contra de mi voluntad—. ¿Qué se supone que debo meter en la maleta? —Desconocía los planes que habría trazado para ambas de modo que mejor saber con antelación a lo que me iba a enfrentar.

—No te preocupes por eso. Julia ya se está encargando de todo.

—¡Esto ya es el colmo! No voy a permitir que tu secretaria me escoja los sujetadores y las bragas —dije muy indignada.

—Eso puedes traerlos tú si quieres —respondió divertida.

—¿Qué es exactamente lo que te hace tanta gracia? Porque desde que he llegado no has dejado de reírte.

—En concreto nada. Creo que es el efecto del porro que me he fumado antes de que vinieras. A lo mejor deberías fumarte uno tú también y relajarte. La vida es tan breve...

—¿Estás colocada? —Definitivamente mi madre había perdido el juicio y no pensaba acompañarla a ninguna otra parte que no fuera a un hospital.

—Ya no —respondió sin más.

—¡Qué vergüenza!

—¿Por qué? ¿Tú siempre has hecho lo que se esperaba de ti? —dijo mientras sus ojos verdes me atravesaban.

—Sí —respondí muy digna.

—¡Qué lástima!

Estaba a punto de responderle que así era precisamente como ella me había enseñado a comportarme. Pero ya teníamos suficientes problemas encima. Terminé la crema, me bebí dos copas de vino más e intenté alejarme de allí tan rápido como pude. Sin embargo, antes de hacerlo mi madre me pidió que aguardara un instante. Luego desapareció del salón y regresó al cabo de unos minutos con una pequeña caja entre las manos.

—Coge uno y disfruta de la noche —dijo al tiempo que me ofrecía un cigarrillo liado a mano.

—No me estarás ofreciendo un porro, ¿verdad?

—¡En absoluto! Es solo un cigarrito de la risa. Si decides fumártelo es posible que hasta eches un buen polvo antes de coger el avión. Te sentará bien.

Jamás había oído a mi madre expresarse en aquellos términos y me había quedado sin habla. Quería decirle que no necesitaba drogarme y que, por supuesto, mi vida sexual no era de su incumbencia. Sin embargo, cogí el cigarrillo que me tendía, giré sobre mis talones y salí de la casa sin despedirme de ella. Aquello era de locos y, lo peor de todo era que yo, una persona aparentemente cuerda, me estaba dejando arrastrar por ella.

Hice a pie la mitad del camino hasta mi casa. El aire fresco de las primeras horas de la tarde ayudó bastante a rebajar mis niveles de ansiedad. Cuando me sentí más tranquila paré un taxi y le pedí que me llevara a la otra punta de la ciudad. Había cambiado de opinión. No quería encerrarme en mi apartamento y pasar las siguientes horas reprochándome el viaje de locura que estaba a punto de emprender.

CAPÍTULO 14

—A ver si lo he entendido bien —dijo Paula riéndose—, ¿te vas con tu madre de viaje a Florencia y no tienes ni idea de qué vais a hacer allí o de cuándo vas a regresar?

—Sí —me limité a responder sintiéndome bastante ridícula.

—Por lo menos correrá ella con los gastos, ¿no? —dijo Arnau con la misma sonrisa en los labios que su hermana.

—¡Yo no le veo la gracia! —respondí indignada.

Había pasado las tres horas anteriores paseando por la zona del Puerto Olímpico con la intención de que la brisa del mar templara un poco mi ánimo. Luego había llamado a mis dos mejores amigos. Necesitaba verlos y explicarles todo lo sucedido. Ahora estábamos en uno de los clubes de moda de aquella exclusiva zona de ciudad y yo tenía que soportar que el problema que tenía encima les pareciera divertido.

—Iris, no te cabrees. Es solo que... —Paula no pudo terminar la frase porque comenzó a reír de nuevo.

—¿En serio que tu madre te ha ofrecido un porro? —dijo Arnau mientras contenía una carcajada.

—Lo llevo en el bolso.

—¿Sabes que pueden detenerte por eso? —Mi amiga había recuperado el habla, pero para lo que acababa de decir, mejor hubiera sido que permaneciera en silencio.

—Creo que me voy a casa porque, desde luego, no me estáis ayudando nada.

—Tranquila. Ya nos ponemos serios.

Arnau miró a su hermana con complicidad. Vi con claridad cómo ambos se esforzaban por mantenerse serenos. En aquel momento pensé en cómo me sentiría yo si fueran ellos quienes me estuvieran explicando una historia como aquella. Aunque me doliera, tenía que admitir que tenía su gracia. Traté de tranquilizarme y esperé pacientemente a que se recompusieran.

—Entonces te vas mañana a Florencia —dijo Arnau un poco más serio.

—Eso parece.

—¿Por qué allí? —intervino Paula.

—No tengo ni idea. Jamás he oído a mi madre mencionar esa ciudad por nada en concreto.

—Bueno, las enfermedades de ese tipo hacen que las personas se comporten de un modo extraño. —Arnau se quedó pensativo después de pronunciar aquellas palabras, pero poco después, retomó la conversación—. A lo mejor es una ciudad que siempre ha querido visitar o de la que guarda alguna clase de recuerdo especial.

—Creo que no existe en el mundo un lugar al que mi madre haya querido ir y que todavía no haya pisado. Año tras año ha hecho realidad cada una de las vacaciones especiales que ha programado. No me consta que Florencia haya estado nunca en esa lista.

—Tal vez estuvo allí cuando tú eras pequeña y no lo recuerdes. O incluso antes de que tú nacieras y no te hubiera hablado de ello —dijo Paula mientras le hacía una señal al camarero para que nos sirviera otra ronda de cervezas.

—Puede ser, aunque lo dudo.

—¿Por qué? —Arnau estaba empezando a ponerme nerviosa con las preguntas.

—Cada vez que mi madre viaja por placer me escribe un *e-mail* informándome sobre donde irá, en que restaurantes cenará e, incluso, enumera una larga lista de personas a las que visitará. Créeme... Si alguna vez hubiera hablado de Florencia, lo recordaría.

—Pues entonces le ha debido de dar por ahí —dijo Paula con una sonrisa—. No le des más importancia. Intenta disfrutar de unas vacaciones pagadas, aunque sea en compañía de tu madre.

Mi amiga no pudo ocultar una leve muestra de disgusto al decir aquello. Yo sabía que me apoyaría en todo lo que hiciera falta y más en lo que tuviera que ver con la enfermedad de mi madre.

—¿Sabes ya qué ropa te vas a llevar? Porque te veo aquí muy tranquila tomando cañas —se apresuró a decir en cuanto se dio cuenta de que yo me quedaba pensativa.

—Aún no, pero eso tampoco depende de mí.

—No me digas que mami te está haciendo la maleta —dijo Arnau con una sonrisa divertida.

—¡Tú no te metas en esto! —respondí y le golpeé el hombro derecho con fuerza.

—Eso debe ser que sí —añadió Paula divertida.

—No tengo nada que decir... —Pero el rubor en mi rostro no hacía más que confirmar que sus sospechas eran ciertas.

—¡Qué fuerte! Vas a viajar a Italia con el vestuario de una *top model*. —Paula se entusiasmó tanto con sus propias palabras que elevó demasiado el tono de voz.

—Tampoco hace falta que se entere todo el mundo —le dijo su hermano con seriedad.

—Todo esto me sobrepasa, de verdad...

—Iris, trata de ser un poco positiva y objetiva. Tu madre te ha invitado a pasar con ella unos días en una de las ciudades más bonitas de Europa. Como supongo que correrá ella con todos los gastos, ¿por qué no empleas este tiempo en descansar, hacer un poco de turismo y para limar asperezas?

Durante un instante medité lo que acababa de decir Arnau. A lo mejor tenía algo de razón. Hacía mucho tiempo que hablaba de descansar un poco y de desconectar tanto del trabajo como de mi vida en Barcelona. Hacía unas pocas horas mi madre me había ofrecido la posibilidad de escapar de la rutina y, a lo mejor, existía una remota posibilidad de enderezar nuestra relación. Aunque yo tenía serias dudas al respecto. Más bien estaba convencida de que aquel viaje se convertiría en una pesadilla horrible en el mismo instante en el que despegara el avión del aeropuerto de El Prat y que, mi madre y yo, no aguantaríamos juntas más de veinticuatro horas. Pero tampoco perdía nada por intentarlo, aunque me aterraba la posibilidad de que sufriera uno de sus ataques en un país extranjero.

—¿Qué voy a hacer si le da un chungo mientras estamos allí?

—¡Pues lo mismo que harías aquí! —dijo Paula como si le costara creer lo que estaba oyendo—. ¡Llevarla a un hospital! Iris, os vais a Italia no a un país del tercer mundo. Hablas inglés y castellano perfectamente. No creo que tengas muchos problemas para hacerte entender si llegara el caso.

—Me aterra la idea de que pase algo y no saber reaccionar a tiempo —respondí muy seria.

—Mira, si no quieres hacer ese viaje no lo hagas. Llamas a tu madre. Le dices que pasas de su oferta y listo. —Arnau estaba aún más serio que yo—. No es necesario que des excusas tan infantiles como esa para no viajar.

—Está bien —dije al tiempo que sentía mi orgullo un poco herido—. Haré ese maldito viaje, pero como la cosa se me vaya un poco de las manos pienso hacer que vengáis a buscarme.

—Si es necesario iré, aunque no me llames —dijo Arnau en un tono de voz que me conmovió profundamente al tiempo que provocó que me sonrojara.

—¡Por favor, iros a un hotel! O mejor a un dietista. Tanto azúcar debe ser malo para la salud.

Miré a Paula y vi que tenía una expresión mezcla de asco y diversión que me provocó una sonrisa.

—Tranquila. No tenía pensado ir a ninguna parte. Excepto a Florencia a primera hora de la mañana —respondí un poco más relajada.

—Una pena... —murmuró Arnau con cierto punto de malicia.

—¡Menos mal que lo vuestro fue cosa de una noche! Porque visto desde fuera parece que os quedan muchos temas por resolver.

Las palabras de mi amiga hicieron que ambos nos removiéramos incómodos en nuestros respectivos asientos. Aquel gesto que realizamos a la vez provocó que se encendieran en mi mente todas las señales de alarma. ¿Por qué no me había sentido a gusto con sus palabras si tenía tan claro que lo nuestro había sido un simple rollo? ¿Qué estaba pasando por la mente de Arnau en aquel momento para haberse quedado también en silencio y con la mirada fija en la copa de cerveza que tenía frente a él?

—Creo que debería de ir pensando en regresar a casa. Aunque no tenga que hacer la maleta quiero dejar recogidas algunas cosas. Y tampoco me gustaría acostarme demasiado tarde —dije mientras consultaba el reloj y mostraba intención de levantarme.

—¿Te has molestado? —Paula tenía cara de no entender mi prisa por salir de allí.

—No... Es solo que estoy teniendo un día de lo más extraño y, lo dicho, me gustaría dejar algunas cosas listas para cuando regrese.

—¿Quieres que te acompañe? —dijo Arnau que también tenía aspecto de querer huir de allí incluso a más velocidad que yo.

—Llamaré a un taxi.

—¡No seas tonta, Iris! Haz pasar un poco de frío al caballero ya que se ha ofrecido.

Me quedé mirando a ambos sin saber bien qué hacer o decir. No sabía por qué me sentía tan confundida, molesta, nerviosa, tensa y, en definitiva, rara.

—Yo voy a ver si encuentro a gente joven que se quiera tomar una copa conmigo porque, ¡vaya par de abuelos que estáis hechos!

Mi amiga sonrió y enseguida se concentró en mirar la

pantalla de su teléfono móvil. Arnau y yo nos miramos a los ojos. No hizo falta mucho más. Nuestra decisión estaba tomada.

—Al final creo que sí que voy a abusar de la caballerosidad de tu hermano —dije sin poder evitar ruborizarme de nuevo. Me sentía un poco idiota pero tampoco sabía muy bien qué hacer para controlarme.

—¡Esa es mi chica! —Paula se puso en pie de un salto y me estrechó con fuerza entre sus brazos—. Pásatelo de miedo, escríbeme cada día y si se presenta cualquier problema no dudes en llamarme, ¿de acuerdo?

Me limité a asentir porque al percibir el cariño con el que se dirigía a mí se me habían llenado los ojos de lágrimas. Por nada del mundo quería echarme a llorar delante de ninguno de ellos, pero no estaba segura de poder conseguirlo si mi mejor amiga seguía achuchándome de aquel modo.

—A ti te veo mañana, pesado —le dijo a su hermano al tiempo que le guiñaba un ojo—. Venga, marchaos de una vez, porque, con el ritmo que lleváis, aún perderás el avión, Iris.

Arnau y yo soltamos una carcajada casi al mismo tiempo. Aquella mujer era imprevisible. Aunque lleváramos tantos años juntas aún seguían sorprendiéndome algunas de sus reacciones. Le di un último beso en la mejilla y le prometí tenerla al día de cualquier cosa interesante que sucediera durante mi estancia en Florencia. Luego su hermano y yo salimos del *pub* en busca de un taxi.

Encontramos uno nada más salir. Él le dio la dirección de mi casa y el vehículo se puso en marcha. Ninguno de los dos dijo nada durante el trayecto. Yo me concentré en observar el paisaje nocturno de la ciudad en la que ya se empezaban a ver los primeros indicios de que la Navidad se acercaba. Mientras observaba observaba el paisaje nocturno de Barcelona dejé que mi mente vagara sin rumbo fijo. No pude evitar reflexionar sobre lo extraña que puede llegar a ser la vida en ocasiones. Me vinieron a la mente algunas de las frases que, durante mi juventud, había leído sobre el destino y la imposibilidad de controlarlo o manipularlo. Ese mismo destino que en aquel momento había decidido meterme con Arnau en un coche y que había provocado que, tan solo unas pocas horas después, me fuera de viaje con mi madre por primera vez en toda mi vida.

El taxi se detuvo frente al portal de mi casa. Bajé del coche y me quedé de pie sin saber muy bien lo que debía hacer a continuación. En cuanto vi a Arnau frente a mí sentí que las piernas me empezaban a temblar. Él tenía fijos sus preciosos ojos azules en mis labios y los miraba con deseo. Mientras habíamos estado juntos en el local de copas parecía obvio que pasaríamos la noche juntos; sin embargo, ya no lo tenía tan claro.

—Bueno... —dije presa del nerviosismo.

—Bueno... —se limitó a responder él sin desviar la vista de mi boca.

—Arnau, yo...

Las palabras que tenía tan claras en la mente se negaban a ser pronunciadas por mis labios. Pude ver con claridad cómo se acercaba. Sentí su respiración a escasos centímetros de mi piel. Tuve la opción de decir que no, de despedirnos allí mismo como los grandes amigos que éramos y dejar que lo que había sucedido entre nosotros fuera perdiendo intensidad. Pero no. No hice nada de aquello. Si no todo lo contrario: me volví a dejar llevar por sus ojos, por su deseo, por las ganas de abandonarme entre sus brazos solo una vez más.

Arnau me besó primero con una ternura infinita que, poco a poco, fue dando paso a una pasión que se iba descontrolando por segundos. Sin despegar mis labios de los suyos, busqué las llaves en el interior de mi bolso. Tuve suerte y las encontré al primer intento. Nos metimos en el portal y su cuerpo aprisionó el mío contra la pared. La pasión nos consumía con tanta intensidad que corríamos el riesgo de practicar sexo allí mismo. Con un tremendo esfuerzo conseguí separarme de él. Nos metimos en el ascensor. Arnau intentó abalanzarse de nuevo sobre mí, pero no se lo permití. Una sola mirada me bastó para hacerle comprender que, en cuanto estuviéramos en casa, podríamos dar rienda suelta a todo aquel deseo que, al menos en mi caso, me estaba devorando las entrañas.

En cuanto cruzamos el umbral de mi piso fui yo quien se abalanzó sobre él. Mis labios se posaron en cada centímetro de su cuello al tiempo que mis manos se aferraron a su nuca con fuerza. Podía sentir cómo él me recorría entera con los dedos al tiempo que su ya más que considerable erección me rozaba las caderas. Me apetecía que se excitara todavía más, tenerlo al borde del orgasmo tanto tiempo como me fuera posible. Deseaba ser yo quien controlara cada segundo de placer que experimentara a mi lado. Y, en especial, me moría de ganas de poder decidir el cómo y el cuándo sucedería todo aquello.

Quería que me arrancara la ropa y me hiciera suya sin demasiadas contemplaciones. Como si nos leyéramos la mente, los dos empezamos a quitarnos todas las prendas sin dejar de saborearnos. Los dedos de Arnau se deslizaron con habilidad por debajo de mi cintura y me obligó a apoyar la espalda contra la pared. Lentamente recorrió con los dedos todo mi cuerpo y fue bajando en dirección a mi pubis. Al sentir que el primero de sus dedos se adentraba en el interior de mi sexo, un intenso gemido de placer se escapó de mis labios. Sin embargo, aquello no me bastaba. Quería más. Necesitaba más. Segundos después un intenso orgasmo se apoderó de todo mi cuerpo y tuve que hacer verdaderos esfuerzos para no perder el equilibrio. Pensaba que todo había terminado, pero Arnau me besó y la pasión me desbordó de nuevo. En esta ocasión, Arnau movió con fuerza la cadera y, de un solo golpe, se hundió en mí. El placer que obtuve fue indescriptible. Salía y entraba en mí con movimientos secos que me llenaban cuando estaba en mi interior y que provocaban que me muriera de ganas de él cuando salía de mi cuerpo. La intensidad fue en aumento mientras yo me regalaba un orgasmo tras otro. Apenas tenía tiempo ni de gemir. Me di cuenta de que él sí que jadeaba cada vez con más fuerza y traté de exprimir al máximo el placer. Poco después un grito liberador lo llenó todo para luego dar paso a un silencio cargado de ternura.

Cuando conseguimos separarnos, las piernas apenas me respondían. Poco a poco, conseguimos llegar hasta mi cama y dejarnos caer con suavidad sobre ella. Nuestros cuerpos se buscaron y nos fundimos en un largo abrazo. Apoyé la cabeza en su pecho y aspiré el aroma a fresco que desprendía. Era un olor que siempre me hacía sentir en casa y que recordaría cuando quisiera sentirme mejor. A continuación, cerré los ojos y me concentré en recuperar el ritmo pausado de mi respiración.

Era consciente de que aquello no volvería a repetirse entre nosotros. «Eso dijiste la última vez», susurró una voz en mi interior que me hizo sentir un poco incómoda y a la que acallé con una serie de argumentos de más peso. Afortunadamente logré recuperar la calma y disfrutar del placer de tan solo sentir. Arnau parecía estar experimentando el mismo proceso que yo porque no había dicho nada desde que nos habíamos metido en la cama. Sabía que estaba vivo porque escuchaba los latidos de su corazón pero sus brazos descansaban pesadamente sobre mi espalda.

Cuando abrí los ojos seguía apoyada en su pecho. Me incorporé tan despacio como pude por si él también se había quedado dormido y me encontré directamente con el azul de sus ojos. El corazón me dio un vuelco, el estómago se me encogió y el sexo comenzó a palpitarme de nuevo. ¿Cómo era posible que volviera a desearle de nuevo con esa intensidad? No podía volver a dejarme llevar por el deseo y la pasión. En unas horas me iba de viaje y no quería complicaciones.

—¿Qué hora es? —dije en cuanto tomé conciencia de que no había preparado nada para mi inminente viaje.

—Las once y media —respondió él con una sonrisa.

—De la noche, espero... —Pronuncié aquellas palabras medio en serio y medio en broma.

—En efecto. Tranquila, no dejaría que te perdieses este viaje por nada del mundo. —Arnau se inclinó y depositó un tierno beso en mis labios, que encerraba la promesa de algo más, pero no quise ponerle nombre.

—¿Tienes hambre? —dije tratando de hacer de aquella situación algo de lo más normal.

—Un poco, sí. —Arnau me miró de arriba abajo desnudando cada centímetro de mi piel a medida que sus ojos me recorrían entera.

—Me refería a algo que alimente un poco más —respondí en un intento de rebajar la tensión sexual del ambiente.

No hizo falta que respondiera. Su estómago lo hizo por él. Aproveché la ocasión para salir de la cama no sin antes ponerme el pantalón del pijama. Podía parecer absurdo porque acabábamos de practicar un sexo increíble, pero no me seducía demasiado la idea de que me viera corretear por mi casa medio desnuda. Caminé despacio en dirección a la cocina, cogí el folleto de comida a domicilio que tenía colgado con un imán sobre la puerta de la nevera. Lo observé con atención y luego encargué la cena para los dos.

Cuando regresé al dormitorio, Arnau también estaba vestido y, todo había que decirlo, guapísimo. Me quedé apoyada en la puerta sin saber bien qué decir mientras recorría aquel cuerpo perfecto con los ojos. Pero tuve que dejar de hacerlo porque me empezó a entrar calor.

—Nos traerán la cena en veinte minutos. ¿Te apetece una cerveza? —dije tratando de sonar lo menos sensual posible.

—Sí, pero ponte cómoda en el futón. Ya las traigo yo.

Hice lo que me pidió. Me acomodé en la esquina perfecta para poder seguir disfrutando de la visión de su cuerpo sin que él se diera cuenta. Estaba tremendo. Siempre lo había estado. Sin embargo, aquello debía terminar. Él era mi mejor amigo y yo... Yo no podía permitirme una relación como aquella. Además, no tenía ningún derecho a hacerle sufrir y eso sería exactamente lo que pasaría si empezábamos una relación como pareja.

—Tenemos que hablar —dije en cuanto cogí la cerveza que me tendía y sintiéndome como si fuera una mala actriz de serie de televisión.

—Iris, no te preocupes por nada. ¿De acuerdo?

—¡Claro que me preocupo! Eres mi mejor amigo. No entiendo qué es lo que me está pasando, pero lo último que quiero es hacerte daño y perderte.

—Eso no va a suceder. —Pronunció aquellas palabras con tanta seguridad que me conmovió profundamente.

—Es lo que se suele decir en estos casos. Que no pasará nada y que las cosas volverán a ser como antes. Pero sabes tan bien como yo que eso nunca es así.

—Créeme. Capté el mensaje la primera vez que hablamos de esto. No sientes lo mismo que yo y tampoco quieres empezar una relación en un momento de tu vida tan complicado como este. Lo comprendo. No hace falta que sigas justificándote ni sintiéndote mal por el hecho de que yo sienta cosas más intensas por ti.

—No quiero perderte como amigo —me limité a repetir con toda la firmeza que sentía en mi interior.

—Eso no va a pasar, te lo aseguro. —A continuación, hizo chocar su botella de cerveza contra la que yo sostenía entre las manos y bebió.

—Lamento ser así —dije casi en un susurro.

—¿Ser cómo? ¿Sincera? En absoluto. Cualquier otra mujer me hubiera dicho lo que quería oír y después, si te he visto no me acuerdo. Es por... eso por lo que... —Arnau no terminó la frase, pero no hizo falta. Los dos sabíamos a qué se estaba refiriendo.

El sonido del timbre nos sobresaltó a los dos. Él fue el primero en levantarse y yo no le impedí que se hiciera cargo de la cena. Necesitaba un poco de espacio para asumir y digerir todo lo que estaba pasando. Me iría en unas horas y, cuando regresara a Barcelona, la intimidad de la que ahora estábamos gozando habría desaparecido.

—Veo que mañana quieres matar a todo el pasaje del avión —dijo mientras sostenía las bolsas que contenían la cena vietnamita que yo había encargado—. Con tanto picante a lo mejor no te dejan ni pasar el control del aeropuerto. —Arnau dejó escapar una sonora carcajada que se me contagió.

—Sé que echaré de menos esto cuando esté fuera. Así es que he decidido aprovechar la ocasión.

—Yo también lo echaré de menos —respondió recorriendo de nuevo todo mi cuerpo con sus ojos.

—Arnau...

—No es lo que piensas... —dijo con una sonrisa traviesa.

—Claro... claro.

Entre los dos colocamos todos los recipientes de comida sobre la mesa. Luego él fue a la nevera a por más cerveza. Unos minutos después ambos estábamos dando buena cuenta de la cena.

—Ahora en serio, ¿por qué crees que tu madre quiere que la acompañes a Florencia?

—Ya os lo he dicho antes. No lo sé. Jamás ha manifestado su interés ni por esa ciudad ni por el hecho de que yo la acompañara.

—¿Por qué lo haces entonces?

—¿Acompañarla? —dije mientras intentaba no ahogarme con un rollito picante.

—Sí.

—La razón es bastante egoísta si te paras a pensarlo. Mira, si la cosa sale mal, nada cambiará entre nosotras. Pero... ¿Y si resulta que el viaje no es tan malo como aparenta en un principio? ¡Por lo menos tendré algo bueno que recordar de ella cuando ya no esté!

—Hablas como si se fuera a morir mañana —me reprochó Arnau.

—En cierto modo lo hará. Aunque espero que no sea a bordo de ese vuelo —dije sin querer evitar el chiste.

—Veo que ya te está contagiando parte de su humor negro —respondió al tiempo que me sonreía.

—Todo se pega. Ya sabes.

—Por cierto... ¿qué piensas hacer con el porro que te ha dado? —dijo mientras empezaba a reírse.

—Desde luego no pienso llevármelo a Florencia.

—Entonces lo mejor será que nos lo fumemos en cuanto terminemos de cenar.

—¿Estás loco? Tengo que coger un vuelo en seis horas. ¿Pretendes que suba colocada a ese avión?

—Es una opción. A lo mejor te ayuda a sobrellevarlo todo mucho mejor.

—Me va a hacer falta mucho más que un porro para soportar todo lo que se avecina —dije sintiéndome un poco asustada de repente.

—Sabes que estoy contigo, ¿verdad?

—Sí. Además, Paula se ha encargado de dejármelo muy claro.

—Pero yo te lo repito para que te lo grabes bien en esa cabecita tuya. Me tendrás a tu lado siempre.

—Lo sé —respondí muy emocionada por sus palabras y sintiendo una pizca de desesperanza.

—Pues venga... Termina de cenar que nos vamos de viaje.

Vi cómo Arnau se levantaba y regresaba pocos segundos después con mi bolso en la mano.

—¿Lo dices en serio?

—¡Por supuesto! Pasemos esta última noche como se merece.

—¿Drogados?

—Felices.

No me atreví a mirarle a los ojos. Me aterraba que lo que pudiera encontrar en ellos me debilitara y me llevara a plantearme algo que no quería afrontar. Había decidido mantenerme alejada de cualquier tipo de compromiso con un hombre y así pensaba seguir. De modo que abrí el bolso, saqué con cuidado el cigarrito de la risa, y se lo entregué a Arnau.

—No lo enciendas hasta que vuelva. Necesito diez minutos para meter cuatro cosas en una bolsa. Me parece que no es buena idea que prepare mi bolsa de viaje con un chute de marihuana en el cuerpo.

—Te doy ocho —respondió él con su eterna sonrisa.

En cuanto oí aquello salí disparada en dirección a mi dormitorio. Tenía bastante claro los objetos personales que quería llevarme. Así es que no me fue demasiado difícil empaquetarlo todo. Mientras metía en *e-book* en el bolso pensé en que ojalá mi madre no hubiera elegido modelitos muy escandalosos para nuestra estancia en Florencia. Cuando regresé al salón, Arnau estaba en la misma posición en la que lo había dejado. Tumbado muy relajado sobre el futón, con el porro en una mano y la botella de cerveza en la otra. En cuanto se dio cuenta de mi presencia, el rostro se le iluminó. Sentí una punzada de dolor en mi interior porque supe cuánto iba a echar de menos todo lo que tuviera que ver con él.

CAPÍTULO 15

A las cinco y media en punto un taxi pasó a recogerme. Hacía más de dos horas que Arnau se había marchado a su casa. Nos habíamos propuesto no despedirnos, pero fue imposible. Justo en el instante en el que estaba a punto salir de mi piso se dio la vuelta y me abrazó con tanta fuerza que sentí a la perfección su deseo de querer retenerme a su lado para siempre. Yo volví a respirar una vez más su aroma. No hubo palabras. Al menos no de las que se dicen en voz alta porque nuestras miradas hablaban por sí solas. Luego se dio la vuelta y desapareció escaleras abajo.

Aproveché el tiempo que me quedaba para darme una ducha, ponerme ropa limpia y recoger los restos de la cena. Odiaba regresar de un viaje y encontrar la casa hecha un asco. Mantenerme ocupada fue lo mejor que pude hacer ya que mi cabeza se empeñaba en rememorar una y otra vez todo lo que acababa de suceder.

Cuando me senté en el interior del taxi me sentía exhausta y lo agradecí porque aquello significaba que me pasaría durmiendo todo el vuelo. Las calles de la ciudad estaban prácticamente desiertas a aquellas horas de la madrugada. Se respiraba una enorme paz y tuve la sensación de que el mundo no era un lugar tan terrible como algunos se empeñaban en asegurar. Luego sonreí. Era más que probable que el efecto de lo que me había fumado todavía durase y por eso me encontraba tan serena. Llegué al aeropuerto mucho antes de lo que había imaginado. Estaba acostumbrada a ir a aquella terminal a otras horas del día en las que la afluencia de gente era mayor. En cuanto atravesé la puerta divisé a mi madre. Era imposible no verla porque estaba rodeada de azafatas que la habían reconocido y se habían acercado a saludarla.

Mientras caminaba en dirección hacia ella, observé las dos maletas que descansaban justo a su lado. ¿En serio íbamos a viajar con tan poca ropa? No es que yo tuviera ninguna objeción al respecto, pero sabía que mi madre no estaba acostumbrada a ir por la vida tan ligera de equipaje. Tal vez aquella novedad estuviera asociada al cambio de humor que se había producido en ella recientemente.

—Buenos días —dije en cuanto estuve justo delante de ella.

—Hola, Iris. ¡Qué puntual! —respondió toda amabilidad y afecto—. Esta es mi hija —añadió dirigiéndose a las azafatas que la miraban fascinadas—, nos vamos a pasar una temporada juntas.

Yo me limité a sonreír mientras mi madre siguió adelante con aquella animada charla. Era cierto que, cuando me invitó a aquel viaje, no me dijo cuándo tenía previsto regresar. Di por hecho que se trataría de una escapada de cuatro o cinco días y que después regresaríamos a Barcelona. Pero ahora me sentía desconcertada y no me gustaba en absoluto lo que acababa de escuchar. ¿Una temporada? ¿Cuánto se suponía que era aquello para mi madre? Trataría de averiguarlo en cuanto tuviera la menor ocasión.

—Cariño... Deberíamos de ir a recoger las tarjetas de embarque. —Oí que decía una voz en la lejanía—. ¿Iris?

—Disculpa. Estaba distraída. —Tantas muestras de afecto me estaban empezando a preocupar.

—El vuelo, querida... —dijo señalando en dirección al mostrador de facturación de *business*.

—Claro —respondí mientras me hacía cargo de las dos maletas—. ¿Llevas toda la medicación que necesitas?

—Sí. Todo está en orden. Relájate.

Una amable azafata nos entregó los billetes y se hizo cargo de nuestros equipajes. A continuación, pasamos el control del aeropuerto y fuimos directas a la cafetería. Una de las pocas cosas que teníamos ambas en común era nuestra adicción a la cafeína. No éramos personas normales hasta que teníamos grandes dosis de esta sustancia en nuestro cuerpo. Mi madre me envió a buscar una mesa y ella se encargó de pedir el desayuno. Me tenía completamente desconcertada. Por lo general, eran los demás quienes estaban a su servicio, no al revés. Encontré un lugar con unas vistas fantásticas de los aviones que iban despegando, me senté y, por primera vez, me di cuenta de que estaba ilusionada con aquel viaje. Tal vez el destino me sonriera, aunque solo fuera un poco e incluso llegara a disfrutar de todo aquello.

—En estos sitios solo tienen porquería, pero he conseguido que nos sirvieran unos cruasanes recién hechos y un café medio decente —dijo mi madre mientras se sentaba frente a mí.

—En los aeropuertos, ya sabes... —respondí sin saber bien qué decir.

—Ni idea. Por lo general es Julia quien se ocupa de estas cosas.

Las dos nos quedamos en silencio. El sonido de un avión hizo que miráramos a través del enorme ventanal. Siempre me había parecido increíble que aquellas enormes piezas llenas de cables y acero fueran capaces de volar. Y me quedé observando el despegue fascinada.

—La primera vez que viajé en avión aún llevaba trenzas. Estaba aterrada. Nunca me he fiado demasiado de las cosas que no tocan el suelo. Me pasé el vuelo entero tomando infusiones de valeriana. Cuando llegué a París tenía tanto sueño que a punto estuve de echarme a dormir en uno de los bancos del aeropuerto —dijo mi madre casi sin detenerse a respirar—. Por fortuna no lo hice porque, una parte importante de mi futuro estaba al otro lado de aquellas puertas.

Me quedé petrificada. A lo largo de toda mi vida jamás me había revelado ningún detalle sobre su infancia, su época en la universidad o su trabajo para diferentes diseñadores extranjeros. Los únicos detalles que yo conocía de ella eran los que había observado desde la distancia hasta donde me alcanzaba la memoria. Jamás mencionó un momento afectuoso, tierno o romántico. Tampoco se había referido a mi padre en ningún momento. Cuando empecé a preguntar por él se limitó a responder que había muerto cuando yo era muy pequeña. Con el paso de los años tampoco había ampliado aquella información y yo, simplemente, había aprendido a vivir con ello.

—¿Qué pasó? —dije con cierto temor.

—Tropecé con un chico joven muy bien vestido y caí al suelo. Él, muy caballeroso, me ayudó a levantarme. Después insistió en acompañarme hasta el lugar en el que tenía previsto hospedarme. Cuando llegamos, me invitó a tomar un café y se disculpó de nuevo. Estuvimos conversando un buen rato y resultó que trabajaba en el taller de Delacroix. Te puedes imaginar cómo abrí los ojos cuando escuché aquello. Le hablé de mis aspiraciones como diseñadora y también le conté que había ido hasta aquella ciudad para trabajar en un pequeño taller de costura con mucha reputación. Dos días después estaba trabajando a su lado.

—Increíble —susurré. La historia era fascinante, pero lo que en realidad me tenía con la boca abierta, era que me lo hubiera contado como si llevara compartiendo secretos conmigo toda su vida.

Pasamos el resto del desayuno en silencio. Saboreamos el café y pensé en la siesta que iba a echar en cuanto pusiera mi trasero en el asiento del avión. Al cabo de unos minutos vimos en la pantalla de la terminal que nuestro vuelo ya tenía puerta de embarque asignada. Nos levantamos y caminamos hasta allí. Subimos al avión antes de lo previsto y me acomodé en el asiento más cercano a la ventanilla por indicación de mi madre. Estaba encantada de poder contemplar las vistas así es que ni protesté.

Ambas sacamos lectura del bolso, unos auriculares y los conectamos al teléfono móvil. Viéndonos actuar de aquel modo, cualquiera hubiera dicho que habíamos pasado la vida juntas, nada más alejado de la realidad. Yo estaba muy sorprendida con tantas semejanzas, pero me sentía demasiado cansada para pensar en todo lo que estaba sucediendo. Así que seleccioné una lista de música con sonidos del mar, encendí el *e-book* y me desconecté del mundo.

Una ligera vibración me sacudió. Abrí los ojos, miré por la ventanilla y vi que el avión se deslizaba por la pista. Una agradable voz femenina nos indicaba que habíamos aterrizado en Florencia diez minutos antes del horario previsto. Genial.

—Iris, vaya manera de dormir —dijo mi madre mirándome muy seria.

—¿He roncado? —respondí avergonzada.

—No, pero jamás había visto a nadie quedarse dormido antes de un despegue.

—Es que no he descansado muy bien esta noche —dije a modo de disculpa.

—No pasa nada. Mejor así. Podremos empezar a recorrer las calles de la ciudad en cuanto nos instalemos en el hotel.

Lo primero que vi fue la estación de autobuses. El taxista que nos había recogido en el aeropuerto había insistido en hacernos un recorrido turístico por la ciudad. Mi madre accedió a ello, aunque le advirtió que no se le fuera de las manos porque no tenía intención de dejarse «atracar como una vulgar turista». A continuación, el simpático conductor empezó a mencionar los nombres de un montón de santas, vírgenes y santos. Interpreté que debían de ser los nombres de las iglesias que íbamos dejando atrás. En un momento determinado, el taxi hizo un giro casi imposible y frente a mis ojos apareció el río Arno. Elevé un poco los ojos y me encontré con el Ponte Vecchio. Lo había visto en fotos y películas en muchas ocasiones, pero me sobrecogió tenerlo tan cerca, tan al alcance de mi mano. Me quedé embelesada viendo cómo los turistas lo recorrían y se detenían a hacerse fotos. Parejas, familias enteras. Todos sonreían y desprendían serenidad. No me di cuenta de que el taxi se había detenido hasta que mi madre tiró de mi mano con fuerza.

—Ya hemos llegado —dijo señalando a través de la ventanilla del coche hacia un majestuoso edificio de piedra que tenía todo el aspecto de ser un palacio.

—¿A dónde?

—A nuestro hotel.

No le di tiempo a decir nada más porque, antes incluso de que hubiera terminado de pagar, yo ya había bajado del taxi, había sacado las maletas del coche y estaba de pie en el centro de la acera maravillada con la belleza del lugar. Era como si hubiera retrocedido en el tiempo varios siglos y me hubiera tocado ser la hija de un noble a la que le esperasen toda clase de lujos el resto de su vida. Era consciente de que nuestro viaje a Florencia se terminaría y que luego tendría que regresar a mi vida, pero ¿qué había de malo en sentirme como una princesa, aunque solo fuera durante unas horas?

—Anda, compórtate como si vinieras a estos sitios a diario —dijo mi madre muy seria—. No quiero que te echen del hotel nada más llegar porque te confundan con una lista que intenta colarse en un hotel de lujo.

—No te avergonzaré —respondí molesta—. Me he dejado los gallinas en mi apartamento.

—¡Iris!

—Lo he entendido. Tranquila, mantendré la boca cerrada y no me sonaré los mocos con las mangas de la chaqueta. —Mi madre me fulminó con la mirada y yo fui capaz de aguantársela con la cabeza bien alta. Quería que aquel viaje saliera bien pero no le iba a consentir ni el más mínimo desplante.

Tengo que admitir que, en cuanto entramos en el *hall* del hotel, tuve que hacer auténticos esfuerzos para que no se me desencajara la mandíbula y poder permanecer en silencio. Tal y como me había parecido, el edificio había sido un palacio en otro tiempo y el interior era, sencillamente, espectacular. Como pude averiguar por una inscripción que encontré en una pared de piedra a mi derecha, me encontraba en un edificio del siglo XVI en el que también se podían contemplar varios frescos de esa misma época. No estaba demasiado puesta en Historia del Arte, pero tuve que admitir que el lugar hacía a honor todos aquellos siglos de historia. Comencé a andar en dirección opuesta a la que me encontraba porque me pareció escuchar el sonido del agua no demasiado lejos de allí. Al doblar de nuevo a la izquierda me encontré con un patio inmenso al aire libre que estaba presidido por una fuente con siete caños. La figura de una mujer desnuda apoyada sobre unos delfines daba la bienvenida a los huéspedes. La leve sonrisa que aparecía en su rostro era una invitación a disfrutar de aquel lugar que ahora mismo estaba bañado por unos tímidos rayos de sol. Me hubiera quedado allí el resto del día, pero sabía que mi madre estaría ya poniendo el lugar patas arriba. Regresé a la recepción justo cuando un tipo de unos cuarenta años, impecablemente vestido, salía a nuestro encuentro.

—Señora Roig, qué placer volver a verla por aquí —dijo al tiempo que le estrechaba la mano con fuerza—. Veo que viene usted muy bien acompañada. —El italiano me dedicó una cálida mirada.

—Es mi hija. Iris, te presento a Angelo Cipriani, director del hotel.

—Un placer, señor Cipriani —me limité a responder del modo más cortés que pude.

—Oh, *prego*, llámeme solo Angelo o Ángel si lo prefiere —respondió y luego esbozó una sonrisa.

—De acuerdo... Ángel.

—Así me gusta. Vengan, les enseñaré su *suite*.

El director del hotel nos guió a través del *hall* hasta un ascensor que, como se encargó de explicarnos, era de uso exclusivo para los clientes de las habitaciones más lujosas del edificio. A continuación, tecleó un código y empezamos a ascender. Pocos segundos después las puertas se abrieron y yo, simplemente, pensé que había muerto. Un salón inmenso apareció ante mis ojos. Pero no era aquello lo que me había llamado la atención, sino el enorme ventanal a través del que casi se podía tocar el Ponte Vecchio. Me acerqué despacio hasta el cristal. Miré en ambas direcciones y sonreí satisfecha cuando me di cuenta de que las ventanas podían abrirse. No lo dudé ni un segundo. Giré el pomo blanco hacia la derecha. Enseguida la habitación se llenó de conversaciones en diferentes idiomas arropadas por el murmullo del río. Me di la vuelta con la intención de compartir la emoción que sentía con mi madre, pero no había ni rastro de ella. Deduje que Angelo le estaría mostrando el resto de la *suite*. Yo preferí quedarme donde estaba y disfrutar del placer de observar con tranquilidad cómo discurría la vida de otras personas en uno de los lugares más fotografiados del mundo. Me encontraba frente al puente de piedra más antiguo de toda Europa. Sus famosas casas colgantes, de las que tanto había oído hablar y que sabía que ahora estaban ocupadas tanto por joyeros como por orfebres, eran sencillamente fascinantes. Al contemplarlas tuve la sensación de haber viajado en el tiempo. Ahora era una joven que estaba a punto de subir a su carroza para asistir a algún baile importante. Esa idea me hizo sonreír.

Cuando Angelo se despidió de nosotras apenas le presté atención. Seguía presa del hechizo que la ciudad de Florencia ya había empezado a ejercer sobre mí. Mi madre se me acercó y, durante unos segundos, contempló el paisaje. Algo en su forma de mirarlo me hizo pensar que estaba recordando algún episodio muy especial de su vida.

—¿Vienes mucho a Florencia?

—Hacía años que no pisaba esta ciudad —respondió con la vista perdida en las aguas del Arno.

—Pero el director del hotel...

—Conozco a Angelo desde hace algunos años. Era el director de otro hotel en el que solía alojarme cuando iba a Milán para los desfiles. No supe que lo habían trasladado hasta que Julia hizo la reserva y me lo comentó.

Mi primer intento por averiguar qué era exactamente lo que unía a mi madre con aquella ciudad había fallado. Seguramente sería algo relacionado su trabajo. Sin embargo, el modo en el que parecía mirarlo todo solo lograba transmitirme una profunda nostalgia. Tal vez estuviera triste porque sabía que, en un tiempo no demasiado lejano, no recordaría nada de aquello. O quizás solo fueran imaginaciones mías.

—Venga, salgamos a pasear por la ciudad. Hace un día estupendo. Te espero en media hora en el *hall* —dijo mi madre.

—¿Dónde se supone que debo irme?

—¡A ninguna parte! Tu habitación está al otro lado del salón. Pero, teniendo en cuenta las dimensiones de esta *suite*, creo que será más fácil que nos encontremos abajo que aquí. —Después de pronunciar aquellas palabras empezó a reírse.

Me gustaba verla de tan buen humor. Era algo tan inusual en ella... Y era una lástima porque parecía una mujer diferente cuando se dejaba llevar por esa energía positiva. Caminé en dirección a mi habitación observando todos los detalles de la *suite* en la que íbamos a alojarnos mientras estuviéramos en Florencia. Cuando encontré mi dormitorio reconocí que mi madre tenía razón, era mucho más sencillo y cómodo acudir a la recepción del hotel que tratar de buscar a alguien allí dentro. No exageraba si decía que allí podrían vivir cuatro familias sin problemas de espacio.

Abrí la maleta y di gracias al cielo de que mi madre tuviera a una mujer como Julia a su lado. Nunca había visto tanta ropa junta metida con semejante perfección en un espacio tan pequeño. Había pantalones de vestir, vaqueros, camisetas, jerseis, blusas y hasta un par de vestidos para asistir a una cena de gala. También encontré zapatos con diferentes medidas de tacón e incluso calzado más deportivo. Lo cierto era que podría acostumbrarme a aquello. No me importaría tener una persona a mi lado que me tuviera las cosas preparadas para poder irme de viaje en cualquier momento.

Me di una ducha a toda velocidad. Escogí unos tejanos oscuros, una blusa blanca y unas botas de cuero marrón que tenían aspecto de ser comodísimas. Luego me recogí el pelo en una coleta alta, me maquillé en tonos muy suaves, me puse el abrigo blanco de cachemira que había traído y me miré en el espejo. Me gustó mucho el resultado. Estaba lista para explorar Florencia.

Cuando bajé al *hall* mi madre ya estaba allí. Al principio me costó un poco reconocerla por el aspecto tan informal que tenía. Se había enfundado unos pantalones vaqueros que le sentaban de maravilla, un jersey de lana muy fino de cuello vuelto y del mismo tono que sus ojos. Se había calzado unos mocasines de piel de perdiz, algo que le daba un toque distinguido, pero al mismo tiempo desenfadado. Me gustó verla vestida de aquel modo. Estaba guapísima, mucho más de lo habitual.

—¿Lista? —me preguntó en cuanto se percató de mi presencia.

—Sí —respondí sintiéndome emocionada y desconcertada a partes iguales.

—Pues salgamos a disfrutar de la ciudad.

Lo primero que hice en cuanto puse un pie en la calle fue mirar al cielo. Era de un color azul precioso. Para estar casi a punto de llegar el invierno, la luz del sol era muy intensa. Sonreí al imaginar cómo debía de ser el paisaje durante la primavera y acudieron a mi mente un montón de imágenes de diferentes lugares de la Toscana que había visto tanto en el cine como en fotografías. Mi madre se cogió de mi brazo y empezamos a andar. Durante los primeros minutos ninguna de las dos dijo nada. Yo no tenía ojos suficientes para admirar los edificios que íbamos encontrando a nuestro paso. Disfrutaba del placer de caminar sin un rumbo definido y sin tener que preocuparme por la hora que fuera. De pronto mi madre se detuvo y se quedó mirando fijamente hacia delante. Yo dirigí la mirada hacia el mismo lugar y me quedé boquiabierta.

La imagen que había frente a nosotras era espectacular. Una plaza con suelo adoquinado, presidida por lo que en aquel momento me pareció un castillo y con la impresionante imagen del David de Miguel Ángel en uno de los extremos. Había gente por todas partes y, al observar el lugar con más detenimiento, comprobé que había otras estatuas en la plaza, así como un lugar repleto de columnas. Volví a sentirme trasladada a otra época, a otro mundo y sentí una enorme emoción en mi interior. En los viajes que había realizado por diferentes ciudades del mundo había visto cosas maravillosas que me habían impactado. Pero, ninguna de ellas, había ejercido aquel poder hipnótico sobre mí.

—La Piazza Della Signoria —dijo mi madre con una enorme sonrisa dibujada en los labios y un brillo en los ojos que hablaba por sí mismo.

—El síndrome de Stendhal —respondí casi en un susurro porque apenas me salían las palabras de la boca.

—Florencia es una de las ciudades más mágicas del mundo y estarás de acuerdo conmigo en cuanto veas el resto. Esto es solo el comienzo.

—Pues estoy ansiosa por ver más —dije casi sin darme cuenta.

—Y lo haremos. Ahora creo que deberíamos sentarnos en aquella esquina —dijo mi madre señalando la pequeña terraza de un café que había justo al otro lado de la plaza— y disfrutar de la belleza.

Me limité a seguir a mi madre a través de la multitud de turistas que paseaban por la plaza, que miraban fascinados los edificios y se sacaban fotos que, sin la menor duda, nunca lograrían reflejar el ambiente que allí se respiraba. Cuando llegamos al café, la suerte estuvo de nuestro lado ya que se quedó vacía una de las mesas. En cuanto me senté me limité a contemplar toda la belleza que me rodeaba. El Palazzo Vecchio se alzaba imponente frente a nosotras; me pregunté cómo debía de haber sido la vida de las personas que lo ocuparon cuando fue construido. Aquella era una de mis aficiones, siempre que me encontraba frente a un edificio de cierta antigüedad, empezaba a imaginar todo tipo de historias sobre quienes habrían podido ser sus moradores.

Oí cómo mi madre pedía dos capuchinos en un italiano que, al menos a mí, me sonó perfecto. Sin embargo hubo un detalle que llamó mi atención.

—¿Descafeinado? —dije sin poder evitar mirarla con sorpresa.

—Con todo lo que tengo encima, no debería ni de probar el café. Pero no voy a quitarme todos los vicios de golpe —respondió con una sonrisa traviesa en los labios.

—Supongo que tendrás que ir dejándolos poco a poco.

—Ya veremos, de momento me iré conformando con sucedáneos.

Entonces mi madre alargó la mano, abrió el bolso y extrajo de él una pitillera de plata preciosa con un relieve en el centro que llamó mi atención. Nunca la había visto antes. Era magnifica. Probablemente se tratara de una de sus nuevas adquisiciones. Tenía que admitir que era un objeto precioso, una pieza casi de coleccionista.

—Mamá... No deberías fumar —dije tratando de que mi voz no sonara demasiado severa. Por nada del mundo quería estropear la cordialidad que, extrañamente, reinaba entre nosotras.

—Iris, querida. Te puedo asegurar que el tabaco no va a matarme.

Se me hizo un nudo en la garganta al escuchar la determinación con la que mi madre acababa de pronunciar aquellas palabras. Desde que habíamos conocido la noticia de su Alzheimer, habíamos hablado bastante sobre la enfermedad y cómo iba a afectarle en su día a día. Sin embargo, ninguna de las dos había hecho alusión alguna a cómo nos sentíamos ante aquella noticia tan inesperada. Imaginaba que, del mismo modo en el que yo había tratado de poner en orden todas mis emociones así como la forma en la que iba a enfrentarme a ello, mi madre debía de haber hecho lo mismo. Lo que no sabía era si ambas habíamos llegado a la misma conclusión.

—¿Cómo estás? —dije sin más.

—¿Te refieres a ahora mismo o si he aceptado ya le hecho de que, cuando menos cuenta me dé, me estaré meando encima?

—Madre... No hace falta ser tan gráfica —respondí molesta y dolida al mismo tiempo. Sabía que la peor parte de la enfermedad, sin duda alguna, iba a padecerla ella. Pero pensaba que eso no justificaba el cinismo del que estaba haciendo gala.

—¿Qué hay de malo en llamar a las cosas por su nombre? ¿O es que te dan miedo las palabras, Iris?

La Carmen que siempre había conocido acababa de regresar. Ya me extrañaba a mí que la paz entre nosotras estuviera durando tanto tiempo.

—No es a las palabras a lo que temo. Sino a cómo vamos a enfrentar esto habida cuenta de la relación que tú y yo siempre hemos mantenido. —Si quería que habláramos con claridad, lo haríamos.

—¿Vamos? Me conmueve que te hayas erigido en una especie de enfermera niñera para mí —dijo con bastante ironía—. Pero aquí la que está enferma soy yo, y la que tiene que pasar por lo que sea que me depare esta enfermedad también soy yo. De modo que ya puedes ir olvidando cualquiera de los planes de salvación que hayas ideado para mí.

—¿Pretendes que te deje sola? ¿Es eso lo que quieres?

—¿Acaso no venimos y abandonamos el mundo solos? ¿O crees que te vendrás conmigo el día que mi corazón deje de latir?

La conversación estaba tomando un cariz demasiado intenso y crudo. Pensé que, rodeadas como estábamos de unos edificios bellísimos, deberíamos de estar hablando de temas absolutamente triviales. Pero así funcionaban las cosas en la vida de mi madre. Se abordaban las tragedias cuándo y cómo ella quería. Si así lo había decidido no iba a ser yo quien rechazara hablar del futuro más inmediato en aquella terraza en el centro de Florencia.

—Puedes ponerte todo lo sarcástica e irónica que quieras. Pero, desde ahora mismo, te advierto, que nada de lo que digas cambiará la decisión que he tomado.

—¡Qué joven eres, Iris! —se limitó a responder al tiempo que paseaba la vista por la plaza repleta de gente—. Hay decisiones que no dependen de ti y situaciones que escapan a tu control. Me temo que esta es una de ellas.

—¿A qué te refieres?

—No tendrás que cargar con una vieja demente —respondió con un punto de amargura—. ¿Sabes? Ahora mismo me siento orgullosa de mí misma. Siempre pensé que llegaría un día en el que me dedicaría a gastar todo el dinero que tanto me ha costado ganar durante todos estos años. Ahora doy gracias a dios por no haberle hecho caso a quienes unos años atrás me decían que me retirara y me dedicara a disfrutar de la vida. Gracias a que tuve la mente fría ahora tendré una muerte digna.

—¿Qué quieres decir? —No sabía a dónde quería llegar, aunque había algo en el tono de su voz que me hacía presagiar que no iba a escuchar nada bueno.

—Voy a proporcionarme una muerte digna —respondió sin más.

—Y eso significa… —dije mientras sentía que el terror se iba apoderando de cada músculo de mi cuerpo y comenzaba a temblar.

—Después de Reyes tengo previsto viajar a Suiza. Ingresaré en una clínica en la que me dormirán y ya no volveré a despertar.

—¿Vas a suicidarte? —Sentía tanto miedo y repulsión ante lo que mi madre acababa de decir que, sin darme cuenta, elevé demasiado el tono de mi voz.

—Dilo más alto. Creo que los *carabinieri* del otro lado de la plaza no te han escuchado —respondió bastante enfadada.

—¿Has perdido el juicio?

—Todavía no. Pero eso es exactamente lo que pretendo evitar.

—¡No puedes quitarte la vida! —dije mientras los ojos se me llenaban de lágrimas.

—¿Porque es un regalo de Dios?

—¡Porque tienes que luchar! ¡Nunca te has rendido! Toda la vida me has machacado con esos principios de fortaleza, resistencia, empeño, voluntad. Y ahora resulta que, cuando los tienes que poner en práctica, ¿te cagas de miedo?

—¡No pienso consentir que me hables en ese tono! —respondió mirándome a los ojos con rabia. En cualquier otro momento aquellas palabras suyas hubiesen bastado para que yo guardara silencio. Sin embargo, algo dentro de mí se reveló.

—¡Me importa una mierda lo que me consientas o no! ¡Me la trae sin cuidado! Pero vas lista si te crees que voy a aprobar que te quites la vida ni que cuentes con mi ayuda para ello.

—Me la trae al pairo tu aprobación, querida —respondió imitando el tono que yo acababa de emplear—. Es mi vida, no la tuya. Es mi final y voy a ser yo quien lo decida.

—Te incapacitaré —respondí furiosa.

Al oír aquellas palabras el semblante en el rostro de mi madre cambió por completo. Por primera vez en mi vida pude ver la debilidad en su mirada y aquello me hizo pensar en que, tal vez, tuviera una oportunidad para disuadirla de la locura que quería realizar.

—Si sientes el más mínimo cariño hacia mí dejarás que elija mi muerte —sentenció.

—No lo haré.

—Estaba segura de que eras buena persona. Veo que estaba equivocada. Mucho. —Perfecto, ahora mi madre me atacaba por el flanco de las emociones y los sentimientos. Estaba quemando todas sus naves.

—Precisamente porque lo soy voy a impedir a toda costa que te quites la vida.

—¡Por supuesto! De cara al mundo serás la hija cariñosa y abnegada que se ocupará de su madre desquiciada hasta el fin de sus días. ¡Cómo no se me había ocurrido! —dijo tratando de salpicarme con todo el veneno que sentía en su interior.

—El mundo me importa un bledo. Solo seré coherente con los principios que rigen el universo. La vida y la muerte no es algo que podamos controlar. Y tú tampoco lo harás.

—Iris, ¿estás metida en alguna secta? —dijo en un intento de sacarme de mis casillas.

—En absoluto. Solo te digo que vayas planteándote cómo vas a enfrentarte a tu enfermedad y el modo en el que vas a proporcionarte la mayor calidad de vida posible mientras te quede una sola neurona activa en el cerebro. No vas a rendirte. Yo no te lo voy a permitir.

—¿Por qué me quieres condenar al miedo, al olvido, a vegetar como una planta el resto de mis días?

—¿Por qué no eres capaz de pensar que, tal vez, lo que deseo proporcionarte es más tiempo, más posibilidades y poder disfrutar de una existencia sin tener que trabajar catorce horas al día? —dije al borde de las lágrimas.

—Ya sabes cuál es el diagnóstico. ¿Sabes tú más que los médicos?

—No pero en un año pueden pasar muchas cosas. ¿Y si vives más tiempo en plenitud de facultades? ¿Qué pasará si, en ese espacio de tiempo, aparece una nueva medicación o un tratamiento que ralentice los efectos del Alzheimer? Ni siquiera lo habías considerado, ¿verdad? ¡Tú siempre tan egoísta! —Sentí que las lágrimas resbalaban por mis mejillas pero no me importó en absoluto que ella me viera llorar. No podía hacerme ya más daño.

—¡Dejame en paz! —respondió.

Mientras se llevaba otro cigarrillo a los labios pude notar que las manos le temblaban. No tuve muy claro si aquello era una muestra de lo histérica que la había puesto con mi reacción o si, por el contrario, estaba nerviosa ante la posibilidad que acababa de ofrecerle. Por lo menos se había quedado callada y, como la conocía, sabía que pasaría en silencio el resto del día. Ojalá empleara la ausencia de conversación para meditar y considerar todo lo que yo acababa de decirle.

CAPÍTULO 16

Tal y como había imaginado mi madre se pasó toda la jornada sin dirigirme la palabra. En cuanto nos terminamos el capuchino empezó a caminar en dirección al hotel en el que nos alojábamos. Caminé junto a ella mientras reflexionaba sobre lo que acababa de suceder. La situación me dolía y hacía que me sintiera inmensamente triste. Durante un buen rato incluso valoré la posibilidad de tomar el primer avión de regreso a Barcelona. Pero luego pensé que, ya que estaba en una ciudad tan maravillosa como aquella, tenía que aprovecharlo.

En cuanto vi que cogía el ascensor para ir a la *suite*, me acerqué a la recepción del hotel y me agencié varios planos de la ciudad, y un listado de lugares que debía visitar. Pocos minutos después estaba de nuevo en la Piazza Della Signoria y me mezclé con el resto de turistas. También paseé por el interior del Palazzo Vecchio. Me quedé maravillada con el señorío que desprendía aquel edificio, así como con el halo de paz que parecía envolverlo a pesar de que estaba repleto de gente.

Después empecé a caminar sin rumbo fijo. Por lo que había visto en uno de los planos más detallados, no me encontraba en una ciudad muy grande. De modo que podía deambular en la dirección que quisiera, ya que no tendría demasiada dificultad en regresar al hotel. Andaba despacio, parándome en cada rincón que me apetecía bien para hacer una foto, bien para admirar un edificio de viviendas o el escaparate de una tienda. Al pasar frente a una vinoteca, mi estómago rugió con fuerza. Recordé entonces que apenas llevaba nada en el cuerpo, de modo que decidí entrar.

El lugar me enamoró desde el primer instante. Se respiraba una mezcla de respeto por lo clásico y fascinación por lo innovador. Quien quiera que lo hubiera decorado había sido capaz de encontrar el equilibro perfecto entre ambos estilos. Caminé despacio y me senté en una de las mesas más alejadas de la puerta, junto a un enorme ventanal desde el que podía contemplar una plaza preciosa. No tenía ni idea de dónde me encontraba, pero aquello no me preocupaba demasiado. A los pocos minutos se acercó un camarero muy amable que me recomendó que probara el Chianti especial que ellos mismos embotellaban. Después se encargaría de traerme una muestra de productos típicos para que la degustara. No puse objeción a nada de lo que dijo. Estaba dispuesta a disfrutar de mi estancia en Florencia y cualquier cosa me parecía bien.

Regresó poco después con una botella que abrió sin dejar de observarme. Yo estaba convencida de que solía repetir ese ritual cada vez que se encontraba con una mujer en aquella vinoteca. Aun así, le sonreí. Tampoco había nada de malo en un poco de tonteo. Me llenó la copa haciendo gala de un gran dominio de su pericia y se alejó ofreciéndome unas espléndidas vistas de su trasero. Había que reconocer que el muchacho tenía un físico espectacular. Una pena que yo no estuviera dispuesta a irme a la cama con nadie en aquel momento.

El primer sorbo de Chianti me supo a gloria. El segundo fue todavía mejor. Cuando iba por el tercero saqué el plano que llevaba en el bolso y lo observé con detenimiento. En él estaban marcados los lugares de mayor interés turístico de la ciudad. De modo que empecé a idear un itinerario para no irme de Florencia sin haber visto lo esencial. El sonido de una carcajada provocó que apartara la vista del mapa. Acababa de entrar una pareja en la vinoteca. A juzgar por la felicidad que emanaban, debían de ser recién casados.

Primero me fijé en ella. Castaña, con ojos color miel y cuerpo lleno de curvas, pero sin estar gorda en absoluto. Cuando posé la vista en él se me cortó la respiración. Alto, moreno, con los ojos verdes más bonitos que yo había visto jamás. Traté de recorrer todo su cuerpo con la mirada con la mayor discreción de la que fui capaz. Aquel hombre era un dios recién caído del cielo. Los dos se sentaron frente a mí y lo agradecí infinitamente. De aquel modo podía observarlos sin caer en el descaro. Él le hizo un discreto gesto al camarero y enseguida les sirvieron una botella de vino y un par de focaccias. Debían de ser clientes habituales.

—Hoy vamos a comer como las personas —oí que decía la chica—. Si seguimos con estos maratones por toda la ciudad vamos a desfallecer.

—Creo que los maratones que te están dejando sin fuerzas son otros —respondió él con una sonrisa preciosa.

No pude evitar suspirar y sentir cierta envidia. Se les veía tan bien juntos, tan felices. Arnau acudió a mi mente. Pero volví a concentrarme en la pareja de la mesa de al lado. Me gustó que fueran españoles. Así al menos podría seguir su conversación sin que fuera demasiado obvio que estaba pendiente de ellos. El camarero regresó a mi mesa con una tabla de madera enorme repleta de todo tipo de manjares.

—Voy a necesitar una vida entera para comerme todo esto —dije mientras observaba fascinada la pinta tan maravillosa que tenía aquello.

—Eso mismo dije yo la primera vez que vine aquí. —Levanté la cabeza y vi que la chica de enfrente se estaba dirigiendo a mí—. Pero, cuando menos cuenta te des te lo habrás comido todo e incluso te quedará sitio para el postre.

—No sé yo —respondí divertida.

—Pues déjate algo porque no puedes irte de aquí sin probar la bandeja de postres que tienen. Todos caseros y para morirse de gusto —dijo el chico.

—De acuerdo. Me habéis convencido —respondí sonriente.

—¿Estás sola? —El tipo impresionante volvió a hablar.

—Sí

—¿Por qué no te unes a nosotros? —dijo ella con total normalidad.

—¡No, por favor! No quiero molestar.

—No es molestia ninguna. Además, seguro que podemos indicarte lugares mejores para visitar de los que vas a encontrar en ese plano —añadió él sonriendo de nuevo.

—Está bien. ¡Me habéis convencido!

Me levanté de la mesa y caminé en dirección hacia ellos. El camarero, que había estado atento a todo lo sucedido, puso un servicio más en la mesa y se encargó de traer mi botella de vino.

—Hola, soy Iris —dije mientras le tendía la mano primero a ella.

—Encantada yo soy Marga y él Óscar.

—Un placer —respondí tratando de que no se me notara mucho la fascinación que estaba comenzando a sentir por aquel tipo—. ¿Estáis de luna de miel?

—¡Qué va! —respondió él sin poder dejar de reír—. Solo estamos pasando una temporada por aquí.

—Perdón... Cuando os he visto entrar pensé que erais los típicos recién casados...

—Somos pareja pero nada de matrimonio —respondió Marga con una calma que me gustó.

—Dame ese mapa. Te diré qué puedes visitar, pero sobre todo, dónde vas a encontrar la mejor comida de esta ciudad —dijo Óscar a continuación.

Yo le tendí el mapa completamente embobada. Tenía la sensación de que la primavera acababa de llegar a mi vida. Incluso hubiera jurado que olía a azahar. De repente, se levantó y se fue en dirección a la barra. Intercambió unas palabras con el camarero y empezó a escribir sobre un papel.

—¿Llevas muchos días aquí? —me preguntó Marga.

—Acabo de llegar —respondí un poco embobada.

—Tranquila... causa ese efecto siempre. En un rato se te pasa.

Me quedé mirando a aquella chica sin comprender demasiado bien a qué se estaba refiriendo. Cuando ella desvió la vista en dirección a Óscar sentí cómo me sonrojaba.

—Lo siento. ¡Qué vergüenza! —logré murmurar.

—Tranquila. Al principio me pasaba lo mismo. ¡No sabes cómo te entiendo! De inmediato sentí simpatía por aquella mujer. A continuación, él regresó a la mesa y me devolvió el plano junto con un par de folios escritos a mano.

—Ahí tienes todos los secretos que hemos ido descubriendo de esta ciudad. ¡Disfrútalos!

—Muchísimas gracias, de verdad —respondí sintiéndome muy tonta de repente.

—De nada. Ahora disfrutemos de la comida —dijo Marga.

Pasamos el almuerzo conociéndonos un poco más. Ellos me contaron la historia de su vida. Algo muy romántico y digno de una novela. Por mi parte, no quise entrar en demasiados detalles, aunque sí que les ofrecí alguna pincelada sobre la difícil situación que estaba atravesando. Los dos se mostraron tremendamente comprensivos conmigo y se ofrecieron para ayudarme en cualquier cosa que estuviera en su mano. Eran tan encantadores que parecían como venidos de otro mundo. Cuando nos despedimos llevaba en la mano un montón de consejos para moverme por la ciudad, una guía detallada de los pueblos de la Toscana que no me podía ir sin visitar y la certeza de que había ganado dos nuevos amigos.

Tenía la intención de seguir paseando por las calles de Florencia, pero estaba preocupada por mi madre. Acababa de pasar un rato estupendo con aquella pareja también de Barcelona. Pero, en cuanto me quedé sola, regresó a mi mente la conversación que habíamos mantenido. Se me ponían los pelos de punta cada vez que pensaba en aquel viaje a Suiza que tenía previsto hacer para terminar con su vida. Yo desconocía por completo cómo funcionaba el sistema de eutanasia que estaba en vigor en aquel país. Suponía que lo aplicaban en caso de enfermedades terminales y a ciudadanos suizos. No tenía del todo claro que los extranjeros pudieran beneficiarse de esa clase de servicios. Aunque, si madre lo tenía tan claro debía de ser que sí. Además, yo siempre había pensado que con dinero todo era posible y, en el caso de mi progenitora, tenía de sobra.

Encaminé mis pasos de regreso al hotel mientras pensaba en el modo de hacerle cambiar de opinión. Sabía que iba a ser muy difícil, por no decir imposible, pero tenía que intentarlo como fuera. Era cierto que no le esperaba un futuro fácil pero no podía rendirse sin haberle plantado cara a la enfermedad. Iba tan sumida en mis pensamientos que, casi sin darme cuenta, estaba de nuevo en la puerta del hotel. Subí a la habitación con la intención de darme una ducha y de tratar de hablar con mi madre.

La encontré sentada en el sofá del enorme salón de nuestra *suite* con un libro en la mano. Tenía el mismo aspecto elegante de siempre aun estando en pijama. Probablemente hubiera pasado el resto del día encerrada en la habitación y, aunque había sido ella la que había insistido en regresar al hotel, no pude evitar sentirme un poco culpable por ello.

—Hola, ¿te apetece que salgamos a cenar? —dije del modo más conciliador posible.

—Ya he cenado. Gracias —respondió con un tono tan cortante que me dejó claro que no quería hablar.

—Podríamos pedir helado o chocolate y elegir alguna película en la tele. —No pensaba rendirme tan pronto.

—Creo que me iré pronto a la cama. —Parecía que no tenía ninguna intención de ponerme las cosas fáciles.

—Madre... ¿Esto va a durar mucho tiempo?

—Eso depende de ti.

—¿De mí? —dije muy sorprendida—. Te recuerdo que no he sido yo quien se ha levantado del café y ha salido huyendo como alma que lleva el diablo.

—No he huido. Me he venido a descansar.

—Claro, claro.

—¿Qué es lo que pretendes? —dijo apartando la vista por primera vez del libro que sostenía entre las manos.

—Lo único que quiero es que no te rindas y que no dejes de vivir antes de lo necesario.

—Y eso lo decides tú, ¿verdad?

—Si es necesario, sí —respondí con firmeza.

—¿Qué hay de lo que yo quiero?

—Es imposible que tu deseo sea irte de este mundo después de lo que has luchado para estar en su cima.

Pude ver la sorpresa en los ojos de mi madre. Probablemente se esperaba otro tipo de respuesta. Luego me miró fijamente como si estuviera calibrando una respuesta con todo lujo de detalle.

—¿Qué sugieres que haga?

—Ya te lo he dicho antes. Quiero que te enfrentes, que nos enfrentemos a esto juntas. Puede que las cosas no sean tan malas como nos las han pintado. No a corto plazo —dije empezando a sentir que, tal vez, hubiera un hilo de esperanza.

—Si esperas que la ciencia se equivoque ya puedes hacerlo sentada.

—Sé que no lo hace, pero ¿cuántas veces ni los propios médicos han sido capaces de explicar cómo una persona ha resistido una enfermedad mucho más tiempo de lo que ellos habían previsto?

—¿Y voy a ser yo esa excepción? —dijo con incredulidad.

—Has sido la excepción en muchas cosas de tu vida. ¿Por qué no lo puedes ser en esta?

Incluso yo misma me sorprendí de la brillante respuesta que acababa de ofrecerle. Esperé a que me respondiera con alguna frase hiriente pero no lo hizo. Se me quedó mirando a los ojos y yo le sostuve la mirada. Aquella era mi oportunidad de mostrarle lo fuerte que podía llegar a ser, y lo dispuesta que estaba a mantenerla con vida, aunque tuviera que echar mano incluso de la justicia.

—Te propongo algo —dijo después de varios minutos en silencio—, pero antes tienes que prometerme que lo cumplirás sin rechistar.

—No voy a prometer nada sin antes saber qué es —respondí mientras sentía que estaba empezando a ganar la batalla.

—¡Por Dios, eres más cabezota que yo! —Una carcajada se escapó de mi garganta en cuanto escuché aquellas palabras. Era la primera vez en mi vida que mi madre confesaba abiertamente que era mejor que ella en algo—. ¿Te diviertes?

—Mucho. Pero, por mucha gracia que me haga lo que acabas de decir, no te voy a prometer nada sin saber de qué se trata. De ti depende. —Pude ver un destello de rabia y frustración en los ojos de mi madre. Sin embargo, era una mujer muy inteligente y sabía que, si quería salirse con la suya, tenía que darme algo a cambio.

—Me enfrentaré a esto como tú quieres que lo haga. A cambio, tú dejarás que me quite de en medio en el mismo instante en el que te diga que no puedo soportarlo más —dijo con muchísima frialdad.

—¿Vuelves a pedirme que te ayude a morir?

—No. Lo único que te pido es que respetes mi voluntad. Yo acepto intentarlo. Acepta tú el resto en el caso de que no lo consiga.

La puerta que creía haber abierto parecía que se volvía a cerrar. En parte me estaba concediendo lo que yo quería, aunque colocaba sobre mis hombros el peso de la responsabilidad en el caso de que no lograra salir adelante. Mi primer impulso fue decirle que no, que seguía pensando que no tenía ningún derecho a quitarse la vida y que yo no quería tener nada que ver con aquello. Sin embargo, dediqué unos segundos más a meditar el asunto. Era obvio que, si le decía que no, perdería cualquier oportunidad con ella. También era consciente de que no podía decirle que sí y, cuando llegara el momento, confesarle que la había engañado. No me parecía ético. Mi madre estaba dispuesta a hacer una concesión. Aquello suponía un gran avance en tan solo unas pocas horas. Ahora la cuestión era si yo sería capaz de hacer la que me ella me estaba pidiendo. En cualquier otra circunstancia hubiera necesitado semanas o meses para meditar una respuesta. Pero era consciente de que el tiempo no era algo que me sobrara.

—De acuerdo —dije al fin—. Tú pondrás todo de tu parte y seguiras a rajatabla todos los tratamientos a los que te sometan. Yo misma te llevaré a Suiza si llega el momento en el que realmente estés sin fuerzas para continuar.

Una amplia sonrisa se dibujó en los labios de mi madre. Tuve la impresión de que sentía la felicidad de la victoria. Probablemente estaría pensando en que ya había ganado, pero sin duda alguna, no contaba con mi capacidad de lucha ante las adversidades. Ella misma, con su actitud a lo largo de toda mi vida, se había encargado de hacerme fuerte. Ahora iba a comprobar hasta qué punto iba a ser capaz de llegar para no dejarla marchar. No volvimos a mencionar el tema el resto de la noche que, finalmente, pasamos comiendo helado y viendo películas antiguas en nuestra *suite*.

A las siete de la mañana del día siguiente ya estábamos listas para salir a recorrer las calles de Florencia. Entre mi madre y yo habíamos escogido los lugares que nos apetecía visitar entre los que se encontraba la Galería de los Ufizzi, el Duomo, el Puente Vecchio y elJardín de Bóboli. Cuando salimos a la calle volví a sentir la misma emoción del día anterior y la fascinación por cada uno de los lugares que íbamos viendo. A mediodía ya habíamos visto los monumentos más destacados de la ciudad y, como hacía un tiempo estupendo, mi madre propuso ir a comer a al Jardín de Bóboli, ubicado en la otra orilla del Arno. Poco antes de llegar nos detuvimos en un bar diminuto. Mi madre entró y, poco después, salió con una bolsa enorme en la mano.

—¿Qué es eso? —dije sin poder controlar la curiosidad.

—El mejor almuerzo del que vas a disfrutar en toda tu vida —respondió ella dejando en el aire cierto halo de misterio.

Recorrimos los escasos metros que nos separaban de la entrada del jardín y, nada más traspasar las puertas y el inmenso patio de piedra que encontramos en el interior, apareció ante mis ojos uno de los jardines más espectaculares que yo había visto. A pesar que casi era invierno, el verde del césped se extendía hasta donde alcanzaba la mirada como también lo hacían las estatuas, fuentes y otros elementos decorativos que reclamaban mi atención.

—Ven, te llevaré a la zona de los rosales —dijo mi madre entusiasmada.

—¿Cuántos años decías que llevabas sin venir por aquí?

—Bastantes, pero hay cosas que, por mucho tiempo que pase, no se olvidan —se limitó a responder mientras echaba a andar.

La seguí y vi cómo atravesaba caminos y dejábamos atrás jardines con diferentes estructuras y formas. Me di cuenta de que estábamos subiendo a través de la montaña y, cuando miré hacia atrás, me quedé maravillada con la vista de los tejados de los edificios de la ciudad rematados por la cúpula del Duomo y la torre del Palacio Vecchio. Sin embargo, mi madre siguió andando mientras me aseguraba que tendríamos tiempo de disfrutar de todo aquello más tarde. Caminamos durante casi veinte minutos hasta que llegamos a una zona en la que había un pequeño invernadero, un sendero y rosales en flor por todas partes. Su aroma y su belleza me embriagaron de inmediato. Sin duda, aquel era un lugar mágico y, a juzgar por cómo lo miraba mi madre, intuí que debía tener algún significado especial para ella.

A continuación, nos sentamos en un pequeño banco de piedra y nos quedamos en silencio completamente sobrecogidas por lo impresionante del lugar. La luz del sol nos bañaba el rostro. Apenas corría el aire. De pronto parecía haberse generado una especie de primavera con la que las dos estábamos encantadas. El tiempo se detuvo a nuestro alrededor y nada más importaba.

—Me muero de hambre —dijo mi madre después de un buen rato—. Disfrutemos de una de las mejores *focaccias* de esta ciudad. Están tan buenas que creo que incluso son pecado. —Acto seguido me tendió un paquete bastante grande y perfectamente cerrado. Extrajo otro del interior de la bolsa y lo colocó en su regazo. Luego sacó una botella de Chianti y un abridor. Desde luego había pensado en todos los detalles—. Anda empieza a comer que como se enfríe demasiado pierde sabor.

La obedecí y, con mucho cuidado, empecé a desenvolver el paquete que sostenía entre las manos. Enseguida empezó a llegarme el olor de pan recién hecho mezclado con especias, verduras y algo más que, en aquel momento, no supe identificar. Cuando di el primer mordisco sentí que acababa de llegar al paraíso. Sorprendida por la variedad de sabores y texturas que se deshacían en mi boca miré a mi madre.

—Una «Fabulosa». La mejor *focaccia* con salami, berenjenas, alcachofas, especias y salsa blanca que vas a encontrar en toda Italia —dijo mi madre sin dejar de sonreír—. Y espera a combinarla con el vino porque entonces sí que va a estar buena de verdad.

Cogí el vaso de plástico que me ofrecía y di un buen trago. Mi paladar reaccionó a la mezcla de sabores que se produjo en el interior de mi boca. Fue simplemente perfecto.

—¿Qué te había dicho? —Mi madre estaba exultante. Tanto que, por un momento, se me cruzó por la mente, la idea de que estuviera a punto de ser víctima de otro de sus ataques. Enseguida aparté aquello de mi pensamiento. Por muy raro que se me hiciera verla así, di por sentado que también tendría sus momentos de felicidad y que probablemente este fuera uno de ellos.

Comimos en silencio disfrutando del entorno y de la sensación de libertad que provoca estar alejada de la rutina. Durante un buen rato conseguí no pensar en nada, algo que hacía mucho tiempo que no me pasaba. Cuando terminé mi *focaccia* alargué la mano en dirección a la botella de Chianti y comprobé que estaba vacía.

—Ha muerto en combate —dijo mi madre divertida.

—Se supone que no puedes beber —respondí en un tono bastante jovial probablemente fruto del vino que llevaba en el cuerpo.

—Claro que tú llevas con agua todo el día.

Las dos nos miramos y empezamos a reírnos. En aquel momento una mujer acompañada por una adolescente pasó por delante de donde nos encontrábamos y nos miró. Luego sonrió y dirigió la mirada a la joven que caminaba a su lado con clara actitud de desgana.

—Se le pasará con el tiempo —dijo mi madre como si le hablara al viento, aunque estaba bastante claro a quién se estaba dirigiendo.

—¿Usted cree? —respondió la desconocida con un tono de cierta incredulidad.

—No puedo afirmarlo con seguridad. De todos modos, si la vida no hace que cambie de actitud, no permita que nada le amargue la existencia.

—Sabio consejo —dijo la desconocida al tiempo que esbozaba una leve sonrisa—. Lo tendré en cuenta.

Las vi alejarse a ambas a través del pequeño sendero que cruzaba el jardín repleto de rosales. Luego miré a mi madre.

—¿Qué pasa ahora?

—Nada... No conocía esta faceta tuya —respondí divertida.

—¡Hay tantas cosas que desconocemos!

—Desde luego... —dije esperando a que mi madre dijera algo más. Pero no lo hizo.

Cuando regresamos al hotel estábamos agotadas, pero al mismo tiempo felices. Habíamos pasado un día entero sin haber discutido e incluso podía afirmar que las dos nos habíamos sentido cómodas en compañía de la otra. Aquello, sin duda alguna, ya suponía un gran avance.

CAPÍTULO 17

Carmen no podía dormir. Había pasado un día maravilloso en compañía de su hija algo que, hasta hacía unos días, le hubiera parecido imposible. No sabía en qué momento exacto se había distanciado de ella, como tampoco conocía con certeza el motivo que la había llevado a alejarla. Lo que sí que tenía claro era que era responsabilidad suya. Iris llegó en un momento en el que las cosas comenzaron a precipitarse y la vida que con tanto empeño había programado desde que era apenas una adolescente, se derrumbó en cuestión de semanas.

Había conocido a Miguel en un vuelo con destino a Londres. Ella iba a presentar por primera vez uno de sus diseños en un desfile al que también acudirían destacados diseñadores, y estaba histérica. Tal era su nerviosismo que hasta el joven moreno que iba sentado en el asiento de al lado se percató de ello. Él lo atribuyó a que la chica tan guapa que tenía junto a él debía de tener miedo a volar. De modo que le ofreció conversación. Durante más de dos horas ambos hablaron de muchísimas cosas y, cuando se dieron cuenta, estaban aterrizando en la capital inglesa. Llegaron juntos a la parada de taxi. Allí se intercambiaron sus tarjetas de visita más por cortesía que por otra cosa y luego se despidieron.

Carmen no volvió a pensar en él hasta después del desfile. Su diseño había sido todo un éxito y varios modistos se habían interesado por ella. Paseaba por Oxford Street durante el último día de su estancia en aquella ciudad mientras pensaba en hacia dónde quería dirigir su carrera profesional. ¿Estaba dispuesta a seguir trabajando para otros o, lo que le apetecía de verdad era poner en marcha su propia firma de moda? Aquellas eran las ideas que cruzaban su mente cuando vio a una pareja joven hacerse la típica foto de recuerdo junto a una cabina de teléfonos. Fue entonces cuando se dio cuenta de que no había celebrado con nadie el éxito que acababa de cosechar. Esperó a que los jóvenes se alejaran, sacó la tarjeta de su bolso, descolgó el auricular y, pocos segundos después, escuchó la voz de Miguel.

Una hora después él llegó al *pub* del Soho en el que habían quedado. Llevaba un abrigo azul marino y, en cuanto se lo quitó, Carmen contempló entusiasmada que llevaba un traje de corte italiano. Aquel hombre no era guapo, pero tenía algo especial que ella definió como clase. Se saludaron con dos besos en la mejilla. Él pidió dos pintas de cerveza y, pasados unos pocos minutos, estaban conversando como si se conocieran de toda la vida.

Miguel le explicó parte del trabajo que realizaba en Londres para un gran banco español mientras que Carmen hizo una breve referencia a su trabajo en el mundo de la moda. Él se quedó fascinado por todo lo que le contó. En realidad, llevaba pensando en ella desde que la había dejado en el aeropuerto y estaba feliz de que le hubiera llamado para tomar una copa.

La primera cerveza dio paso a otra y a otra más hasta que él propuso ir a cenar antes de que el alcohol empezara a causar estragos. Caminaron sin dejar de charlar hasta un pequeño restaurante paquistaní en el que disfrutaron de una cena deliciosa. La noche continuó con unas cuantas copas en un *pub* cercano. Un par de horas después los dos estaban haciendo el amor en la habitación del hotel en el que se alojaba Carmen. Estuvieron despiertos hasta el amanecer y, aunque él insistió en acompañarla a coger su vuelo de regreso a Barcelona, ella prefirió que se despidieran allí. Miguel era un tipo maravilloso, pero en aquel momento de su vida, ella no tenía tiempo para una relación.

Cuando regresó a la ciudad, Carmen retomó su ritmo habitual de trabajo, aunque había algo diferente en ella. No conseguía sacar de su mente la noche que había pasado con Miguel. Al principio trató de convencerse de que se le pasaría en unos cuantos días. Cuando después de dos meses se descubrió de nuevo pensando en él, empezó a contemplar la posibilidad de que tal vez aquel hombre no fuera uno más en su vida. Una tarde, mientras se tomaba una copa en una terraza con varios redactores de una revista de moda bastante conocida, se fijó en un tipo moreno muy elegante que disfrutaba de un Martini mientras leía un libro. Le llamó la atención las estupendas Ray-Ban que llevaba. El modelo clásico de aviador que a ella tanto le gustaba. El hombre miró hacia ella y le sonrió. Su cara le resultó familiar, pero no se dio cuenta de quién era hasta que él se quitó las gafas. Su corazón empezó a latir con fuerza en cuanto vio que se trataba de Miguel.

A partir de aquel instante se convirtieron en inseparables. Poco a poco empezaron a trazar un futuro en el que los dos serían inmensamente felices. Viajarían por todo el mundo y disfrutarían el uno del otro sin el compromiso y las renuncias que suponían las cargas familiares. A los dos les gustaba demasiado su independencia y también estaban muy entregados a sus respectivas carreras profesionales. Se prometieron el uno al otro que las cosas nunca cambiarían, que serían una de esas parejas que le saca a la vida todo el jugo posible y que lo harían sin ataduras, es decir, sin hijos que les cortaran las alas y de los que tuvieran que estar pendientes. Apenas unos meses después estaban viviendo juntos y, una tarde de finales del mes de julio, se casaron en una pequeña iglesia de la Costa Brava. Solo estuvieron acompañados por los familiares más íntimos y todo salió como ellos esperaban: perfectamente. Los primeros meses de convivencia fueron para ambos una auténtica luna de miel. A pesar de todas las horas que trabajaban, siempre encontraban fuerzas y tiempo para hacer algo divertido. Sin embargo, el día de su primer aniversario todo cambió.

Hacía tiempo que Carmen no se encontraba demasiado bien y lo achacaba a todo lo que se estaba esforzando por poner en marcha su propia firma de moda. Le había ido restando importancia al asunto hasta que un día se desplomó sobre su escritorio. Cuando se despertó estaba tumbada en una cama de hospital escuchando como un médico le decía que, a partir de aquel momento, tenía que empezar a cuidarse porque estaba embarazada. Ella se sintió la mujer más feliz del mundo y se moría de ganas de llegar a casa para poder contárselo a su marido. Sabía lo que un tiempo atrás habían hablado sobre el hecho de tener familia, pero estaba convencida de que Miguel aceptaría con la misma ilusión que ella a un ser que había surgido del amor que ambos se profesaban.

Cuando llegó al pequeño apartamento en el que vivían fue directa a la cocina con la intención de preparar una cena especial para ambos. La noticia que acababa de recibir era maravillosa y quería que, el momento de contárselo a Miguel, fuera inolvidable. Pasó el resto de la tarde poniéndolo todo a punto y, a las nueve de la noche, cuando él llegó, Carmen lo esperaba sonriente en la cocina. En cuanto la vio, fue directo hacia ella y la besó con pasión. Tanta que casi estuvo a punto de olvidarse que tenía que contarle la gran noticia.

—Vamos a cenar —dijo muy ilusionada—. Tengo algo que contarte.

—¿Has conseguido el alquiler del local al precio que querías?

—No. Lo que tengo que contarte es incluso mejor —respondió sin poder ocultar su nerviosismo.

—Me muero de ganas de oírlo.

—Verás... ¡Estoy embarazada! —dijo casi gritando y sin poder controlar su emoción.

Durante los primeros segundos se hizo el silencio en la cocina. Y eso no varió un ápice durante los minutos siguientes. Poco a poco las caras de ambos se fueron transformando. La de ella fue pasando de la inmensa felicidad a la incomprensión más absoluta. La de él de la sorpresa al desprecio.

—Miguel, ¿qué pasa? —consiguió decir Carmen después de un buen rato.

—¡No puedes estar embarazada! —respondió él en un tono de voz demasiado elevado.

—Pues lo estoy. ¿Acaso no te alegras? —dijo sin comprender por qué su marido estaba reaccionando de aquel modo.

—¿Tengo cara de querer traer hijos al mundo? ¿No se suponía que estabas haciendo todo lo posible para evitarlos? Creía que tú tenías claras cuáles eran nuestras prioridades como pareja. ¡Las mujeres sois todas iguales! Vais de independientes y de liberales, pero en cuanto cazáis a un hombre os aseguráis de atarlo a vuestro lado para siempre utilizando la sucia artimaña del embarazo.

Aquellas palabras golpearon el interior de Carmen con tanta fuerza que empezó a sentirse mareada y notó que las piernas le temblaban. Menos mal que estaba sentada porque, en caso contrario, se hubiera desplomado. ¿Qué estaba pasando? ¿Por qué se estaba comportando su marido de aquel modo? Se pellizcó un par de veces para comprobar que estaba despierta y que lo que acababa de escuchar no formaba parte de una pesadilla. Sintió el dolor sobre su piel. Por desgracia estaba despierta.

—¿Por qué me dices todas estas cosas tan horribles?

—Porque me has decepcionado y no sabes hasta qué punto.

—Miguel —dijo Carmen al borde de las lágrimas—, explícame que es lo que te pasa, por favor.

—Me has engañado. Me has hecho creer que pensabas como yo, que tenías mis mismas inquietudes. Ahora resulta que eres igual de zorra que las demás —respondió él cargado de odio y desprecio.

—Yo lo único que he hecho durante todo este tiempo ha sido quererte.

—Y de paso asegurarte de que iba a quedarme a tu lado para siempre.

—¿Cuándo te casaste conmigo pensabas irte a alguna otra parte? —dijo Carmen en un intento de comprender todo lo que él le estaba diciendo.

Miguel no respondió. Tan solo se limitó a mirarla durante un buen rato. Con cada minuto que pasaba, ella se iba sintiendo cada vez más angustiada al tiempo que en su mente empezaba a fraguarse una idea que la aterrorizaba. Su marido no podía ser una persona tan perversa y cruel. Permanecieron en silencio hasta que a Carmen empezó a hacérsele insoportable.

—¿Qué es lo que tanto te molesta de todo esto?

—No quiero ataduras, no quiero responsabilidades. He trabajado muy duro a lo largo de toda mi vida y ahora simplemente quiero... disfrutar —dijo Miguel con una frialdad que a ella le rompió el corazón.

—¿Y entonces por qué te comprometiste conmigo? ¿Acaso el matrimonio no implica adquirir una responsabilidad hacia otra persona?

—¡No seas idiota, Carmen! Una boda no es más que un estúpido trámite herencia de un país que ha estado gobernado por curas y santurrones durante décadas. ¿O acaso tú crees en todas esas gilipolleces de la fidelidad, y «en la salud y en la enfermedad»?

—Yo en lo que creo es en el amor entre dos personas y en cómo, en un momento determinado de sus vidas, deciden unirse para disfrutar de él.

—Y tener todos los hijos que el Señor les mande, ¡no te jode! —Miguel estaba completamente fuera de sí—. Voy a dejarte clara una cosa —dijo cerrando sus dedos con fuerza alrededor del brazo de ella—, me quedaré a tu lado porque no me conviene el escándalo de un divorcio. Pero quiero que sepas que, a partir de este momento, estás sola. No volveré a dormir contigo, ni a tocarte. Solo asistiré en tu compañía a los eventos en los que sea imprescindible que lo haga. Y con respecto a eso —dijo señalando con la vista su vientre aun plano— le proporcionaré ropa, alimentos y una buena educación. Nada más.

Después de pronunciar aquellas palabras Miguel se levantó de la silla con tanto ímpetu que volcó las copas de cristal que había sobre la mesa. Al entrar en contacto con la madera estallaron en mil pedazos al mismo tiempo que lo hacía en corazón de Carmen. Ella no dijo nada. Tampoco hizo ademán de ir tras él. Se sentía completamente aturdida, destrozada por dentro y terriblemente sola. Cuando encontró la fuerza suficiente para ponerse en pie se preparó una tila. Necesitaba tranquilizarse y tener la mente despejada. Debía tomar una decisión. A la mañana siguiente se sentía como si cargara con todo el peso del mundo sobre sus hombros. Pero, al menos, tenía las ideas claras: pensaba seguir adelante con aquel embarazo. Miguel podía pensar lo que le diera la gana, pero ella no iba a deshacerse de la vida que había en su interior. Ya vería más adelante cómo solucionaba las cosas con él.

Carmen notó que las lágrimas le resbalaban por las mejillas. Hacía más de treinta años de aquello y todavía le seguía doliendo. Sabía que no podía dejarse llevar por la tristeza, el resentimiento o cualquier otra emoción negativa. Había ido a Italia con un propósito concreto y estaba dispuesta a cumplirlo. Lo único que en aquel momento le preocupaba era si sería capaz de hacerlo antes de empezar a olvidar. Miró el reloj que descansaba sobre la mesilla de noche. Eran las siete y diez de la mañana. Ya no valía la pena intentar conciliar el sueño. De modo que descolgó el teléfono y pidió al servicio de habitaciones un desayuno completo para dos. Luego fue en dirección al cuarto de baño donde se tomó la medicación y se preparó para la jornada que tenían por delante.

* * *

Hacía un rato que estaba oyendo cómo mi madre se movía por la *suite*, pero me sentía tan cómoda bajo las sábanas de la enorme cama en la que había dormido, que no me apetecía moverme. Escuché cómo alguien golpeaba la puerta con los nudillos y, a continuación, mi madre entró en mi habitación.

—Iris, arriba. Acaban de traer el desayuno.

—Ya voy —respondí con cierto malhumor ya que no entendía por qué teníamos que madrugar tanto si estábamos de vacaciones.

Cuando salí al salón encontré la mesa perfectamente dispuesta no para un desayuno, sino para un banquete. Lo primero que me llamó la atención fueron las dos tazas que desprendían un aroma a capuchino recién hecho. El café estaba acompañado por zumo de naranja recién exprimido, también había *cornetto* rellenos de chocolate y crema, *ciambelle*, una versión italiana de los donuts y todo tipo de panes, quesos, fiambres y mermeladas que tenían un aspecto delicioso. No sabía si es que los italianos comían así o si todo aquello había sido obra de mi madre. Sin embargo, en cuanto me di cuenta de que ella estaba sonriendo, supe la respuesta.

—¿Es que ahora vas a dedicarte a diseñar tallas especiales? —dije mientras paseaba la vista por todos los platos que había sobre la mesa y que tenían un aspecto delicioso.

—El desayuno es la comida más importante del día.

—Me parece que aquí están todas las calorías que debe consumir una persona en una semana, más o menos —respondí al tiempo que me sentaba en la silla dispuesta a dar buena cuenta de todo aquello.

—Un exceso como este tampoco creo que nos pase factura. Además, hoy tenemos un día muy largo por delante.

—¿Y eso? —dije mientras me llevaba a la boca un trozo de pan.

—He pensado en que tal vez te apetezca conocer los pueblos de los alrededores. La auténtica Toscana.

—Estaría bien una escapada al interior, sí. ¿Está muy lejos?

—Unas pocas horas de coche entre ir y volver. Aunque si lo prefieres podemos alojarnos en algún hotel rural —dijo mi madre pretendiendo que el comentario fuera casual aunque a mí no me la iba a colar tan fácilmente.

—¿A dónde quieres ir exactamente?

—Hoy podríamos visitar Lucca y Siena. Pasamos la noche fuera y ya mañana vamos a la zona de Grossetto. ¡Hay unas playas preciosas allí!

—Mamá estamos casi en diciembre. Lo de la playa creo que podemos obviarlo —respondí al tiempo que me servía una generosa ración de huevos revueltos.

—No pretendo que nos bañemos. Solo que veas un paisaje que no vas a olvidar jamás.

—De acuerdo —respondí sin más—. Siempre y cuando volvamos aquí para poder recorrer cada rincón de esta ciudad.

—No hay problema —dijo mi madre con una sonrisa triunfal en el rostro.

—Bien, en cuanto terminemos de desayunar pediré información sobre los horarios de trenes y autobuses.

—¿No te apetece conducir? Así podremos parar donde nos apetezca sin estar pendientes de seguir un horario.

Medité su propuesta durante unos minutos. Desde que habíamos llegado a Florencia no había tenido ningún síntoma extraño. Parecía estar perfectamente normal. Si cogíamos el transporte público yo me aseguraba poder acceder con facilidad a un hospital en caso de que sucediera algo. Si, por el contrario, viajábamos por nuestra cuenta, estaríamos abandonadas un poco a nuestra suerte en caso de que surgiera algún contratiempo. En cualquier caso, estábamos en Italia y no íbamos a adentrarnos en lugares poco poblados, quería estar segura de que, en el caso de que sucediera algo, podríamos encontrar ayuda.

—Está bien. Conduciré yo, pero cogeré unos mapas antes de salir. No quiero terminar en una montaña rodeada de cabras y vacas.

—Tranquila. Sé a dónde voy —respondió mi madre con la mirada un tanto perdida y con aquella sonrisa enigmática que ya le había visto en más de una ocasión.

Cuando terminamos de desayunar me apetecía mucho más echar una siesta que sentarme en un coche a conducir. Pero mi madre no parecía muy dispuesta a permanecer en la habitación durante mucho más tiempo. Me di una ducha rápida, metí varios conjuntos de ropa en el bolso de mano y me aseguré de llevar encima el teléfono móvil. Cuando entré en la zona común de la *suite* no había ni rastro de mi madre. Seguramente la encontraría en la recepción con todo ya organizado.

Cuando llegué al *hall* la encontré hablando con el director del hotel. En cuanto este me vio llegar me sonrió de forma excesiva, pero me esforcé por no darle mayor importancia.

—Ya está todo listo —dijo mi madre mientras jugueteaba con los dedos con un juego de llaves—. Angelo nos ha facilitado uno de los coches del hotel para nuestra excursión. ¿No es un encanto?

—Muchas gracias —me limité a responder.

—Un placer. Espero que se diviertan en esta visita por los alrededores de la ciudad. Hay lugares realmente preciosos.

—Seguro que lo haremos —dijo mi madre con energía—. No se olvide de poner flores frescas en nuestra *suite* cada día. ¿De acuerdo?

—No se preocupe. Cuando regresen lo encontrarán todo en orden, doña Carmen.

—¡Perfecto! En ese caso, vámonos. —Mi madre le dedicó una sonrisa deslumbrante al director del hotel y, a continuación, empezó a caminar con paso decidido en dirección a la salida donde ya estaba listo el vehículo en el que íbamos a viajar.

Un imponente Mercedes CLX blanco. Aquel era el coche con el que nos íbamos a pasear por la Toscana. «Muy discreto» pensé divertida al mismo tiempo que se adueñó de mí la emoción. Siempre había querido conducir un coche deportivo como aquel y ahora iba a tener la oportunidad de hacerlo. Un chico muy joven nos abrió la puerta en cuanto nos vio. Cuando me senté, el tapizado de piel del asiento del conductor se adhirió a mi cuerpo y me envolvió una sensación de tremenda comodidad. Introduje la llave en el contacto y el motor comenzó a sonar. Aquello era música para mis oídos. Qué suavidad y qué perfección. Acomodé los mapas en la enorme bandeja que descansaba junto al cambio de marchas y emprendí rumbo hacia Lucca.

Ochenta kilómetros nos separaban de nuestro primer destino si lograba conducir sin perderme. Era una de mis especialidades cuando me adentraba en carreteras desconocidas. Pero, gracias a ella, desde que aprendí a conducir había descubierto paisajes insólitos y pueblos maravillosos. Así es que, en el fondo, tenía que darle las gracias a mi pésimo sentido de la orientación. En cuanto dejamos atrás la ciudad el paisaje cambió por completo. La tierra a nuestro alrededor comenzó a adquirir un tono más rojizo y las primeras colinas se alzaron frente a nuestros ojos. Estaba segura de que si bajaba la ventanilla del coche olería a vides y a olivos. De nuevo me sorprendió lo verde que estaba todo para aquella época del año. Lo atribuí a la ausencia de frío. Era como si la primavera se hubiera adelantado al mes de noviembre y todo estuviera en plena ebullición. No había demasiado tráfico así es que, tanto mi madre como yo, pudimos ir haciendo comentarios sobre lo que íbamos viendo. Por suerte para mí fui capaz de seguir todas las indicaciones del mapa y, poco más de una hora después, estábamos entrando en Lucca.

Me quedé tan impresionada con las murallas que la envolvían que estuve a punto de olvidar que todavía estaba conduciendo. Era una de las primeras construcciones de ese tipo que veía absolutamente intacta, como si la hubieran hecho el día anterior.

—Aquí todo es perfecto. ¿Sabes por qué? —dijo mi madre sin apartar la vista del paisaje.

—No.

—Nunca nadie se atrevió a atacar esta ciudad. Por eso parece que el tiempo se haya detenido. Tal vez lo haya hecho.

—¿A qué te refieres?

—Ya lo verás.

Conseguí aparcar el coche sin demasiados problemas. Como todavía era temprano no había demasiados turistas. Si a aquello le añadíamos que mi madre volvía a saber a la perfección hacia dónde nos dirigíamos, cuando me di cuenta estaba en pleno centro. De nuevo la sensación de haber viajado en el tiempo me invadió. Acababa de llegar a la Edad Media. Allá donde fijara la vista encontraba torres e iglesias a cuál de ellas más impresionantes. Pensé entonces que necesitaría meses enteros para empaparme de la belleza y de la historia de esa ciudad. Lamentablemente no iba a poder hacerlo. De modo que tendría que aprovechar nuestras horas allí para ver lo máximo posible.

Mi madre comenzó a andar mientras me explicaba la historia de los edificios que nos rodeaban y de las calles por las que íbamos paseando. Yo no la tenía por una persona inculta, ni mucho menos. Pero nunca hubiera dicho que sus conocimientos de historia fueran tan amplios. Cada vez que yo le formulaba una pregunta sobre algo concreto, encontraba la respuesta e incluso me ofrecía más detalles. Estaba fascinada y fue entonces cuando sentí con fuerza la crueldad de lo que estaba a punto de suceder. Llegaría un momento en el que todo el conocimiento que ahora ella estaba compartiendo conmigo desaparecería de su mente. Sin pensármelo dos veces saqué un cuaderno que llevaba en el bolso y empecé a anotar.

—¿Qué estás haciendo? —preguntó mi madre un poco molesta al ver que frenaba el paso.

—Anotar lo que dices y fotografiarlo todo.

—¿Para qué?

—Para que podamos recordarlo —dije con lentitud.

Ella se limitó a asentir intentando dar la sensación de que no le habían afectado mis palabras. Yo me limité a seguirla sin dejar de poner por escrito todo lo que me iba pareciendo interesante. Cuando oímos que el reloj de una iglesia cercana daba la una nos miramos con sorpresa. El tiempo había pasado volando y, para qué negarlo, estábamos hambrientas. Por suerte nos encontrábamos justo en la puerta de una pequeña *trattoria* y entramos sin dudarlo. Mi madre se encargó de pedir por la dos y se lo agradecí. El estómago me rugía con tanta fuerza que apenas podía pensar.

—Cualquiera diría que no hemos desayunado —dije sonriendo.

—Aquí da igual cuánto comas. Siempre se tiene hambre. Debe de ir con el clima —respondió ella con total normalidad.

—¿Siempre que vienes a Italia comes así?

—No. Solo cuando paseo por la Toscana.

—¿Cuándo fue la última vez que estuviste aquí?

—Hace treinta años.

—¿Estás segura? —dije con muchísima sorpresa.

—Segurísima. ¿Por qué?

—Pues porque te paseas por este pueblo como si viveras aquí —respondí al tiempo que me sentía bastante intrigada.

—Eso debe ser porque pasé un tiempo en esta zona hace precisamente treinta años.

Estaba confundida. Mi madre jamás había hablado ni de Florencia ni de los pueblos de la Toscana. Me sorprendió mucho que conociera tan bien la historia y los edificios de un lugar en el que aseguraba haber estado hacía tres décadas. Además, aquel entorno no tenía nada que ver con el mundo de la moda. ¿Qué se suponía que había ido a hacer allí? Me moría de curiosidad, pero era consciente de que, si se lo preguntaba de forma directa, saldría con alguna de sus evasivas. Así es que opté por quedarme callada y esperar a que ella decidiera contármelo algún día.

—La vida con tu padre fue un auténtico infierno. —Por poco me ahogo con el vino que estaba bebiendo al escuchar aquellas palabras—. Todavía no me explico cómo fui capaz de soportar aquello —añadió.

Me había quedado tan sorprendida antes su declaración que estaba convencida de que si me pinchaban no me sacaban ni una gota de sangre.

—Nuestros comienzos fueron maravillosos, aunque empezó a odiarme el mismo día en el que supo que estaba embarazada.

—¿De mí? —dije con apenas un hilo de voz.

—Sí. —Sentí que los ojos se me llenaban de lágrimas. Y me aterrorizó pensar que yo podía haber sido la causa del dolor que se entreveía en sus palabas a pesar de los años que habían pasado—. No te agobies —dijo mi madre al percatarse de lo afectada que estaba—. Lo que pasó no tuvo nada que ver contigo.

—¿Y qué pasó? —Nunca habíamos hablado de las circunstancias que habían rodeado la muerte de mi padre. Solo sabía lo que ella me había dicho. Que él había fallecido en un accidente de tráfico, pero jamás conseguí que me ofreciera mayores explicaciones.

—No quiero hablar de eso ahora.

—Perfecto. Me dices que mi padre era una especie de ser despreciable y ahora lo dejas ahí —dije sin ocultar mi enfado.

—Despreciable... No. Solamente fue alguien egoísta que antepuso su carrera profesional y su futuro a todo lo demás. Pero ya hablaremos de eso en otra ocasión —respondió y centró su atención en el fantástico plato de *ravioli* caseros con setas y almendras que acababan de servirle.

Yo había perdido el apetito, pero sabía que no podía montar una escena. No quería hacer nada que la alterara, temía que sufriera uno de sus ataques y termináramos en el hospital. Por suerte, en cuanto me llevé a la boca la primera cucharada de la lasaña de verduras que tenía frente a mí, ya no pude parar de comer. Había mil preguntas que quería hacerle. De repente me había invadido una enorme necesidad de conocer más detalles sobre mi padre, sobre mi vida junto a él. ¿Me quiso? ¿Jugaba conmigo? ¿Qué fue lo que realmente pasó entre ellos? En un momento concreto empecé a sentirme muy agobiada, así es que decidí centrar mi atención en otro tema. Enseguida vinieron a mi mente Paula y Arnau. ¡Cómo los echaba de menos! No había hablado con ellos desde que me había marchado de Barcelona. Les escribiría un *e-mail* en cuanto llegara al hotel. Necesitaba desahogarme.

En cuanto pagamos la cuenta mi madre me instó a emprender rumbo a Siena. Quería llegar a aquella ciudad antes de que hubiera anochecido. Me apenaba mucho tener que abandonar Lucca tan pronto, pero intentaría regresar allí en cuanto tuviera ocasión. Pasamos en silencio las casi tres horas que duró el trayecto hasta llegar a nuestro destino. El sol empezaba a caer cuando volví a dejarme envolver por un nuevo viaje en el tiempo. En cada uno de los rincones que podía ver desde el interior del coche se apreciaba una mezcla maravillosa de románico y gótico. Me sentí fascinada por las plazas y callejuelas. Miré a mi madre tratando de buscar en ella alguna muestra de entusiasmo, pero parecía estar en algún lugar muy lejos de allí.

—¿Qué te apetece hacer? —dije con cautela.

—Creo que deberíamos ir primero al hotel. Luego, si te apetece, puedes dar un paseo por la zona del centro. Estoy segura de que te gustará —respondió con brusquedad.

—¿Y tú qué vas a hacer?

—Me quedaré descansando. Tengo un terrible dolor de cabeza.

Sabía que me estaba mintiendo. Volvía a escapar igual que lo había hecho el día que llegamos a Florencia. Pero, de nuevo, no intenté que cambiara de opinión. Si prefería quedarse sola lamiéndose las heridas que tuviera en su interior, era su decisión y yo iba a respetarla, aunque me doliera verla así.

Seguí las indicaciones que había marcadas en el mapa. Pocos minutos después estábamos frente a un edificio de piedra precioso. Tenía que admitir que el lugar que había escogido Angelo para nosotras era fantástico. Le daría las gracias cuando volviera a verle en la ciudad. Nos registramos sin dificultad. Nos habían asignado una habitación con unas vistas fantásticas a una pequeña plaza. Mi madre y yo compartiríamos en esta ocasión la misma estancia en la que había instaladas dos camas enormes.

En cuanto nos subieron las maletas, me metí en la ducha. Luego me sequé con cuidado, fui al dormitorio y vi que mi madre estaba sentada en el sofá fingiendo que leía. Escogí algo de ropa cómoda, me vestí, me peiné y cogí mi bolso.

—¿Estás segura de que no quieres venir? —dije antes de salir de la habitación.

—Sí. Diviértete —respondió con indiferencia.

—Pienso hacerlo. —A continuación, salí dando un portazo. Empezaba a estar un poco hasta las narices de aquellos cambios de humor suyos. Estaba convencida de que no eran producto de la enfermedad sino de su condenado carácter.

La brisa fresca de la tarde ayudó a que me sintiera un

poco mejor. Saqué el plano del bolso y comencé a caminar calle abajo. Pocos minutos después encontré una vinoteca y entré. Pedí una copa de vino, una ración de *pecorino* y acepté la sugerencia del camarero de probar embutido típico de la zona. Se trataba de un plato compuesto por *Prosciutto di Cinta Senese*, un tipo de jamón que estaba delicioso, *finocchiona* (lomo curado con hinojo y pimienta negra) y *salcicce* de ciervo. A continuación, saqué el portátil, lo coloqué sobre la mesa y empecé a escribir. Durante unos segundos se me pasó por la cabeza la idea de enviarle un *e-mail* solo a Arnau. Necesitaba buenas dosis de la calma con la que él se enfrentaba a las situaciones difíciles. Pero enseguida comprendí que no era una buena idea. Me encontraba tan alterada que existía la posibilidad de que me dejara llevar demasiado por mis emociones. No quería ser vulnerable. No podía permitírmelo y menos con él. Al final opté por la primera idea que había tenido. Mientras cenaba les fui contando todo lo que había sucedido desde que habíamos llegado a Italia. Cuando al cabo de un rato, pulsé el botón para enviarlo me sentía aliviada.

Al regresar al hotel estaba un poco menos enfadada con mi madre. Entré en la habitación y comprobé que dormía. La miré en silencio durante varios minutos y pensé cómo me sentiría yo si me encontrara en su situación. Debía de ser algo terrible saber que, en un futuro no muy lejano, dejarías de ser tú misma. Comprendí entonces lo asustada que debía sentirse y hasta, en cierto modo, justifiqué el hecho de que quisiera quitarse la vida. Desde luego, la idea me seguía pareciendo una barbaridad, pero ¿quién querría un futuro como ese después de haber sido una persona tan creativa y despierta?

CAPÍTULO 18

—Levántate. ¡Nos vamos!

—¿A dónde?

—A Castiglione della Pescaia —respondió ella en un tono de voz elevado probablemente a propósito para conseguir acrecentar mi terrible dolor de cabeza.

—¿Cómo dices? ¿No podemos quedarnos más en Siena?

—He cambiado de opinión.

—No pienso ir a ninguna parte.

—Bien en ese caso encárgate de regresar a Florencia por tu cuenta porque yo me voy.

Pensé que no lo estaba diciendo en serio hasta que oí el sonido de la puerta de la habitación al cerrarse. Salté de la cama como si mi vida fuera en ello y salí al pasillo. Encontré a mi madre perfectamente vestida esperando el ascensor.

—¿Se puede saber qué mosca te ha picado?

—Ninguna. Pero no voy a dejar de ir a un lugar que me apetece visitar solo porque tú no quieras o no entre en tus planes.

—Madre... —dije intentando hacer acopio de paciencia a pesar de lo mal que me encontraba.

—¿Vienes o te quedas? —Mi madre sujetaba la puerta del ascensor con firmeza.

—Voy —respondí presa de un enfado épico.

—Bien. Tienes diez minutos.

Regresé a la habitación y quince minutos más tarde estaba junto a mi madre con un enrome deseo de estrangularla. Después de pagar la factura y de que nos hubieran colocado las maletas en el coche vi cómo ella se hacía cargo de las llaves del vehículo. Tal vez no fuera una buena idea que se pusiera al frente del volante, pero seguía sin tener ganas de discutir con ella. De modo que, me limité a sentarme en el asiento del copiloto. Todavía no habíamos salido de Siena cuando me quedé profundamente dormida.

* * *

Hacía años que Carmen no conducía y menos un coche deportivo como aquel. Solía moverse por Barcelona con un servicio de chófer que funcionaba muy bien y que además estaba presente en casi todas las ciudades que solía visitar por trabajo. Al principio se sintió rara frente al volante, pero después de un cuarto de hora, era como si llevara haciéndolo toda su vida. No le hacía falta consultar ningún mapa. Sabía perfectamente hacia dónde se dirigía. Hacía treinta años que no pisaba aquel lugar, pero era capaz de encontrarlo con los ojos cerrados porque siempre lo había llevado en su corazón. Era consciente de que el progreso también habría llegado a aquel punto de la costa italiana y que, sin duda alguna, muchos de los sitios que recordaba o bien habrían desaparecido o estarían bastante cambiados. Pero tenía que regresar allí. Por lo menos una vez más.

Miró por el rabillo de ojo hacia el lugar en el que Iris dormía profundamente. Sabía que le debía una explicación. Debía contarle aquella historia mientras todavía fuera capaz de recordarla. Su hija había formulado las preguntas adecuadas y, por muy duras que fueran algunas de las respuestas, tenía que dárselas. Había sido ella misma la que había abierto la caja de los recuerdos. Ahora no podía cerrarla sin más. Pero ya se encargaría de eso cuando llegaran a su destino. Tenía casi tres horas por delante para poner todos sus pensamientos en orden y también para prepararse ante lo que pudiera encontrar en el lugar hacia el que se dirigían.

* * *

—Buenos días —dije en cuanto abrí los ojos.

—Ya casi hemos llegado —respondió mi madre con la vista fija en la carretera y con el rostro un poco demacrado.

—¿Te encuentras bien?

—Sí. Solo estoy un poco cansada. Hacía mucho que no conducía durante tanto tiempo.

—¿Quieres que lo haga yo? —Me sentía un poco culpable por haberle dejado todo el peso del viaje a ella.

—No. Solo faltan unos pocos kilómetros.

Miré a través del cristal de la ventanilla y disfruté de nuevo de la variedad de colores del paisaje toscano. Amarillos intensos se mezclaban con verdes y marrones que parecían recién salidos de la paleta de un pintor. Todo lo que veía a mi alrededor me parecía impresionante. Y solo lamentaba no poder pararme en cada uno de los lugares que llamaban mi atención. Poco a poco la carretera se fue haciendo cada vez más estrecha hasta que, unos minutos después, se convirtió en un camino empedrado por el que no se podía transitar a más de cuarenta kilómetros por hora. Yo estaba convencida de que otra bucólica ciudad nos esperaba al final del trayecto, pero al darme cuenta de la ansiedad que se había instalado en el rostro de mi madre, pensé que existía una posibilidad de que el destino escogido por ella no me gustara.

Una montaña rodeada por murallas muy elevadas nos dio la bienvenida. Me quedé casi sin respiración. Aquella reacción empezaba a ser ya habitual en mí desde que había llegado a aquella zona de Italia. Pero es que nunca había visto un castillo tan peculiar como aquel ni en tan buen estado de conservación. Ni siquiera durante mis frecuentes viajes a Escocia había tenido el privilegio de contemplar algo tan maravilloso. A medida que avanzábamos el camino se iba haciendo más elevado. Habríamos recorrido un par de kilómetros más cuando mi madre detuvo el vehículo junto a la muralla.

—Ven. Quiero enseñarte algo —dijo con una mezcla de emoción, nerviosismo y misterio.

La obedecí sin rechistar. Bajé del coche y la seguí a través de un pequeño sendero. El sol lucía en lo más alto y lo iluminaba todo de una forma muy especial. Caminábamos junto a un pequeño bosque lleno de pinos que desprendían un aroma maravilloso. Entonces mi madre se quedó quieta. Miré en la dirección de su mirada: admiré una playa de arena amarilla bañada por un mar de color verde que estaba justo debajo de donde nos encontrábamos. Seguí la línea de costa y mis ojos se posaron en un pequeño puerto pesquero en el que había amarrada una flota de barcos no muy grande. Numerosas casas de color blanco conformaban lo que parecía ser el origen de aquel lugar que se iba haciendo cada vez más moderno a medida que se adentraba en la montaña en la que incluso se podían ver edificios con varias plantas de altura. Castiglione della Pescaia era una combinación de la Edad Media y de la actualidad. A pesar de que entre unas construcciones y otras había setecientos años de diferencia, todo allí encajaba a la perfección.

—Es precioso —dije casi sin darme cuenta.

—Y apenas ha cambiado —respondió mi madre sin poder ocultar la felicidad que sentía en aquel instante.

—Este es uno de los lugares más especiales que he visto nunca. Esta mezcla de siglos, estilos, culturas, pero al mismo tiempo esa...

—Serenidad —dijo ella acabando la frase por mí—. Sí. Esa es una de las razones por las que quería regresar.

Estuvimos un buen rato observando el pueblo desde aquella posición elevada tan privilegiada. También contemplamos el imponente castillo que quedaba justo a nuestra derecha. Después regresamos al coche y pusimos rumbo al hotel que mi madre había reservado. Tal y como me explicó, se trataba de una pequeña casa de huéspedes que se encontraba en el centro del municipio y desde la que podríamos acceder a pie a cualquiera de los lugares de interés que quisiéramos visitar. Yo estaba encantada con la idea de no tener que coger el coche. Empezaba a estar un poco harta de tanto trasiego y agradecí saber que íbamos a olvidarnos de conducir al menos durante unos días.

El alojamiento era más que una simple casa. Mi madre había obviado comentar que se trataba de un palacete, residencia de verano de una familia de la nobleza italiana, durante más de tres siglos. Enseguida nos atendieron y nos llevaron a nuestra habitación. En esta ocasión había una para cada una de nosotras. Cuando entré en la mía respiré hondo y, tuve que admitir que me sentí bastante liberada. No es que me molestara compartir espacio con mi madre, pero estaba encantada de poder disfrutar de un poco de intimidad. Dejé la maleta junto a la cama, descorrí las pesadas cortinas que cubrían la puerta que daba acceso a la terraza y la abrí. Cuando salí al balcón volví a disfrutar de unas impresionantes vistas. A un lado quedaba el castillo y justo frente a mí, la inmensidad del Mediterráneo con su multitud de tonos azulados. Respiré hondo y mis pulmones se llenaron de olor a mar. ¡Cuánto había echado de menos aquel aroma! Después de un rato dejando que mi mente vagara libre mientras me llenaba de sol y de brisa marina, regresé al interior del dormitorio. Me di una ducha rápida para quitarme el cansancio del viaje, me puse ropa cómoda y fui a buscar a mi madre. Era increíble, pero volvía a estar muerta de hambre.

Poco después caminábamos las dos por las empedradas calles de aquel municipio en dirección a un restaurante en el que nos habían asegurado que se servía el mejor *pecorino* de toda Italia. Como hacía un día estupendo pedimos que nos sirvieran el almuerzo en la terraza. Nos trajeron una botella de Chianti y unos entrantes caseros a base de *panzanella* (pan toscano con tomate, cebolla, albahaca y aceite de oliva) y *ribollita*, una sopa de verduras con la cebolla como protagonista que estaba deliciosa.

—Deberíamos ir pensando en beber menos —dije con una sonrisa.

—Habla por ti, yo no tengo intención de apartarme de este vino hasta que volvamos a Barcelona.

—No sé si es demasiado bueno mezclar alcohol con la medicación.

—Malo no es. Todavía no me he puesto verde ni me han salido sarpullidos —respondió mi madre con bastante calma.

—Tengo una duda...

—¿Cuál?

—¿Has viajado en el avión con los porros metidos en tu bolso?

—Sí —se limitó a responder mi madre.

—¿Y qué hubiera pasado si te llegan a pillar? —dije como si fuera yo la madre y ella la hija.

—Creo que un bolso de ocho mil euros me libera de toda sospecha. Además, nunca han matado a nadie por llevar un poco de marihuana. Y yo no iba a ser la primera. —Aquel comentario me sonó tan esnob y prepotente que no pude evitar soltar una carcajada—. Además siempre hubiéramos podido alegar que son para uso medicinal —añadió.

—Claro y la policía es tonta.

—En absoluto. Tengo un documento expedido por el doctor Jacobo Martínez de Ripoll en el que se avala el uso controlado de este tipo sustancias para la enfermedad que padezco.

—Mamá tu médico no se llama Jacobo —dije tratando de disimular la risa.

—Ya, pero eso la policía no lo sabe.

Después de pronunciar aquellas palabras las dos estallamos en sonoras carcajadas. Aquello era el colmo. Mi madre no solo había cruzado los controles de dos aeropuertos con marihuana, sino que además llevaba un documento falso expedido por uno de sus mejores amigos que, por supuesto, no era médico. Algo en mi interior me dijo que no era la primera vez que hacía algo parecido, pero me abstuve de preguntar. No estaba demasiado segura de querer conocer los detalles de las sustancias que había llegado a consumir mi madre a lo largo de toda su vida.

Prácticamente devoramos la comida en cuanto la tuvimos dispuesta sobre la mesa. Después, una vez saciadas, nos quedamos contemplando lo que nos rodeaba y disfrutando de la paz que desprendía cada rincón.

—Iris... —dijo mi madre en apenas un susurro.

—¿Qué? —respondí con los ojos cerrados mientras sentía cómo los rayos del sol acariciaban mi piel.

—Quiero que sepas que tú no tuviste la culpa de nada. —Al oír aquello todo mi cuerpo se puso en tension.

—¿A qué te refieres?

—A lo que pasó con tu padre —dijo con la mirada puesta en el azul del mar.

—Ya sé que no tengo la culpa de que mi padre muriera. No te preocupes. Los accidentes pasan.

—Las cosas nunca suceden porque sí —respondió de forma muy enigmática.

—Creo que no te entiendo...

—Verás, la muerte de tu padre no fue exactamente como tú crees.

Sentí que el corazón me daba un vuelco, que se me encogía el estómago y que la respiración se me aceleraba. ¿Qué era lo que estaba pasando? ¿Por qué de repente tenía la sensación de que tanto mi pasado como el de mi madre estaban llenos de misterios y de verdades que se habían enterrado con el paso de los años?

—Dime al menos que no sigue vivo en algún rincón del mundo —dije temiéndome lo peor.

—No. Está muerto y enterrado en esa tumba que tantas veces has visitado.

—¿Entonces?

—Tu padre no era la persona que te hice creer que era.

—Madre... Eso parece un mal trabalenguas. Además, estás empezando a ponerme muy nerviosa. —Y era cierto. Estaba histérica.

—Cuando empezaste a preguntar por él no tenías edad suficiente para que yo te pudiera explicar la clase de persona que era en realidad. De modo que me inventé a un hombre que nunca existió. Pensé que más adelante te contaría la verdad. Pero la vida fue pasando. Cada una de nosotras tomó un rumbo distinto y bueno... Ahora nos encontramos aquí.

—¿Mi padre es un ser inventado? —En aquel momento sentí tanta angustia y ansiedad que sentí ganas de vomitar.

—Miguel, el hombre, existió. Pero es cierto que maquillé determinados aspectos de su carácter.

—¿Cuántos?

—En realidad... casi todos.

Sentí unas ganas terribles de huir de allí y de alejarme de mi madre tanto como me fuera posible. Durante casi toda mi vida no solo me había privado del amor y el cariño que debe recibir cualquier hijo, sino que además me había hecho creer una gran mentira.

—¿Y si te pregunto ahora por esos detalles me dirás la verdad o te inventarás otro cuento que alivie tu conciencia antes de perderla para siempre?

—Guárdate la maldad para los demás —dijo sin mirarme a la cara.

—Ni siquiera he expresado ni la décima parte de todo lo que siento en este momento.

—Tienes derecho a estar enfadada conmigo.

—¿Enfadada? ¡Ahora mismo tengo ganas de matarte!

—Pues mira, casi mejor. Así nos ahorramos el viaje a Suiza. Haz que parezca un accidente.

—¡Vete a hacer puñetas! —dije mientras me levantaba de la silla y me ponía el abrigo tan rápido como me lo permitía el temblor que sentía en las manos.

—Iris, no te vayas, por favor...

—No pienso quedarme aquí siendo testigo de tu crueldad y tu cinismo. Llevo treinta años sufriéndolo y, ¿sabes? ¡Ya no necesito más! —dije al borde de las lágrimas.

—Bien. Trataré de no ser ni demasiado cruel ni demasiado cínica. Pero siéntate.

Percibí a la perfección una súplica en su mirada. Volví a sentarme, pero no me quité el abrigo. A la próxima salida de tono que tuviera me levantaría y me marcharía.

—Cuando tu padre se enteró de que estaba embarazada se volvió loco —empezó a decir de nuevo con los ojos puestos en el mar como si buscara en él la fuerza que necesitaba para contarme aquella historia—. Me acusó de haber sido deshonesta con él y de haberlo hecho todo de forma deliberada. Yo tomaba anticonceptivos en aquella época, pero fallaron. Él nunca creyó mi versión y se convenció de que me había quedado encinta a propósito. A partir de ahí todo cambió entre nosotros. Se instaló en otro dormitorio. Cada noche llegaba a las tantas de la madrugada oliendo a alcohol y a perfume de mujer. Con el paso de los meses empezó a venir a casa al amanecer solo para cambiarse de ropa y regresar al trabajo. Traté de hablar con él y de convencerle por todos los medios de que nos diéramos una oportunidad. La vida que estaba en camino, tú, podía ser nuestro nuevo punto de partida. Pero él se limitó a mirarme con desprecio y a repetirme que nunca más volvería a mi lado. El día que naciste ni siquiera apareció por el hospital. Como tampoco lo hizo en los días sucesivos. Tuve que inventarme un viaje de negocios para que los amigos y la familia no sospecharan. Solo yo sabía la verdad de lo que estaba sucediendo. Llegué a casa sola contigo en brazos. Cuando abrí la puerta pensé que lo encontraría allí pero no había ni rastro suyo. Supe que no nos había abandonado porque todas sus cosas seguían en el armario. Pero aquello era todo lo que tenía de él, del hombre al que tanto había amado y del que seguía enamorada.

»La primera vez que coincidimos en casa traté de que se acercara a ti. Aceptaba que a mi no quisiera ni verme, pero tú... ¡Eras su hija, por todos los santos! A mediados de los ochenta los inversores de banca del nivel de tu padre empezaron a ganar auténticas fortunas. Aquello, en vez de ser nuestra salvación, fue su ruina. Él empezó a frecuentar los ambientes más selectos de las principales capitales mundiales e incluso fue portada de varias revistas en las que se refería a él como «banquero del año». Solo acudíamos juntos a los eventos en los que nuestra presencia como matrimonio era imprescindible. Fingíamos ser algo que, por supuesto, no éramos.

»Por mi parte, en cuanto me recuperé del parto, empecé a pasar mucho tiempo en el estudio de moda que había puesto en marcha hacía muy poco tiempo y en el que había invertido casi todo mi dinero. Busqué una persona que se ocupara de ti y me volqué en lanzar mi carrera profesional. Hacía meses que no nos veíamos hasta que una noche, bien entrada la madrugada, yo regresaba de pasar unos días de descanso precisamente en este lugar en el que estamos ahora, cuando Miguel y yo coincidimos en la puerta de casa. Tenía un aspecto horroroso. Estaba muy delgado, demacrado y pude ver con claridad en sus ojos, que estaba colocado. Ni siquiera me molesté en preguntarle qué había tomado. En aquella época la cocaína era la droga estrella entre los *yuppies*, tribu de la que él era su máximo exponente. Quise hablar con él, decirle que podía ayudarle si lo deseaba y que, quizá, una vez recuperado, podríamos pensar en una separación definitiva. No tenía ningún sentido alargar aquella situación. Pero mi orgullo me impidió hablar.

»A los pocos meses de aquel breve encuentro fue ingresado por sobredosis. Fue un milagro que consiguieran salvarlo, pero lo hicieron. Yo utilicé todos los medios a mi alcance para que la noticia no se difundiera ya que hubiera sido muy perjudicial para su carrera y, por qué no decirlo, no beneficiaba demasiado a la mía. Tampoco fui capaz de hablar con él entonces. A partir de aquel momento sus ingresos en el hospital se convirtieron en un clásico. Cuatro años después recibí la llamada que, en el fondo, tanto temía. Miguel había muerto y yo no había sido capaz de hacer nada por evitarlo. Y en vez de reprochármelo, que hubiera sido lo más adulto, volqué en ti toda la frustración y culpabilidad que su muerte me hizo sentir. Cada vez que te miraba lo veía a él. Todavía hoy sigues recordándomelo. ¡Os parecéis tanto! Y ahora me doy cuenta de que he vivido atada a una decisión equivocada pero ya es demasiado tarde para cambiarla. Tengo más de sesenta años, el éxito y el reconocimiento que siempre he deseado, pero no sé nada de la hija que un día decidí traer al mundo para darle todo mi cariño y mi amor.

Cuando mi madre terminó de hablar, las dos estábamos llorando. Probablemente ella se sintiera mejor consigo misma después de compartir una historia que había guardado en su interior durante más de tres décadas. Pero a mí acababa de dejarme completamente fuera de combate. Eran tantas las cosas que me había contado y tan encontrados los sentimientos que me había provocado la historia, que tuve la sensación de estar a punto de estallar. Tampoco era capaz de articular palabra. Acababa de darme cuenta de que la frialdad de mi madre cada vez que estaba conmigo, siempre había sido deliberada.

—Iris, dime algo, por favor —dijo después de un buen rato en silencio.

—¿Qué esperas que te responda, madre? ¿Quieres mi perdón? ¿Es eso lo que buscas? ¿Redimirte antes de morir? ¡Pues, lo siento mucho, pero no! —dije casi gritando—. ¿Sabes cuántas noches pasé llorando cuando era niña preguntándome qué tenía que hacer para que me quisieras? ¿La de horas que he pasado tratando de buscar algo con lo que hacer que te sintieras orgullosa de mí y me dieras un simple beso? ¿Te has parado a pensar alguna vez en cómo he mendigado tu cariño durante años hasta que llegó un momento en el que, simplemente, me rendí? ¿Crees que con solo contarme la triste historia de mi padre se me va a olvidar todo el dolor que me has causado? ¡No, no, no y mil veces no!

Cuando terminé, mi madre estaba con los puños apretados, el rostro completamente pálido y los ojos llenos de lágrimas. Sabía que estaba haciendo un esfuerzo por contener sus emociones. Ella siempre anteponía su imagen a cualquier otra cosa. Entonces sentí una mezcla de pena y rabia inmensa hacia ella. ¡Ni siquiera era capaz de dejarse llevar por lo que sentía en un momento como aquel! Nada de lo que estaba haciendo por ella, incluido intentar que le plantara cara a su enfermedad, tenía sentido. ¿A quién pretendía engañar? Lo más honesto sería que cada una siguiera adelante con su vida tal y como habíamos hecho hasta a aquel momento. Y si, pasadas las fiestas de Navidad, quería viajar a Suiza para quitarse la vida, que lo hiciera. Ya era mayorcita para saber lo que le convenía y lo que no. Por lo que a mí respectaba no estaba dispuesta a tener la más mínima consideración con ella. Se había acabado.

—¿A dónde vas? —me preguntó un tanto insegura.

—¡A que me dé el aire! —respondí mientras trataba de controlar mis ganas de abofetearla. A continuación, me puse en pie y salí del restaurante sin tener la menor idea de hacia dónde dirigirme. Al final opté por acercarme a la playa. Probablemente el mar me daría un poco de la serenidad que tanto necesitaba en aquel momento.

CAPÍTULO 19

Cuando llegué al paseo marítimo lloraba con tanta intensidad que apenas podía respirar. Me sentía rota por dentro. Podría haber soportado el dolor provocado por cualquier otra cosa, pero no el de la mentira en la que se me había condenado a creer. ¿Por qué esta clase de gente traía hijos al mundo? ¿Para convertirlos en unos desgraciados? ¿Qué era lo que impulsaba a una madre a mentir a una hija de aquel modo? ¿No hubiera sido todo mucho mejor si me hubiera ido explicando toda la verdad a medida que iba creciendo? «Qué asco de vida», pensé al tiempo que golpeaba con fuerza el suelo con el tacón de una de mis botas. Saqué el teléfono del móvil y consulté los horarios de los vuelos para Barcelona al día siguiente. Ya había tenido suficiente experiencia vital al lado de mi madre. Los últimos tres días habían sido una lección de crueldad y mentiras nivel experto. Pensaba volver a mi casa y retomar mi vida en el punto exacto en el que la había dejado. ¡A la mierda lo demás!

Había un vuelo que salía a las cuatro de la tarde. Tenía tiempo suficiente de alquilar un coche y de recorrer los casi trescientos kilómetros de distancia que me separaban de la ciudad de Florencia. En eso estaba cuando el móvil empezó a vibrar. Vi en la pantalla el nombre de Paula. En aquel momento lo único que me apetecía era llorar y revolcarme en la mierda. Pero entonces pensé que, en los peores momentos de mi vida, ella siempre había sabido qué decirme para hacer que me sintiera mejor. De modo que decidí responder.

—*Ciao, bella.* ¿Cómo te va por los coloridos valles de la Toscana?

—Divinamente —dije y, a continuación, empecé a llorar.

—Iris, ¿qué sucede?, ¿estás bien?, ¿le ha pasado algo a tu madre?

Escuchaba a mi amiga hacerme todo tipo de preguntas, pero yo era incapaz de articular palabra. Lo único que salía de mi cuerpo era llanto y toda una serie de gemidos a cuál de ellos más desgarrador. Cada vez que intentaba tranquilizarme para pronunciar una palabra, lo que conseguía era llorar todavía con mucha más intensidad.

—Me estás asustando —oí que decía Paula bastante angustiada.

—Lo... lo siento —logré balbucear con mucho esfuerzo.

—¿Qué ha pasado? ¿Necesitas que vaya a buscarte? —Escuchar aquellas palabras fue música para mis oídos porque fue, en aquel preciso instante, cuando me di cuenta de lo agotada que estaba en realidad. Sin embargo, no podía permitir que mi amiga lo dejara todo solo para meterme en un avión.

—No —respondí—. Es solo que mi vida entera es una mierda. —El llanto se volvió a adueñar de mí y no me sentía con energías para hacer otra cosa.

—¿Me puedes explicar qué está pasando ahí? —Paula había pasado de la preocupación al histerismo en cuestión de segundos.

—No... —dije sollozando.

—Iris, trata de controlarte un poco. Respira y empieza a hablar. No importa que tus palabras no tengan sentido. Tan solo habla. ¿De acuerdo?

No sé qué fue exactamente lo que me impulsó a hacerle caso. En cualquier otro momento le hubiera respondido que no estaba para rollos psicológicos. Pero en esta ocasión, traté de hacer lo que ella me pedía. Comencé a enlazar una frase tras otra y, casi una hora después de empezar, me quedé en silencio.

—¡Joder! —fue lo primero que dijo mi mejor amiga en cuanto terminé de explicarle todo lo que había sucedido.

—Un gran resumen —respondí sintiéndome de pronto completamente agotada.

—¿Estás segura de que quieres coger un avión de regreso a Barcelona mañana?

—¿Qué quieres que haga aquí? Después de todo lo que ha pasado hoy no creo que pueda soportar la compañía de mi madre durante más tiempo.

—Entiendo que estés dolida y que lo último que te apetezca sea estar en su compañía, pero ¿no te arrepentirás de esa decisión dentro de unos meses?

—¿Si mi abuelo tuviera tetas sería mi abuela? —respondí bastante indignada—. Mira, Paula, estoy harta de pensar constantemente en el bienestar de los demás. Yo ya he venido hasta aquí, he puesto todo de mi parte y con lo que me he encontrado ha sido con esta película de terror. ¿Por qué me voy a quedar más tiempo? ¿Para ver si descubro que todavía hay más cadáveres en el armario?

—No, pero ahora que ha salido toda la porquería... Las cosas solo pueden ir a mejor.

—Tú siempre tan optimista —murmuré.

—No. Solo realista. Ya os habéis dicho lo más grande y todo el rencor y la rabia acumulada a lo largo de los años ha salido a la luz. ¿Qué puede pasar que sea peor que eso?

—La verdad... No tengo ni idea.

—Pues por eso mismo. ¿Por qué no aprovechas los días que vais a estar allí para decirle a la cara todo lo que piensas ya sin remordimiento alguno? Por lo menos cuando vuelvas a Barcelona tendrás la satisfacción de que habéis llegado a conoceros de verdad, aunque el resultado haya sido un completo desastre. No tendrás que vivir con esa espinita clavada en el corazón.

Como de costumbre, Paula tenía razón. La situación entre mi madre y yo no podía ponerse más tensa. Básicamente porque la cuerda se había roto hacía unas cuantas horas. A partir de aquel momento, las dos éramos libres de sentirnos como nos diera la gana y de poder decir cualquier cosa. Tenía que admitir que lo que había visto de la Toscana me había enamorado y, los momentos en compañía de mi madre no habían sido del todo malos excepto cuando había decidido sincerarse conmigo.

—Paula, no sé qué hacer. Es que ahora mismo lo único que me apetece es dejarla aquí sola y que se las apañe como pueda.

—Sí, pero te conozco. Y en cuanto llegues al aeropuerto empezarás a sentirte fatal por haber hecho lo que ahora mismo te pide el cuerpo. —Volvía a tener razón—. ¿Puedes aguantar un poco más a solas con ella?

—¿Por qué?

—Me deben algunos días de vacaciones en el trabajo y nunca he estado en la Toscana —dijo bastante emocionada.

—No puedo consentir que malgastes tu tiempo libre para venir a hacerte cargo de esta situación —respondí.

—¿Quién ha dicho que voy a ocuparme de nada? Lo que pase con tu madre es problema tuyo. Además, no me vendría nada mal conocer a algún italiano guapetón que me alegrara la vista y, de paso, el cuerpo.

—¡Paula! —dije sin poder contener la risa.

—¿Acaso no hay ningún *latin lover* allí donde estás?

—Apenas he tenido tiempo de fijarme en eso, la verdad.

—Pues ya puedes empezar a prestar atención porque en tres días me tienes ahí.

—Esto... yo... —Estaba tan conmovida por el gesto que estaba teniendo conmigo que volvía a no poder hablar.

—Lo sé. Y yo también te quiero. Envíame un *e-mail* con la dirección exacta del lugar en el que os encontráis. Yo haré el resto.

—De acuerdo —respondí sintiéndome algo más animada—. Lo siguiente que oí fue silencio. Mi mejor amiga acababa de colgar y, por lo que la conocía, sabía que ya estaba buscando vuelos a toda velocidad.

Cuando regresé al hotel tenía un dolor de cabeza épico. Ni siquiera me molesté en comprobar si mi madre se encontraba bien o si había regresado. Me sentía incapaz de, tan siquiera, mantener una simple conversación con ella. Entré en mi habitación y me tomé dos ibuprofenos de golpe. Luego descolgué el teléfono y pedí al servicio de habitaciones que me trajera una sopa bien caliente y un par de botellas de agua. Me puse el pijama y esperé a que llegara mi cena. Quince minutos después estaba degustando una exquisita sopa de verduras mientras intentaba concentrarme en la lectura de un libro. Necesitaba desconectar como fuera de todo lo que había pasado aquel día. Sabía que, tarde o temprano, tendría que intentar encajar todo lo que mi madre me había explicado, pero aquel no era el momento más adecuado para hacerlo. Cuando me metí en la cama me sentía exhausta pero mi cuerpo se negaba a dormir. No tuve otra opción que abandonarme a la lectura hasta que, finalmente, el cansancio ganó la batalla.

* * *

Sabía que le había hecho daño a su hija. ¿Cómo no darse cuenta? Había visto el dolor en sus ojos y no le había pasado desapercibido el desprecio con el que se había dirigido a ella. Se lo tenía bien merecido. Detrás de aquella imagen de mujer fuerte y segura de sí misma que había conseguido proyectar ante los demás, se ocultaba una persona llena de frustraciones y de fracasos. El máximo exponente de ello era su incapacidad para saber mantener a su lado al padre de su hija. Durante muchos años se había repetido que había hecho todo posible para salvar su relación con él. En el fondo sabía que no era cierto. En cuanto apareció el primer gran escollo, antepuso su éxito profesional a cualquier otra cosa. Ahora estaba recogiendo los frutos de una decisión que había tomado durante su juventud. Pero por lo menos se había quitado de encima el peso con el que había vivido durante tantos años. Solo restaba hacer una cosa más y podría regresar a Barcelona para enfrentarse al futuro que la enfermedad le deparara.

Cuando vio el modo en el que Iris salía del restaurante tuvo la certeza de que no volvería a su lado. No la juzgaba por ello. Probablemente ella, en su misma situación, hubiera reaccionado incluso peor. De modo que, cuando consiguió reunir las fuerzas suficientes para salir de allí con la mayor dignidad posible, se dedicó a pasear por algunos de los rincones de Castiglione della Pescaia que había compartido con él: Enzo.

Lo había conocido en la Semana de la Moda de Milán un año después del nacimiento de Iris. Tenía veintiocho años. Era un fotógrafo de moda que comenzaba a despuntar. Coincidieron durante una sesión organizada por Prada y enseguida conectaron. Carmen se sintió atraída por la naturalidad de él y por la sencillez con la que afrontaba la vida. Derrochaba vitalidad y positividad por cada poro de su piel. Era difícil no dejarse arrastrar por aquel torrente de energía que desplegaba en cada cosa que hacía por pequeña que fuera. Cuando todo el trabajo hubo terminado él le propuso ir a pasar unos días a un pequeño pueblo de la costa. Su parte más racional le decía que debía volver a casa y ver cómo se encontraba su hija. Apenas pasaba tiempo por ella a causa del gran volumen de trabajo al que tenía que hacer frente. Pero su lado más aventurero hizo que aceptara la invitación.

Carmen sabía a la perfección lo que implicaba aquella escapada con él. Pero, a aquellas alturas de su matrimonio con Miguel y, cuando este llevaba casi dos años sin acercarse a ella para nada, se sintió con todo el derecho a dar rienda suelta a la atracción que sentía por aquel joven fotógrafo italiano. Pasaron casi una semana recorriendo diversos pueblos de la Toscana. Aunque fue Castiglione della Pescaia el lugar en el que pasaron los momentos más románticos y también los más intensos. Todavía era capaz de recordar cada uno de los rincones en los que habían hecho el amor sin tener que preocuparse por otra cosa que no fuera llenarse el uno del otro. Los dos tenían claro que se trataba de una simple aventura así que se esforzaron en exprimirla al máximo. Cuando se despidieron en el aeropuerto de Florencia, ella se llevaba el recuerdo de una pasión que estaba convencida que no iba a volver a experimentar.

Pero estaba equivocada. De forma aparentemente casual empezó a coincidir con Enzo en diferentes eventos. En cuanto se encontraban fuera del horario de trabajo, el resultado siempre era el mismo: noches de conversaciones profundas y de sexo salvaje hasta el amanecer. Aquellos momentos que pasaba con él se sentía una mujer diferente. Libre, segura de sí misma y, sobre todo, feliz. Quiso atribuir a la pasión todas las emociones nuevas que estaba experimentando. Sin embargo, a medida que pasaron los meses y siguieron viéndose, se dio cuenta de que se trataba de algo más profundo.

Pero Carmen no podía permitirse enamorarse de otro hombre. Su matrimonio estaba prácticamente destrozado. Y su corazón devastado. No se encontraba con fuerzas para darle una nueva oportunidad al amor. Además, tampoco tenía la certeza de que él sintiera lo mismo por ella. De modo que se limitó a disfrutar de él cuando estaba en su compañía y, a recordar cada segundo del tiempo que pasaba a su lado mientras estaba trabajando en su taller o viajando por el mundo.

Durante el rodaje de un anuncio para televisión, Enzo y Carmen volvieron a coincidir. En aquella ocasión, el escenario fue la ciudad de Roma, lugar en el que él residía habitualmente. En cuanto lo vio en un extremo del *set* haciéndose cargo de que la iluminación fuera perfecta, el corazón le dio un vuelco. En aquel momento se dio cuenta de dos cosas: lo había echado de menos más de lo que pensaba y, aun sin quererlo, su corazón ya le pertenecía. Volvieron a pasar juntos unos días de auténtica vorágine laboral y, en cuanto terminaron, Enzo le propuso regresar a la Toscana. Ella recordaba aquellos días con especial cariño; así que aceptó de inmediato.

En cuanto llegaron al pequeño hostal en el que se habían alojado, Carmen se dio cuenta de que él estaba demasiado callado. La seguía tratando con la misma ternura y cariño de siempre, sus bromas seguían siendo tan divertidas como de costumbre... pero algo había cambiado. Como no era una mujer muy paciente, decidió ir al grano en cuanto tuvo ocasión. Aprovechó que estaban bebiendo una copa en la pequeña terraza con la que contaba la habitación, para dar rienda suelta a su preocupación.

—Enzo, ¿qué ronda por tu mente?

—Tú —respondió él mientras la miraba con sus impresionantes ojos de color gris.

—¿Puedes ser un poco más concreto? —Carmen le dedicó una sonrisa cargada del cariño y de la ternura que sentía hacia él.

—Creo que me estoy enamorando de ti —dijo él sin más.

Si las circunstancias hubieran sido diferentes, si Iris no hubiera estado en su vida, no lo hubiera dudado ni un solo segundo y se hubiera arrojado a sus brazos. El amor le seguía aterrorizando, pero había conocido lo suficiente a aquel hombre como para convencerse de que nada tenía que ver con Miguel. Sin embargo, en Barcelona tenía una hija y, en especial, una carrera profesional que estaba empezando a despegar. Decididamente, no podía permitirse el amor.

—Yo también —respondió ella casi en un susurro.

—¡Eso es fantástico! —Enzo se levantó emocionado, fue hacia donde ella estaba y la besó con pasión en los labios. Pero enseguida se dio cuenta de que algo no iba bien—. ¿Qué sucede?

—Esto no puede ser —dijo Carmen sintiéndose culpable por estar destrozando el corazón de Enzo y el suyo propio.

—¿Por qué?

—Tengo un marido, una hija y mi futuro está en Barcelona. Ya lo sabes. No puedo dejarlo todo. Jamás me lo perdonaría.

—No tienes por qué abandonar nada, *cara mia*. Regresa a España, divórciate de un hombre que te está haciendo infeliz y empecemos una vida juntos —dijo Enzo lleno de emoción y de energía.

—Miguel jamás me concederá el divorcio. Es su castigo por «la traición» que cometí al quedarme embarazada —sentenció ella.

—Pues vayámonos a vivir juntos. Vosotros apenas os veis. Ni siquiera sabéis el uno del otro desde hace meses.

—Es imposible. Si soy víctima de un escándalo en un momento como este, mi carrera se hundirá y, todo aquello por lo que tanto he luchado, no habrá valido la pena.

—Yo estaré contigo. Te ayudaré en todo lo que pueda y seré un buen padre para Iris. No renuncies a lo que tenemos. No sin, al menos, haberlo intentado.

—Enzo, creo que lo mejor es que dejemos las cosas como están.

—¿A qué te refieres? —dijo él con el temor a que ella lo abandonara reflejado en sus ojos.

—Veámonos como hasta ahora. Seamos felices y disfrutemos del tiempo que pasemos juntos. No compliquemos las cosas.

—¿Vas a conformarte con migajas cuando tienes la posibilidad de ser completamente feliz?

—Esas migajas como tú las llamas ya me hacen sentirme mejor que en toda mi vida. Y prefiero mil veces esto que compartimos a no tenerte a mi lado de ninguna manera.

—Siempre estaré contigo —respondió Enzo con ternura.

—Un día encontrarás a la mujer que realmente mereces

y emprenderás el vuelo. Pero yo siempre viviré con el recuerdo feliz de cada uno de los instantes que haya compartido contigo.

—Estás muy *sexy* cuando te pones trágica, ¿lo sabías? —dijo justo antes de comenzar a besarla con desesperación. Carmen ya no pudo contestar porque pasaron el resto de la noche dando rienda suelta al amor que sentían el uno por el otro.

El tiempo fue pasando y su relación logró superar el enorme escollo de la distancia. Ella jamás le habló de él a nadie. El amor que él le daba cada vez que estaban juntos, era su bien más preciado. No quería que eso se ensuciara al compartirlo con cualquier otra persona. Los meses que pasaba alejada de él los sobrellevaba con las cartas que se escribían y con los recuerdos que acudían a su mente. Él llenaba todo el tiempo que ella no pasaba trabajando. Y Enzo era la única cosa que hacía más soportable y llevadera su vida. Ni siquiera su hija que ya había cumplido cuatro años, una niña preciosa y muy despierta, conseguía hacer que se sintiera mejor. Además, Iris cada vez se parecía más a su padre, y eso provocaba en ella un gran rechazo. Carmen trataba por todos los medios de evitar ese sentimiento negativo que, cada día, iba a más. Pero no lo logró. Solo era capaz de ser feliz y de liberarse de todo cuando estaba en los brazos del hombre al que amaba y al que ya había renunciado.

Enzo y Carmen estaban haciendo el amor en una de las hamacas de la terraza del hotel cuando el teléfono de la habitación empezó a sonar.

—No lo cojas —dijo él mientras le besaba el cuello con deseo.

—Tengo que contestar. Dije que me avisaran si había alguna urgencia.

Carmen se levantó, caminó con aquella elegancia suya y descolgó el auricular. Era Julia, la secretaria que había contratado poco tiempo atrás. Él supo que algo terrible había sucedido en cuanto vio que ella se quedó completamente inmóvil y con la vista fija en un punto indeterminado de la pared que tenía justo enfrente. Se acercó a ella y la rodeó con los brazos. Estaba helada. Trató de darle calor con el que emanaba de su cuerpo. Pero el frío de ella iba en aumento. Enzo cogió la colcha que cubría la cama y se la echó por los hombros. Carmen temblaba y las primeras lágrimas comenzaron a resbalarle por las mejillas.

—¿Qué sucede? —preguntó una vez que ella dio por finalizada la conversación.

—Miguel ha muerto —respondió apenas en un susurro. Él la abrazó con fuerza y Carmen se abandonó a un llanto que consiguió desgarrarle el alma.

—Tengo que regresar a Barcelona —dijo en cuanto estuvo algo más recuperada.

—Voy contigo. —Enzo no estaba dispuesto a dejarla sola en un momento como aquel.

—Tú te quedas aquí.

—No vas a pasar por esta experiencia sin nadie que te acompañe —protestó él empezando a perder la paciencia.

—Solo voy a ir a un entierro. Creo que soy capaz de ponerme un vestido negro y un collar de perlas sin ayuda de nadie.

Enzo jamás había oído a Carmen hablarle de aquel modo y se quedó bastante impactado. Podía entender que el dolor se hubiera apoderado de ella, pero no que arremetiera contra él, contra el hombre que tanto la amaba.

—Déjame ir contigo, por favor —dijo casi como una súplica.

—He dicho que no. Iré sola y desempeñaré el papel que se espera de mí.

—¿Es que siempre vas a vivir según las normas que imponen los demás? —Enzo no podía soportar más el modo en el que ella se estaba comportando.

—Te recuerdo que para triunfar en la vida debes respetar una serie de reglas que, por lo general, siempre marcan las personas que tienen el dinero y el poder. Si tengo que vivir acorde con ellas para llegar a donde quiero, cumpliré lo que sea necesario.

Él la miró y no reconoció en Carmen a la mujer a la que tanto amaba. Era como si hubiera desaparecido de un plumazo. El ser frío, calculador y mezquino que tenía delante no era la persona de la que él estaba enamorado. ¿Acaso podía el dolor ante la pérdida de alguien transformar tanto a un ser humano en unos pocos minutos? Además, si hacía años que ella no mantenía ningún contacto con Miguel, ¿por qué estaba tan afectada? Un montón de pensamientos acudieron a su mente. El más intenso: que ella le había engañado todo aquel tiempo. No había sido sincera al explicarle lo que en realidad sentía por su marido. Por eso no se había divorciado de él y, por esa misma razón, se había negado a que vivieran juntos cuando él se lo había propuesto.

No era el mejor momento para hablar de todo aquello. Enzo pensó que ya tendrían ocasión de aclarar las cosas cuando estuviera más tranquila. Le daría tiempo para reponerse de la muerte de Miguel. Después iría a Barcelona y hablaría con ella hasta solucionarlo todo. Quiso regresar a su lado y volverla a abrazar, pero ella ya estaba haciendo la maleta y pidiendo un taxi que la llevara al aeropuerto de Florencia.

—Deja que te acompañe —dijo en un intento desesperado de permanecer a su lado.

—Regresa a tu casa. Tengo que ocuparme de este asunto... Sola.

No hubo besos, ni palabras tiernas. Solo un abrazo que a Enzo le dejó una sensación indescriptible de dolor y decepción. Cuando Carmen subió al taxi, tuvo la certeza de que nunca más volvería a ver al verdadero amor de su vida. Y así había sido.

Habían pasado casi treinta años. Ella había regresado a aquella habitación y estaba sentada en la misma cama que había compartido con él. La decoración del lugar apenas había cambiado. Gracias a eso, podía ver a Enzo allá donde mirara con sus preciosos ojos grises, el pelo dorado y aquella sonrisa que lo llenaba todo. Eso era todo lo que le quedaba de él. Un puñado de recuerdos y, en apenas unos meses, ni siquiera eso.

Por eso había querido hacer aquel viaje. Era su particular manera de pedirle perdón. Porque él nunca la dejó sola, tal y como le había prometido, sino que fue ella quien cortó toda comunicación con él en el mismo instante en el que puso un pie en su casa. Enzo le propuso quedar una y mil veces, le escribió y hasta fue a Barcelona con el propósito de verla. Pero Carmen ya no estaba para él. Tenía tanto miedo de lo que Enzo le había hecho sentir y estaba tan convencida de que el amor no era para ella, que tiró a la basura cualquier opción de ser feliz.

Sonrió al recordar cuántos hombres habían pasado por su cama después de él. Había perdido la cuenta de los que le habían pedido una cita e incluso matrimonio. Su respuesta siempre había sido la misma. Poco a poco se fue haciendo esa fama de dura e inaccesible que había durado hasta el presente. «Enzo» dijo en voz baja mientras contemplaba la noche desde la terraza de su habitación. Luego vio que una luz se encendía a su derecha. Iris había regresado y, probablemente, la ya de por si escasa relación que mantenía con su hija, había terminado.

CAPÍTULO 20

Cuando me desperté a la mañana siguiente, había tomado una decisión bastante clara sobre cómo iba a comportarme con mi madre a partir de aquel momento. Me quedaría con ella en la Toscana el tiempo que fuera necesario, me limitaría a tener con ella las conversaciones estrictamente necesarias, visitaría los lugares que nos apetecieran a las dos y no volvería a hacer ninguna pregunta que tuviera que ver ni con su pasado ni con el mío. Una vez llegáramos a Barcelona haría todo lo posible por mantenerme informada sobre su estado de salud y hasta ahí llegaría toda mi implicación con ella.

Bajé a desayunar con la certeza de que me la encontraría en el salón del hotel leyendo la prensa. Y, en efecto, así fue. Ella pareció intuir mi presencia porque, en cuanto me dirigí a la zona en la que se encontraba el cocinero para pedir unos huevos camperos, se me quedó mirando. Me apetecía entre poco y nada compartir mesa con ella. Pero, como la cosa iba de mantener las formas y de no perder los modales, en cuanto tuve la bandeja repleta de cosas deliciosas para desayunar, me acerqué hasta donde ella se encontraba.

—Buenos días.

—Buenos días —respondió ella al tiempo que dejaba el periódico perfectamente doblado sobre la mesa—. ¿Has dormido bien?

—Como un tronco —mentí ya que me había costado un buen rato poder conciliar el sueño.

—Me alegro.

Como no tenía nada más que decir me dediqué a coger otro de los diarios que descansaban sobre la mesa y comencé a hojearlo. Aquella era una de las formas más groseras de evitar la conversación con ella, pero es que también había decidido no hacer nada que no me apeteciera. En cuanto me sirvieron el café continué con la lectura. Por el rabillo del ojo podía ver perfectamente cómo mi madre me miraba y se iba poniendo más nerviosa con cada minuto que se prolongaba el silencio.

—¿Vas a estar mucho tiempo así? —dijo al fin.

—¿Disculpa?

—Que si tienes pensado durante cuánto tiempo vas a seguir ignorándome.

—¿Qué te parecen treinta años? —respondí sin poder controlar el resentimiento que sentía hacia ella.

—Puede que me lo merezca pero ¿no podemos aparcarlo al menos hasta que volvamos?

—¡Ya lo creo! ¿Por qué no nos fumamos uno de esos cigarrillos que llevas en el bolso y después nos bebemos un par de botellas de Chianti?

—Si eso es lo que te apetece. No tengo inconveniente —dijo al tiempo que sacaba su pitillera de plata y la dejaba sobre la mesa—. Yo estaré visitando el castillo. Por si te apetece venir cuando se te pase el colocón.

Se levantó con elegancia y luego se alejó. Sabía que acababa de comportarme como una adolescente malcriada pero no lo podía evitar. La situación me superaba y, la rabia hacia mi madre, también. En cuanto supe que se había marchado me sentí culpable por no haberla acompañado. ¿Y si le pasaba algo mientras conducía? O, todavía peor ¿y si se perdía? A los enfermos de Alzheimer les sucedía con frecuencia. «Mierda, no puedo ni desayunar tranquila» murmuré mientras me levantaba de la silla y salía del comedor a toda velocidad. Pero cuando llegué a la calle no había ni rastro de ella. Genial. Ahora pasaría el resto del tiempo hasta que regresara hecha un manojo de nervios.

Subí a mi habitación y metí en mi bolso el portátil. También llevaría mi *e-book*. Seguro que encontraba algún lugar en el que pudieran prepararme un buen capuchino.

Encaminé mis pasos de nuevo hacia el paseo marítimo. El día estaba nublado pero, aun así, el paisaje era fascinante. Había refrescado un poco con respecto a los días anteriores. El invierno allí no debía de ser demasiado suave, pensé mientras me anudaba la bufanda alrededor del cuello para protegerme del viento. Poco antes de llegar a la playa encontré un café que hacía esquina con una preciosa casa de piedra. No me lo pensé dos veces y entré. Había una chimenea encendida en su interior. Poco faltó para que empezara a dar saltos de alegría porque la humedad me había llegado hasta el alma. Escogí una mesa muy discreta en un rincón y le pedí el café a la camarera. Luego saqué el portátil y me dediqué a revisar mis cuentas de Facebook y Twitter. Ninguna novedad destacable. Después consulté el correo y vi que Arnau había respondido al que yo les había enviado a los dos unos días atrás.

En cuanto lo abrí el corazón comenzó a latirme con fuerza. No habíamos vuelto a hablar desde la última noche que habíamos pasado juntos. Tampoco había querido volver a pensar en él. Cada vez que un recuerdo suyo acudía a mi mente, trataba de pasar a otra cosa. Había tomado la decisión de no mantener una relación seria con él. Ahora debía esforzarme por ser firme. Leí con tranquilidad todo lo que me explicaba. La mayoría de cosas estaban relacionadas con su trabajo. También se interesaba por la salud de mi madre, al tiempo que me pedía que le explicara con más detalle las cosas que iba viendo y que le enviara alguna fotografía. El *e-mail* terminaba con dos palabras que me desconcertaron: «Siempre tuyo».

Reírme fue la primera reacción. Lo imaginaba pronunciando esa frase con aquella voz suya tan característica, y me vino a la mente un caballero medieval ataviado con su armadura. Luego reflexioné e intenté darle alguna explicación coherente a aquella forma de despedirse. Al final llegué a la conclusión de que, a pesar de haberle dejado las cosas tan claras como el agua, él seguía sin darse por vencido. «Y luego somos las mujeres las que nos enganchamos y nos ponemos pesadas cuando nos gusta alguien», pensé al tiempo que me sentía un poco molesta.

Cuando la camarera me sirvió el capuchino cerré el ordenador y saqué mi *e-book*. Estaba dispuesta a alejar la mente de cualquier cosa que me obligara a pensar. Logré concentrarme en la lectura. Casi sin darme cuenta pasé el resto de la mañana entre dosis de cafeína y una preciosa historia de amor. Cuando llegó la hora de comer busqué la *trattoria* de la que me habían hablado en el hotel y me apunté a degustar el menú del día. Tras el almuerzo decidí dar un paseo por la playa. Había salido el sol y hacía una temperatura bastante agradable. Bajé a la arena para poder estar más cerca del mar. Anduve durante un buen rato, hasta que recordé que llevaba la pitillera de plata que mi madre había dejado sobre la mesa en el fondo de mi bolso.

Seguramente en Italia también debía estar prohibido fumar marihuana en lugares públicos. Antes de sentarme sobre la arena miré a ambos lados. No había nadie. De modo que saqué uno de los cigarrillos de la pitillera, lo encendí y le di una calada. Casi me ahogo al hacerlo. Sin duda alguna, se trataba de algo mucho más fuerte de lo que me había fumado el día anterior. Pero, en cuanto me acostumbré al sabor, seguí dando una calada tras otra. Luego me tumbé sobre la arena y me entretuve en contemplar el azul del cielo. En cuanto empecé a notar la sensación de que empezaba a separarme de mi cuerpo me incorporé. Era mejor que comenzara a andar cuanto antes, tenía miedo de que me diera un jamacuco en aquella playa desierta.

Emprendí el camino de regreso al hotel sintiéndome ligera y libre de cualquier carga. Cada cosa que veía a mi alrededor me fascinaba y sonreía a todos aquellos con los que me cruzaba. Era consciente de que, todo aquello, era producto de la marihuana. «¡Vaya porquería buena que le pasan a mi madre!», pensé divertida. A continuación, comencé a reírme al imaginar la cara que pondría el doctor Rius cuando le contara uno de los vicios ocultos de doña Carmen, porque pensaba decírselo en cuanto regresáramos a Barcelona. No me apetecía nada tener una madre desmemoriada y encima yonki. En cualquier otra circunstancia ese pensamiento me hubiera parecido muy cruel y, sin embargo, me pareció tan gracioso que empecé a reírme a carcajadas. Justo en aquel instante me encontré con una chica que me resultaba bastante familiar.

—Paula, ¿eres tú? —dije sin poder contener la emoción.

—Iris, ¿qué te pasa? ¡Vas descojonada de risa por la calle! —respondió mi amiga al tiempo que me abrazaba.

—Me he fumado un porro. Me lo ha dado mi madre. —Fue tal la cara de sorpresa que puso que empecé a reírme de nuevo.

—¡Tú estás fatal! —dijo sin poder contener la risa.

—Tan mal no estoy. Solo un poco... contenta. ¿Qué haces aquí? ¿No llegabas el sábado?

—Sí pero aquello se estaba haciendo insoportable sin ti. Además, me moría de ganas de conocer al hombre de mi vida —dijo Paula fingiendo que miraba a un lado y a otro de la calle con cara de mujer desesperada.

—Puede que aquí lo encuentres —respondí y volví a abrazarla de nuevo. Estaba muy contenta de volver a verla.

Echamos a andar calle arriba mientras mi amiga me explicaba que no había tenido ningún problema para encontrar el lugar. Su vuelo a Florencia había sido bastante tranquilo. Después había alquilado el coche que la había llevado hasta Castiglione. Se alojaba en un hotel muy cercano al nuestro y ya sentía casi la misma fascinación que yo por el paisaje que nos rodeaba. Estuvimos conversando sobre algunos de los lugares que yo ya había visitado y a los que insistí en regresar con ella. Entramos en el primer bar que encontramos y nos pedimos un café bien cargado cada una. A Paula empezaba a hacerle mella el cansancio del viaje y yo necesitaba despejarme un poco antes de cenar.

—¿Cómo van las cosas por aquí? —dijo mi mejor amiga en cuanto dio el primer sorbo al expreso.

—Ya te puedes imaginar. Esto es peor que el baúl de los recuerdos de Karina.

—Sí que es duro entonces. —Paula me sonrió y cogió mis manos entre las suyas—. Todo va a ir bien, ¿de acuerdo? Encontraremos el modo de que te sientas mejor con lo que está sucediendo.

—¿Crees que la situación podría ser peor?

—Nunca tientes al destino. Aunque si buscas una respuesta un poco más racional, te diré que sí. Que, aunque te parezca imposible de imaginar, todo esto que estás viviendo podría ser más duro y doloroso todavía.

Miré a Paula mientras analizaba lo que me estaba diciendo. Probablemente tuviera razón. Por lo menos, en el caso de mi madre, disponía del dinero suficiente como para permitirse los mejores médicos y, también, toda clase de atenciones durante el tiempo que se prolongara la enfermedad. Pensé entonces en las familias que debían hacer frente a este mismo problema, pero con pocos ingresos o ningunos. Sin duda, debía de sentirme afortunada tal y como ella acababa de hacerme comprender.

—¿Y qué tal la vida por Barcelona? —dije en un intento de hablar de temas más alegres que aquel.

—Como siempre. Monótona y asquerosamente tranquila.

—Porque tú querrás —respondí sonriéndole.

—El problema es que no hay hombres que me atraigan. Y, los que lo hacen, ya tienen pareja. Sé que podría pasar de todo y meterme en medio de una relación. Pero, la verdad... ¡Me da mucha pereza! Creo que me he hecho mayor.

—O se te ha empezado a desarrollar el sentido común —dije mientras pensaba en lo alocada que podía ser Paula cuando la cosa iba de hombres.

—Y hablando de relaciones que valen la pena... ¿Qué pasa entre mi hermano y tú?

—Nada —me limité a responder tratando de ser lo más natural possible, aunque su pregunta me había dejado un poco desconcertada.

—¿Estás segura?

—Completamente. ¿Arnau está bien? —pregunté. Al instante tuve la sensación de que Paula trataba de decirme algo pero que no quería hacerlo de forma directa.

—Bueno, ya sabes cómo es cuando se obsesiona con el trabajo —se limitó a responder un tanto esquiva.

—Dime la verdad. ¿Le ha sucedido algo?

—¡Claro que no! Está perfectamente. No era a eso a lo que yo me estaba refiriendo.

—¿Qué es exactamente lo que te preocupa, Paula?

—Creo que Arnau está enamorado de ti —respondió mientras me dirigía una mirada llena de temor.

—Él dice que me quiere, sí. —Pude notar cómo casi se le salieron los ojos de sus órbitas al escuchar aquello—. Pero no está enamorado o, al menos, no debería estarlo.

—¿Por qué?

—Pues porque la primera vez que nos acostamos juntos ya le dejé bien claro que no quería una relación. Podíamos disfrutar del sexo cuanto quisiéramos pero, lo nuestro, no iba a ir más allá.

—¿Por qué? —insistió Paula igual que una niña de cuatro años.

—Me conoces. Sabes que no quiero compromisos ni relaciones a largo plazo. Además a Arnau lo quiero como a un hermano y se merece una mujer que se enamore de él.

—¿Por qué?

—¡Joder, Paula! ¿No sabes decir otra cosa? —Empezaba a sentirme un poco intimidada con aquel interrogatorio, aunque sabía que su interés era producto de todo lo que se preocupaba por los dos.

—Es que no lo entiendo. Mi hermano es un tipo encantador. Bueno... en ocasiones es una auténtica pesadilla. Tú eres la mujer más brillante, inteligente y equilibrada que he conocido en toda mi vida. Cuando estáis juntos... ¡Se os ve tan bien! El otro día mientras hablabais era como si desprendierais una luz especial.

—Me parece que tú has visto muchas películas de amor —dije en un intento de restarle importancia a todo lo que me estaba contando.

—Sí. Las he visto. Pero eso no tiene nada que ver con lo que percibo cada vez que os veo juntos. Creo que estáis hechos el uno para el otro.

—¡Lo que me faltaba por oír! —dije sin poder controlar la risa. Pero, después de ver la expresión de su rostro, me di cuenta de que estaba hablando en serio—. Paula, yo a tu hermano lo quiero, pero... No del modo en el que él espera que lo haga.

—¿Te enamorarás de un hombre alguna vez? —Mi mejor amiga acababa de hacerme una de las pocas preguntas para las que yo sí que tenía una respuesta clara.

—No —respondí completamente convencida de mis sentimientos.

—Vas a negarte ese privilegio, ¿verdad?

—No se trata de prohibirme nada. Es simplemente que creo que no estoy hecha para esa clase de vida.

—Si te vieras la cara cuando estás con mi hermano no dirías lo mismo.

Sabía que sus intenciones eran buenas. Arnau era su hermano y yo, su mejor amiga. Era incluso hasta posible que yo me transformara cuando estaba en compañía de él. Pero, tal y como le había dicho, el amor no entraba en mis planes. Yo no era la clase de mujer que se comprometía y decidía pasar el resto de la vida junto a alguien. Amaba mi libertad, la soledad que encontraba cada noche cuando llegaba a mi casa. Por supuesto, de vez en cuando, echaba de menos a un hombre que me acariciara, que me hiciera el amor o que, simplemente, me abrazara en silencio. Pero siempre terminaba saliendo victoriosa de esa necesidad. Estaba sumida en aquel hilo de pensamientos cuando escuché la voz de mi madre.

—Paula, ¡qué sorpresa!

—Hola Carmen —respondió mi amiga un tanto cohibida—. ¿Te apetece un café? —Al oír aquello le dediqué una mirada que, de haber podido de matarla, lo hubiera hecho.

—No quisiera molestar... —Sabía perfectamente que lo decía por mí. De modo que decidí participar en la conversación.

—Tranquila. No lo haces.

—En ese caso me quedo con vosotras. ¿Cómo has llegado hasta aquí? ¿Estás de vacaciones? ¿Cómo van las cosas en el trabajo? ¿Lo pasaste bien en el desfile la otra noche?

Mi madre le lanzaba a Paula una pregunta tras otra. Mi amiga se mostró encantada con todas aquellas atenciones y las dos mujeres empezaron a hablar como si fueran viejas conocidas. Aquello me permitió abstraerme y reflexionar de nuevo sobre lo que Paula acababa de decir. Entonces acudió a mi mente la conversación que había tenido con mi madre sobre cómo había sido su vida con mi padre y cómo se había sentido ella. Recordé que, a pesar de lo dolorosa que le había resultado la situación, su empeño en demostrarle que le quería la llevó a intentar salvar su matrimonio una y otra vez. Hasta una mujer tan fría y calculadora como mi madre se había permitido amar aunque solo hubiera sido una vez en su vida. ¿Por qué yo no? Tenía miedo al fracaso, al abandono y a lo que suponía el desamor.

Siempre había estado al lado de Paula en los momentos en los que mi mejor amiga se veía afectada por una ruptura sentimental. Veía cómo sufría y la escuchaba con atención cada vez que me decía que le habían roto el corazón. Yo sabía que era una mujer fuerte y que acabaría saliendo adelante. Que el dolor formaba parte de la vida y debíamos aprender a afrontarlo. La teoría la tenía muy clara cuando debían aplicarla a los demás pero, ¿qué pasaba conmigo? ¿Por qué cada vez que me daba cuenta de que empezaba a sentir algo por una persona huía? Sabía también la respuesta para aquella pregunta y no me gustaba. Empezaba a hartarme de tanta reflexión, de modo que traté de participar en la animada conversación que mantenían mi madre y Paula. Pero estaban hablando de tejidos, estampados y tendencias. Algo sobre lo que yo no estaba demasiado interesada. Aun así me esforcé por escucharlas y, estaba a punto de decir algo cuando me di cuenta de que mi madre se había quedado paralizada. De repente estaba tan blanca como la pared. Una mueca de sorpresa, temor y cierto aturdimiento se instaló en su rostro. Apenas parpadeaba. Tenía la vista fija en un punto justo detrás de mí. Como vi que ella no reaccionaba decidí darme la vuelta para ver si lograba averiguar qué era lo que había provocado aquel estado de *shock* en el que parecía encontrarse. Al girarme me di cuenta de que un hombre alto, con el pelo gris y elegantemente vestido acababa de entrar en el café. Al fijarme con más detenimiento advertí que él también tenía un extraño gesto en el rostro y los ojos puestos en mi madre. Me di la vuelta y vi que Paula me preguntaba con la mirada qué era lo que estaba sucediendo. Hice un leve movimiento con la cabeza para hacerle saber que no tenía la más mínima idea.

—Mamá... ¿Estás bien? —No obtuve ninguna respuesta por su parte—. ¿Qué te pasa?, ¿puedes oírme? —dije sintiendo cómo la preocupación se apoderaba de mí—. ¿Mamá? —Pero ella seguía sin reaccionar.

—Carmen. Nos estás asustando. ¿Puedes decirnos algo, por favor? —Paula movió con suavidad el cuerpo de mi madre y entonces ella reaccionó.

—Enzo... ¿Cómo es posible? —dijo con apenas un hilo de voz.

Volví a darme la vuelta. El hombre seguía allí, solo que ahora una maravillosa sonrisa le iluminaba el rostro. Él empezó a caminar despacio hacia nuestra mesa. A medida que avanzaba, mi madre se iba poniendo en pie. Cuando llegó, se quedaron frente a frente mirándose de un modo que me sobrecogió. A continuación, se fundieron en un largo abrazo. Paula y yo contemplábamos la escena fascinadas. No tenía ni idea de quién era aquel hombre. Jamás en mi vida lo había visto. Como tampoco había sido testigo nunca de la ternura, el amor y el cariño que mi madre era capaz de transmitir con un simple abrazo.

Cuando por fin se separaron noté que los dos estaban llorando. Y fue entonces cuando me di cuenta de que él tenía unos preciosos ojos de color gris que se fundían a la perfección con el azul que brillaba en los de mi madre. Mi amiga y yo volvimos a mirarnos con sorpresa. A las dos se nos pasaron mil preguntas por la mente en aquel instante. Pero hubo un sentimiento que superó con creces a nuestra curiosidad. Ambas tuvimos la absoluta certeza de que sobrábamos allí. De modo que, en cuanto nos aseguramos de que ambos se encontraban bien, abandonamos el café y nos fuimos al que había justo enfrente. De aquel modo nosotras podríamos especular sobre lo que estaba sucediendo al otro lado de la calle y también estaríamos cerca por si mi madre nos necesitaba.

* * *

Carmen tuvo la seguridad de que estaba siendo víctima de una alucinación hasta que vio las lágrimas en los ojos de Enzo. Sabía que eran tan reales como las que estaba notando ella en aquel mismo instante. Le gustaría haberles dicho a Paula y a Iris que se quedaran con ella. Así la situación hubiera sido menos intensa e íntima. Sin embargo, las dos chicas habían salido del café con una velocidad fascinante.

Ahora tenía al que había sido el amor de su vida justo enfrente y... ¡Tenía tantas cosas que decirle!

—¿De verdad eres tú, *cara mia*? —La voz de Enzo se había hecho más grave con el paso de los años, pero seguía provocando que el estómago se le encogiera.

—Sí... Soy yo —dijo Carmen mientras intentaba reponerse de la impresión que le había provocado reencontrarse con él casi treinta años después.

—Siempre pensé que moriría sin volverte a ver. —La voz de él se entrecortó. Ella le miró de nuevo a los ojos y comprendió que nunca había dejado de amarlo.

—Yo tampoco esperaba encontrarte aquí, la verdad. Te hacía llevando una vida acomodada entre Roma y Nueva York.

—Veo que has estado al tanto de cómo me han ido las cosas —respondió Enzo con ternura.

—Ha sido imposible no saber de ti. A lo largo de las últimas décadas, al abrir una revista o un catálogo me he quedado admirando las fotografías que sabían que eras tuyas porque reflejaban tu mirada.

—Me he movido bastante, sí —dijo él al tiempo que empezaron a acudir a su mente algunos de los momentos más íntimos que había compartido con ella.

A pesar de todo el tiempo transcurrido y del modo en el que Carmen lo había alejado de su vida para siempre, Enzo se había esforzado por mantenerse informado sobre las cosas que le sucedían. Él también había seguido su fantástica carrera profesional a través de la prensa, pero lo que realmente quería saber de ella, nunca nadie se lo había llegado a explicar. Era una mujer muy reservada con su vida privada, de modo que ninguna de las amistades que tenían en común le pudo contar nada que tuviera que ver con una nueva relación o que, la gran Carmen Roig, estuviera de nuevo enamorada. Tampoco tuvo demasiadas noticias sobre Iris, una de las razones que ella había alegado para no comenzar una vida junto a él.

—Veo que la vida te ha tratado estupendamente. Estás igual de bella que siempre —dijo Enzo sin poder apartar los ojos de ella ni un solo momento.

—Y tú tan adulador como recordaba —respondió ella con una sonrisa preciosa.

—Bueno... ¿Qué te ha traído por aquí?

Enzo no tenía intención de remover el pasado. Las cosas entre ellos no habían podido ser y, aunque jamás había sabido las razones concretas de aquel fracaso, había hecho todo lo posible para seguir adelante con su vida. Se había casado en un par de ocasiones, pero ninguna de aquellas relaciones cuajó. Tampoco tuvo hijos y, después de su segundo divorcio decidió que había perdido el tren del amor. Había dejado escapar su oportunidad hacía casi treinta años en el aeropuerto de Florencia.

—Quería visitar algunos lugares de Italia con calma y no con todo el estrés del trabajo —respondió Carmen con sencillez.

—¿Has descubierto el placer de no hacer nada? ¡Te felicito! Cuando te conocí no eras una mujer que pudiera permanecer quieta durante más de tres minutos seguidos.

—La vida nos enseña cosas —dijo Carmen con calma, aunque hubo algo en el tono de su voz que provocó que él se pusiera en alerta.

—¿Va todo bien?

La primera respuesta que acudió a su mente fue que sí. Todo estaba como siempre y su vida era la que siempre había deseado. Podría habérselo dicho sin más. Tenía la certeza de que, después de aquel encuentro, no volvería a verlo de nuevo. Y, en el caso de que él tuviera intención de volver a acercarse, era muy probable que ella ni siquiera le recordara. Sin embargo, hubo algo en su interior que la impulsó a explicarle el verdadero motivo de aquel viaje. Su desesperado intento por recorrer, aunque fuera por última vez, los lugares en los que un día había sido feliz. En su interior,

Carmen siempre había sabido la verdad. Había decidido emprender esa visita a la Toscana porque, en realidad, lo buscaba a él. Lo único en lo que no había pensado era en encontrárselo en un bar justo al lado del hotel en el que tantas noches de pasión habían compartido.

—Tengo Alzheimer —dijo Carmen sin perder la calma—. Deseaba volver aquí mientras todavía fuera capaz de valerme por mí misma—. Pudo ver cómo, primero la sorpresa, y después, la tristeza, se reflejaron a la perfección en la cara de Enzo.

—Lo lamento —consiguió responder él con bastante dificultad—. De todos modos, hoy en día la medicina está muy adelantada. Seguro que descubren algún tratamiento que funcione. Tal vez no sea demasiado tarde para ti.

Enzo continuaba siendo el mismo joven entusiasta que ella había conocido. Hasta en una situación como aquella, era capaz de ver el lado positivo de las cosas. Él, después de tantos años, seguía manteniendo la esperanza. Carmen hacía mucho que la había perdido.

—Me temo que no hay solución. La enfermedad está ya en un estado bastante avanzado.

Él la miró de arriba abajo con sorpresa. No había nada en ella que llevara a pensar que estuviera enferma. Se comportaba con normalidad, era capaz de mantener una conversación coherente...

—¿Estás segura?

—Completamente —respondió Carmen con una sonrisa que no se reflejó en su mirada.

Durante los siguientes minutos él se dedicó a proponerle alternativas. Pretendía que visitase a los mejores médicos con el objetivo de que, alguno de ellos, ofreciera un diagnóstico diferente; pero parecía que había llegado a un callejón sin salida. Después de escuchar con atención cada una de las respuestas que ella le iba ofreciendo, iba perdiendo la esperanza un poco más. Al final tuvo que rendirse a la evidencia. La vida de la mujer a la que siempre había amado estaba sentenciada y él no podía hacer absolutamente nada para cambiar las cosas.

Una vez abordada la razón de aquel viaje, Carmen quiso saber más cosas sobre cómo le habían ido las cosas a Enzo. Él le habló de sus dos divorcios, de su éxito como fotógrafo y le contó que, aunque tenía residencia fija en Nueva York, solía regresar a Italia un par de veces al año. Una de ellas era para recorrer los lugares más aislados de la Toscana. Y, en esos viajes, siempre había una parada obligada: Castiglione della Pescaia. Ella sonrió al oír aquello. Habían pasado la vida echándose de menos. Y ahora que el destino los había reunido de nuevo era demasiado tarde.

Carmen le habló de su hija, del trabajo que realizaba y, en definitiva, lo puso al día de en qué se había convertido su vida después de tantos años de trabajo sin descanso.

—¡Qué equivocados estábamos! ¿verdad? —dijo Enzo en un momento determinado de la conversación.

—¿A qué te refieres?

—Pensábamos que lo importante era la fama, el éxito, el reconocimiento. Y, en realidad, ¿para qué nos ha servido todo eso?

—En tu caso para ser un madurito interesante con mucho dinero y con un montón de años por delante para poder disfrutar de una jubilación dorada —respondió Carmen divertida.

—¿Y tú?

—Yo me lo gastaré en medicinas y pañales. Pero mejor eso que no tener dónde caerme muerta. ¿No te parece?

Lo que en realidad opinaba Enzo de todo aquello es que era horrible. Una mujer como aquella, con su belleza y su talento no podía terminar sus días de aquel modo. Y, sin embargo, así iba a ser. Una idea le pasó fugazmente por la cabeza. Pero enseguida la desechó. Siguieron hablando y, cuando se dieron cuenta, era ya la hora de cenar.

CAPÍTULO 21

Habíamos pasado los primeros minutos desde nuestra llegada al café haciendo toda clase de cábalas sobre quién podía ser aquel hombre tan guapo con el que nos acabábamos de encontrar. Al final, llegamos a la conclusión de que se trataba de alguien que, en algún momento determinado de la vida, había sido muy importante para mi madre. Estábamos en plena euforia creativa de todo tipo de historias románticas en torno a ellos, cuando nos dimos cuenta de que estaban saliendo del café. Enseguida fuimos a su encuentro.

—Paula, Iris... —dijo mi madre con bastante emoción en el tono de su voz—. Este es Enzo. El mejor fotógrafo de moda con el que he tenido el placer de trabajar, y un viejo amigo.

—Un placer —respondió el aludido al que le brillaban los ojos de una forma bastante especial. A continuación, nos dio un beso en la mejilla a cada una. Así fue cómo pude ver más de cerca lo guapo que era.

—Va a acompañarnos durante la cena, ¿verdad? —Después de pronunciar aquellas palabras mi madre permaneció durante unos segundos conectada con él de un modo que me sobrecogió.

—Carmen, no quiero molestar. Estáis de vacaciones en familia y, bueno, ya les he robado bastante tiempo.

—Vienes con nosotras y no se hable más. —Mi madre echó a andar en dirección al hotel en el que los alojábamos. Paula, Enzo y yo intercambiamos una serie de miradas bastante significativas y la seguimos en silencio.

Durante la cena mi madre estuvo radiante de felicidad y tan amable que, por un momento, llegué a pensar que aquel hombre le había proporcionado alguna clase de droga. Comprobé con satisfacción el modo en el que él conseguía arrancarnos una sonrisa a todas. Cómo estaba pendiente en todo momento de lo que necesitara mi progenitora, me enterneció mucho. Cuando nos trajeron los postres yo tenía ya bastante claro que entre ellos dos había sucedido algo muy importante.

Como si me acabara de leer el pensamiento Enzo nos explicó cómo se habían conocido y la forma en la que habían coincidido en la ciudad en la que nos encontrábamos durante la realización de un reportaje fotográfico. Paula y yo nos miramos divertidas. Mi mejor amiga tampoco se había tragado el cuento. Me moría de ganas de poder quedarme a solas con ella e intercambiar impresiones. Mi madre insistió en tomar un licor pero, entre la resaca que todavía llevaba de mi tarde en la playa y el cansancio que empezaba a sentir, lo cierto era estaba agotada. Miré a Paula. Ella también tenía aspecto de necesitar una ducha y bastantes horas de sueño. Cuando me di cuenta Enzo me estaba mirando y pude leer en sus maravillosos ojos grises que, aunque le apetecía seguir disfrutando de la compañía de mi madre, se sentía un poco culpable por haber interrumpido nuestro encuentro familiar.

—Mamá... Paula y yo nos vamos a descansar. Ha sido un día agotador. Pero vosotros quedaos y disfrutad de la noche. Seguro que tenéis muchísimas cosas que contaros —dije al tiempo que me ponía en pie seguida por mi mejor amiga.

—Yo también debo irme. —Enzo también se levantó.

—No, por favor, quédate —dijo Paula muy sonriente—. Aprovechad que estáis en la Toscana. Esto no pasa todos los días.

Estuve a punto de darle un codazo para que dejara de decir estupideces. A mí también me había quedado claro que entre mi madre y aquel tipo había ardido Troya, pero tampoco era necesario ser tan obvia. Por suerte ambos se tomaron el comentario de mi amiga con bastante buen humor.

—Estamos ya un poco pasados de moda para las noches florentinas —dijo Enzo divertido.

—Olemos un poco a alcanfor, sí —añadió mi madre mientras sonreía. Aquel comentario nos hizo gracias a todos—. Prométeme que te vemos mañana para almorzar.

—Tengo que ir a fotografiar un par de lugares y quiero aprovechar la luz —respondió él un tanto inseguro.

—Enzo Martinelli, conoces cada rincón de este país mejor que tu propio cuerpo. —Mi madre lo miraba ahora con una seriedad que asustaba—. Y sabes que, al mediodía, en la Toscana no hay una imagen que valga la pena. Te esperamos a las doce en la zona del puerto. ¿De acuerdo?

—Todavía recuerdas ese detalle —murmuró él en voz muy baja aunque, tanto Paula como yo nos dimos cuenta de lo que acababa de decir—. Os veo mañana entonces —añadió.

Paula y yo nos quitamos de en medio en cuanto tuvimos ocasión. No es que tuviéramos especial interés en que la pareja se quedara a solas, sino que nos moríamos de ganas de comentar todo lo que había sucedido. En cuanto cerramos la puerta de mi habitación las dos empezamos a hablar al mismo tiempo como si fuéramos dos adolescentes recién salidas del concierto de su grupo favorito.

—¡Qué fuerte todo! —dijo Paula mientras yo me ponía ropa un poco más cómoda.

—¿Qué crees que tuvieron? —Quería saber si su opinión coincidía también con la mía.

—¡Fuegos artificiales! —respondió mientras hacía todo tipo de gestos obscenos con las manos.

—¡Oye, que estás hablando de mi madre! —dije medio muerta de risa.

—¡Y seguro que ha disfrutado del mejor sexo de su vida junto a ese dios italiano! ¿Has visto qué guapo es?

—Tengo ojos en la cara. Sí, me he dado cuenta. Además, es muy elegante y atento.

—¿Cuándo crees que se conocieron? ¿Lo suyo sería algo de

una noche o, crees que vivieron una apasionada historia de amor?

—Enzo fue el auténtico amor de mi vida.

Paula y yo miramos en dirección a la puerta. Mi madre estaba parada justo en el umbral y nos miraba de un modo que no supe interpretar del todo. No sabíamos cuánto tiempo llevaba ahí. Desde luego, el suficiente como para haber escuchado parte de nuestra conversación.

—Creo que debería irme —empezó a decir Paula mientras cogía el bolso y el abrigo.

—Puedes quedarte. Lo que tengo que contarle a mi hija tal vez también te sirva a ti.

Paula me miró bastante aterrorizada, pero como yo tampoco adivinaba lo que iba a pasar a continuación, no supe qué transmitirle exactamente. Pasados unos segundos se acercó hasta el borde de la cama y se sentó. Yo la imité. Mi madre nos miró a las dos, respiró hondo y comenzó a hablar. Cuando terminó de contarnos una de las historias más fascinantes y duras que habíamos oído en toda nuestra vida, las tres estábamos llorando.

Mi madre debía de sentirse bastante aliviada en aquel momento. Después de tantos años había podido liberarse del secreto que, con tanto empeño y poco éxito, había querido enterrar. Paula debía de estar pensando que ojalá pudiera vivir ella una historia de amor tan intensa como la que acababa de escuchar, pero con un final mucho más feliz. Por lo que a mí respectaba estaba confundida y con un montón de preguntas que rondaban mi mente. Pero el sentimiento que predominaba por encima de los demás, era el de comprensión. Al fin se habían empezado a aclarar algunos de los interrogantes que me habían acompañado a lo largo de toda mi vida. El carácter frío de mi madre, su constante negativa a hablar sobre su vida privada, el modo en el que siempre prevenía a todo el mundo sobre el amor y sus consecuencias... Tenía que reconocer que, en aquel viaje por tierras italianas, estaba encontrando mucha más información de la que jamás hubiera esperado.

—¡Qué distintas hubieran sido las cosas si hubiéramos hablado de todo muchos años atrás! —dije casi sin darme cuenta. No era un reproche y tampoco quería que hubiera sonado como tal. Solo era lo que sentía en aquel momento.

—Eso ya nunca lo sabremos —respondió mi madre—. En ocasiones tomamos decisiones difíciles en la vida siempre pensando en qué va a ser lo mejor para nosotros. Después el tiempo se encarga de darnos o quitarnos la razón.

—Ya... —me limité a responder mientras no dejaba de pensar en cómo yo aplicaba algo de su lógica a mi propia vida.

—¿Y ahora qué va a pasar? —dijo Paula todavía conmocionada por la historia que acababa de escuchar.

—Aprovecharé mis días aquí para charlar con él. Luego volveremos a Barcelona y la vida seguirá.

—¿Después de todo lo que nos has contado piensas dejar las cosas así? —dije sintiendo que me enfadaba por momentos.

—Iris, te puedo asegurar que no necesito nada más. El destino me ha dado la oportunidad de volver a encontrarme con Enzo y poder conversar con él. Quiero que sepa cuánto me equivoqué y las veces que me he arrepentido de la decisión que tomé en su momento. Si consigo que él me comprenda y me perdone, tendré más que suficiente.

—Ya te ha perdonado —respondí bastante emocionada—. ¿Acaso no te has dado cuenta de cómo te mira?

Pude notar cómo mi madre se ruborizaba. Por supuesto que también se había dado cuenta, del mismo modo que sabía que Paula y yo éramos conscientes de los sentimientos que aquel hombre provocaba en ella antes de que nos contara su historia.

—En cualquier caso, quiero oírlo de sus propios labios... Es tarde. Será mejor que nos vayamos todas a descansar. Mañana el día va a ser apasionante.

Mi madre salió de la habitación con la misma delicadeza con la que había entrado. Vi cómo Paula empezaba a recoger sus cosas de nuevo y se dirigía hacia la puerta.

—¿Dónde vas? —dije sin entender nada.

—A mi hotel.

—¡Eso no te lo crees ni tú! Te quedas aquí conmigo. No pienso dormir sola. Bueno, después de lo que acabo de escuchar, no creo que pueda conciliar el sueño.

Saqué del armario un pijama para mi mejor amiga. Las dos nos desnudamos en silencio sumidas en nuestros propios pensamientos y reflexiones. A continuación, nos metimos en la cama. Paula fue la primera en hablar.

—¿Crees que volverá a despedirse de él otra vez para siempre?

—Eso es exactamente lo que tiene pensado hacer. Ya la has escuchado.

—Bueno... en cierto modo la entiendo —dijo mi amiga.

—¿Qué parte?

—La que pertenece al presente. Es normal que no quiera pedirle nada cuando su futuro más inmediato es tan... poco esperanzador —dijo al tiempo que suspiraba profundamente.

—Seguro que él tiene su propia vida, sus hijos, su trabajo... Además, se conocieron hace tantos años... La vida cambia a las personas y es posible que, si se dieran una oportunidad ahora, no se aguantaran.

—A lo mejor tienes razón —murmuró Paula no demasiado convencida.

—El paso del tiempo provoca un efecto curioso en la mayoría de las personas. Tendemos a olvidar las cosas malas y a idealizar las buenas. Lo mismo pasa con las relaciones. El primer amor nunca se olvida aunque estoy convencida de que, si tuviéramos oportunidad de, pasados algunos años, retomar esa relación junto a aquella persona a la que tanto amábamos, no lo soportaríamos.

—Es posible —respondió mi amiga bastante pensativa—. Ahora que conoces esta historia, ¿sigues pensando lo mismo con respecto a Arnau?

Me sobresalté al escuchar aquel nombre y también me sorprendió que me volviera a preguntar por mis sentimientos hacia él. Era cierto que la historia de mi madre había removido muchas cosas en mi interior. También me había dado mucho en lo que pensar. Pero necesitaba tiempo para digerirlo todo y hacerle un hueco en mi interior. Nunca había sido una mujer impulsiva. Solía meditar mucho todas las decisiones que tomaba por pequeñas que fueran.

—Ahora mismo no sé qué pensar sobre prácticamente nada —dije con sinceridad—. Tengo demasiada información.

—Esto no va de hacer el informativo de las nueve de la noche, sino de sentimientos. ¿Quieres a Arnau? ¿Sí? ¿No? ¿No sabe, no contesta? —Paula estaba presionándome demasiado y lo sabía. Pero, tal vez ella se estuviera dando cuenta de algo que yo todavía no había visto o, quizás, tuviera información que yo desconocía.

—¿Por qué tanta insistencia en que tu hermano y yo estemos juntos?

—Porque estáis hechos el uno para el otro. Por mucho que tratéis de negarlo, especialmente tú, estáis enamorados.

—En la Edad Media no hubieras tenido precio como casamentera —dije con una sonrisa en los labios—. Las cosas no son tan sencillas.

—¿Quieres terminar como tu madre? —Pude ver su cara de enfado incluso con la luz apagada.

—No es tan sencillo —volví a repetir porque estaba completamente convencida de ello.

—Lo que ya tienes claro es hacia dónde te va a llevar tu miedo a comprometerte y a mostrarle a los demás todo el amor que sientes. Has vivido con ese ejemplo durante toda tu vida y esta noche acabas de descubrir cómo han sido las cosas en realidad. ¿De verdad que quieres continuar así?

—No —respondí después de meditar la respuesta.

—Pues ya sabes lo que tienes que hacer. Ahora vamos a descansar porque estoy ansiosa por saber cómo continúa el romance mañana al mediodía.

Unos minutos después nos dormimos. Estábamos exhaustas. El día había estado cargado de muchas emociones.

A la mañana siguiente bajamos a desayunar más tarde de lo habitual. Aun así, nos pudimos sentar en nuestra mesa de siempre. No había ni rastro de mi madre, pero todavía faltaban casi dos horas para nuestra cita con Enzo. Paula y yo habíamos comentado la posibilidad de dejarlos solos para que hablaran de sus cosas, pero luego convenimos que, si no nos presentábamos, íbamos a parecer unas maleducadas. En cuanto le proporcionamos a nuestro cuerpo la suficiente dosis de cafeína salimos a dar un paseo por el centro. Además, mi amiga quería ir su hotel. Ya habíamos decidido que se quedara en el nuestro. Íbamos a pasar todo el tiempo juntas. No tenía sentido estar yendo y viniendo de una habitación a otra.

A las doce en punto nos encontramos con mi madre en el *hall* del hotel. Estaba guapísima. Llevaba un traje de chaqueta y pantalón de color negro combinado con un jersey en tono crudo con cuello vuelto. Para protegerse del frío había escogido una gabardina clásica que le sentaba estupendamente. A su lado, Paula y yo parecíamos sus asistentes en vez de sus acompañantes. Caminamos con tranquilidad en dirección a la zona del puerto. Mi madre le ofreció a Paula todo tipo de explicaciones sobre los edificios que íbamos encontrando a nuestro paso. Ahora comprendía por qué sabía tanto de arte. Enzo le había contagiado su entusiasmo cuando se habían conocido tantos años atrás. Cuando llegamos a la zona del pequeño puerto deportivo él ya estaba allí igual de elegante que la noche anterior. Nos saludamos con cordialidad y luego nos dejamos guiar por unas estrechas calles que parecían un auténtico laberinto.

Después de casi un cuarto de hora caminando nos detuvimos ante una casa de color blanco. Era la típica vivienda de pescadores con la diferencia de que ya no vivía nadie allí, había sido restaurada hacía un par de años y transformada en una espléndida vinoteca. En cuanto nos sentamos en una mesa con unas bonitas vistas a la playa mi estómago empezó a rugir con fuerza. Tenía que salir de aquel país lo antes posible. Me estaba acostumbrando demasiado a la buena vida y, como siguiera comiendo de aquella manera, iba a tener serios problemas para poder vestirme.

Enzo se encargó de pedir el almuerzo para todas. Después mi madre y él comenzaron a hablar. Paula y yo aprovechamos para observarlos con disimulo. ¡Se les veía tan bien juntos! Era una lástima que la vida los hubiera llevado por caminos tan diferentes.

Cuando llevábamos ya unas cuantas copas de vino en el cuerpo, mi mejor amiga volvió a la carga con el tema de su hermano.

—¿Vas a llamarle o no? —dijo mientras se llevaba una porción de queso *pecorino* a la boca y lo saboreaba con entusiasmo.

—No. Ya hablaré con él cuando regrese a Barcelona.

—Yo creo que deberías llamarle —respondió mientras me sonreía con inocencia—. ¿Y si aparece otra mujer en tu ausencia?

—Así lo habrá querido el destino —dije con una seguridad que no sentía—. ¿Hay otra mujer? —añadí.

Paula se carcajeó con tanta fuerza que logró llamar la atención de mi madre y de Enzo.

—¿Se puede saber de qué os reís vosotras dos? —dijo él también con una sonrisa.

—Iris, que no sabe cómo gestionar los asuntos del corazón —respondió Paula muerta de risa.

—¡Bocazas! —murmuré lo suficientemente bajo como para que solo ella pudiera oírme.

—Solo hay una forma de enfrentar el amor —intervino mi madre—. De frente. Siempre.

Oír aquellas palabras en su boca me causó bastante impresión. En cualquier otro momento le hubiera dicho aquello de «consejos vendo y para mí no tengo». Pero después de lo que acababa de descubrir durante los últimos días sabía que estaba intentado evitar que yo cometiera el mismo error que ella. En cualquier caso, no quería que mi vida privada se convirtiera en tema de conversación durante el resto del almuerzo. De modo que me limité a asentir con la cabeza y a guardar silencio. Afortunadamente Enzo y mi madre retomaron la conversación en la que ambos estaban enfrascados antes de la interrupción y Paula consideró más interesante hablar sobre lo que íbamos a hacer durante los tres días que le quedaban de vacaciones.

Cuando terminamos de comer decidimos ir a tomar café al lugar que yo había descubierto el día anterior. No gozaba de vistas al mar pero la chimenea que había en su interior le daba al local un ambiente bastante acogedor. Nos acomodamos en una mesa junto al fuego y agradecimos el calor que nos envolvió. Todavía no nos habían tomado nota cuando mi madre le dijo a Paula que quería enseñarle una pequeña iglesia que estaba justo al lado. Ambas se pusieron en pie con la promesa de regresar enseguida. Enzo y yo nos quedamos a solas. Aunque éramos unos completos desconocidos me sentía cómoda en su compañía.

—¿Cómo van las cosas? —Él rompió el hielo.

—¿A qué te refieres exactamente? —dije con sinceridad.

—A Carmen, ¿cómo es de grave lo que le sucede?

—¿Qué te ha contado?

—Me ha dicho que no tiene demasiado tiempo —dijo Enzo con muchísima tristeza.

—Es cierto. Los médicos no han querido dar una cifra

exacta pero es posible que la mujer que todos conocemos desaparezca de la noche a la mañana. —Los dos nos quedamos en silencio probablemente tratando de asumir que la íbamos a perder.

—¿Es cierto que quiere irse a Suiza? —Abrí los ojos como platos. Me sorprendió bastante que también le hubiera contado los planes que tenía para quitarse de en medio.

—Sí, pero estoy intentando con todas mis fuerzas que luche y no se dé por vencida.

—Si hay alguna cosa que yo pueda hacer... —dijo mientras clavaba sus ojos en los míos.

—Lo que te salga del corazón —respondí con sinceridad.

—Eso haré. Muchas gracias por tu franqueza, Iris.

No pudimos hablar más porque enseguida regresaron Paula y mi madre muy emocionadas por la breve escapada cultural que acababan de hacer. Todos nos dejamos llevar por su entusiasmo y empezamos a hacer planes para los siguientes días. Insistí en llevar a Paula a Siena, Lucca y Florencia. Solo estaríamos un par de noches fuera. Así ellos dos podrían disfrutar de tiempo para estar solos.

* * *

Carmen aprovechó cada segundo de los dos que días pasó en compañía de Enzo. No hicieron nada especial ya que apenas se movieron de Castiglione y los alrededores. Pero junto a él tenía la sensación de que cualquier cosa que hacía era maravillosa. Justo la noche antes de que regresaran las chicas, decidieron cenar en el restaurante del hotel. Habían pasado el día visitando la fortaleza de la ciudad y se habían hecho fotos en cada rincón. A las cinco de la tarde estaban agotados. Por eso decidieron pasar la noche lo más tranquilos posible.

—¿Qué vas a hacer a partir de ahora? —dijo Enzo mientras le servía una copa de vino.

—Volver a Barcelona aprovechar cada instante en el que todavía pueda ser yo misma. Se lo he prometido a Iris.

—¿Y después? —Él no sabía cómo gestionar la angustia que sentía en su interior.

—Ya lo sabes...

—¿Por qué no dejas que te cuide?

—¿Quieres cargar con esta vieja que además de estar cargada de manías va a perder la cabeza?

—No me gusta que hables así —dijo Enzo bastante dolido.

—Lo siento, pero es que la idea de que me quieras salvar de algo inevitable me supera.

—Me parece que no me he explicado bien. No pretendo salvarte de nada. Tan solo quiero que dejes que te acompañe en esta última etapa de la vida. Tú misma acabas de decir que vas a intentar exprimir al máximo cada segundo. Hazlo a mi lado.

—No puedes dejarlo todo por mí —protestó Carmen. Volvían a estar en el mismo punto que hacía casi tres décadas—. Tienes una vida, una profesión y cosas que hacer.

—*Cara mia*, no tengo nada mejor que hacer que pasar el resto de tiempo que me quede a tu lado. Y a menos que tú me digas que no lo deseas y que me quieres lejos de tu vida, pienso actuar conforme me dicta el corazón.

Carmen sintió cómo los ojos se le llenaban de lágrimas. Sabía que no podía decirle que no lo amaba y que no deseaba que estuviera en su vida. Pero, ¡le parecía tan egoísta! ¿Qué iba a ser de él cuando ella ya no pudiera recordarlo? ¿Por qué deseaba someterse a aquella clase de sufrimiento? Ella misma se dio la respuesta. Porque la amaba del mismo modo en el que Carmen siempre lo había amado.

—Ven conmigo a Barcelona —dijo ella con la voz entrecortada.

—Será un placer —respondió Enzo al tiempo que se inclinaba ligeramente sobre su rostro y le depositaba un tierno beso en los labios.

En cuanto terminaron de cenar subieron a su habitación. La última vez que habían estado juntos eran dos personas jóvenes con toda una vida por delante. Ahora ambos llevaban a sus espaldas una mochila cargada de experiencia. En cuanto entraron en el dormitorio, ninguno de los dos dijo nada. No hacía falta. Sus ojos lo decían todo. Él la fue desnudando poco a poco y ella se dejó hacer. Poco le importó en aquel momento la madurez de su cuerpo porque sabía que él la deseaba más allá de la piel que acariciaba. Se dejaron caer desnudos sobre la cama y se abrazaron. Tan solo el contacto de sus cuerpos ya les proporcionaba un inmenso placer. Pero los dos sabían que necesitaban más. Debían saciar treinta años de ausencia y desamor.

CAPÍTULO 22

Lo único que podía hacer era llorar. Mi madre terminaba de contarme la decisión que había tomado. La mejor de su vida, tal y como ella misma había dicho. Yo sentía tanta emoción y alegría por ella que no pude contener la emoción. Por fin las cosas en su vida respiraban cierta normalidad. Había escogido la opción de luchar y yo me sentía inmensamente feliz por ella. Pero, cuando en realidad dejé que salieran todos mis sentimientos, fue en el instante en que me abrazó.

Era incapaz de recordar la última vez que había notado el calor de su cuerpo junto al mío. No guardaba en mi memoria tanta ternura como la que estaba recibiendo por su parte en aquel preciso instante. Era consciente de que todo aquello estaba sucediendo en realidad como también me perseguía la idea de que, de una vez por todas, nos merecíamos una oportunidad de conocernos y de comenzar a crear una buena relación. Pero había momentos en los que el miedo me asaltaba y me preguntaba hasta cuándo iba a prolongarse la armonía entre nosotras. Si sería capaz de enfrentarme a su enfermedad sin perder la paciencia ni echar mano de todo lo negativo que me había hecho sentir. Mientras sentía su cálido abrazo hice el ejercicio de madurez más grande que había hecho jamás. El de perdonar y el de olvidar. La vida ya nos había robado demasiado tiempo a ambas. Ahora debíamos esforzarnos para disfrutar la una de la otra por muy complicadas que se pusieran las cosas.

Era bien entrada la madrugada cuando mi madre me dejó sola en la habitación. Paula se había ido a descansar a su hotel con la excusa de querer probar el spa por el que había pagado. Yo sabía que lo había hecho para dejarme cierta intimidad con mi madre y, después de lo que acababa de suceder, se lo agradecía infinitamente. Me tumbé en la cama con el móvil en la mano. Sabía lo que debía hacer a continuación. La pregunta era si tenía el valor necesario para hacerlo.

Eran más de las tres de la mañana. De modo que opté por enviar un mensaje.

«Arnau mañana regresamos a Barcelona. Me gustaría mucho que nos viéramos. Tengo cosas que contarte y muchas más que decirte. Un beso enorme».

Pulsé la tecla para enviarlo sin releerlo. Temía que si lo hacía me entrara el miedo en el último momento y cometiera un error del que, con toda seguridad, me acabaría arrepintiendo. Con todos los acontecimientos y novedades tenía la mente en plena efervescencia. Pero sabía que tenía que descansar. Debía de estar despejada para afrontar mi regreso a casa.

El viaje desde Castiglione al aeropuerto fue una auténtica fiesta. Enzo había decidido venir con nosotras a Barcelona. Ya había hecho las gestiones oportunas para instalarse en casa de mi madre. Sonreí emocionada al ver que por fin su historia de amor iba a tener el final que se había merecido ya en el pasado. Ahora solo faltaba averiguar qué iba a suceder con mi futuro más inmediato.

—¿Nerviosa? —me preguntó Paula en uno de los momentos en los que la pareja estaba tan ensimismada que ni estaban en este mundo.

—Un poco —respondí con sinceridad.

—Todo va a ir bien. Se trata de Arnau. Ya sabes cómo afronta las cosas con él.

—Eso es verdad, pero eso no evita que me sienta insegura.

—¡Ay, el amor! —dijo Paula al tiempo que me pasaba el brazo por encima del hombro y me atraía hacia ella.

—¡Qué complicado! ¿verdad?

—En absoluto. Es el sentimiento más sencillo del mundo. Somos nosotros quienes se lo ponemos difícil.

—Lo dicho. Hubieras sido una gran casamentera en otra época —dije al tiempo que le sonreía.

—¿Quién te ha dicho que ahora no lo soy? —Paula me devolvió la sonrisa y me guiñó un ojo. Luego las dos nos quedamos en silencio.

Llegamos al aeropuerto sin ningún contratiempo y nuestro vuelo salía en el horario previsto. Aprovechamos el tiempo de espera para comprar algunos recuerdos. En cuanto embarcamos, me acomodé en mi asiento con la intención de repasar una vez más todo lo que quería decirle a Arnau. Sin embargo, noté que los ojos se me cerraban en el mismo instante en el que el avión comenzaba a despegar. Mi último pensamiento fue para la ciudad de Florencia. Un lugar al que ya me moría de ganas de regresar en compañía del hombre al que amaba.

Cuando alcanzamos la terminal del Prat me sorprendió no estuviera esperándonos. Tal vez le hubiera surgido trabajo de última hora y no había podido llegar a tiempo. Pero en ese momento caí en la cuenta de que tampoco había contestado al mensaje que le había enviado hacía ya unas cuantas horas. Estaba tan emocionada con la historia de Enzo y mi madre que no había reparado en ese detalle. Sentí cómo la angustia se volvía a instalar en la boca de mi estómago. Paula caminaba a mi lado, pero decidí no decirle nada. Probablemente se trataría de algo relacionado con el periódico.

A continuación, cogimos un taxi y yo le di al conductor la dirección de Paula. Era la que más cerca quedaba de donde nos encontrábamos. Me emocioné cuando vi las primeras luces de la ciudad de Barcelona. Había estado muy a gusto en Italia pero había echado de menos las calles de mi ciudad. Como apenas había tráfico, pocos minutos después llegamos a casa de mi amiga. Ella se bajó del vehículo no sin antes despedirse de mi madre y de Enzo, quienes seguían en su mundo paralelo, y haciéndome prometer que la mantendría informada de todo. La siguiente en apearse del taxi fui yo.

—Portaos bien en casa y mañana hablamos, ¿de acuerdo? —dije como si fuera la madre de dos adolescentes que van a empezar a hacer locuras en cuanto se queden solos.

—Lo intentaremos —respondió mi madre rebosante de energía y de felicidad.

—Iris... —dijo Enzo con la voz entrecortada—. Gracias.

—A ti. No tienes ni idea del regalo que te llevas.

El taxi continuó su camino y todavía podía escuchar sus risas mientras buscaba las llaves de casa. En cuanto entré en mi apartamento dejé la maleta en mi dormitorio, me desnudé y me metí en la ducha. Necesitaba quitarme de encima el cansancio del viaje y también la ansiedad que me producía no haber tenido noticia alguna de Arnau. Permanecí debajo del grifo un buen rato sintiendo cómo el agua caliente me reconfortaba. Cuando salí del baño vestida con mi chándal de ir por casa volví a consultar el móvil. Ningún mensaje. Estaba demasiado cansada para salir a dar una vuelta así que opté por coger un libro. De ese modo conseguiría dejar de imaginar las razones por las que él todavía no se había puesto en contacto conmigo.

Eran más de las doce de la noche cuando sonó el timbre de la puerta. Hacía un buen rato que me había metido en la cama y mi nivel de enfado con Arnau era muy elevado. Pensé que se trataría de alguien que se habría equivocado y seguí con la lectura. Apenas habían pasado unos pocos segundos, cuando el timbre volvió a sonar. Me levanté, me puse la bata y fui hacia la puerta. Al otro lado estaba el hombre que tanto me había hecho esperar.

—Hola —dijo él al tiempo que me miraba con sus magníficos ojos azules.

—Hola —me limité a responder de un modo no demasiado amistoso.

—Sé que es un poco tarde... ¿Puedo pasar?

Le respondí echándome a un lado y dejándole el acceso libre al interior de mi casa. Cuando llegó al salón se quedó de pie sin saber demasiado bien qué hacer.

—¿Te apetece algo de beber?

—No, gracias. Llevo bastantes días trabajando un montón de horas y prefiero no tomar nada hasta que haya dormido bien.

—Como quieras —me limité a contestar mientras cogía de la nevera una Coca-cola Zero para mí.

—Iris —empezó a decir en cuanto nos sentamos en el sofá—. Lo primero que quiero que sepas es que leí el mensaje que me enviaste. No he respondido porque no tenía muy claro si quería oír lo que tenías que decirme.

Estaba preparada para escuchar cualquier cosa en el mundo, pero no para aquella. Tragué saliva un par de veces e intenté respirar pausadamente para poder pensar con claridad. La última vez que nos habíamos visto le había dejado claro que, entre nosotros, no podía surgir nada más. ¿Impedía eso que ahora pudiéramos volver a hablar del tema? Desde luego yo pensaba que no, pero como no tenía nada coherente que decirle, preferí seguir en silencio mientras mi cerebro pensaba a toda velocidad.

—Me quedó claro que tú y yo no vamos a llegar nunca a nada. No quieres compromisos, ni enamorarte, ni darle una oportunidad a nada que tenga que ver con los sentimientos. No me gusta. Pero lo acepto. Sin embargo... —Ahora venía cuando me daba el mazazo. Lo presentía—. También tengo que mirar por mí y, en este momento, ser tu amigo me duele. No puedo estar a tu lado sabiendo que no puedo tocarte, besarte o acariciarte. Tal vez te parezca un egoísta y puede que lo sea. Sin embargo, prefiero ser del todo sincero a tener que fingir una relación contigo que ahora mismo no me apetece tener.

—¿No quieres que seamos amigos? —logré balbucear bastante aturdida.

—En este momento creo que, lo mejor para los dos, es que nos demos un poco de espacio. Estoy convencido de que, con el tiempo, las cosas volverán a la normalidad y volveremos a ser los de siempre.

No pude decir nada más. Las lágrimas resbalaban por mis mejillas sin control y, lo peor de todo era la sensación de que me merecía lo que me estaba pasando. Él me había abierto su corazón y yo me había empeñado en no mostrar mis sentimientos ni permitir que se acercara. Ahora no era tan extraño que él quisiera protegerse y retirarse a sus cuarteles de invierno.

—Como quieras —acerté a vocalizar después de varios minutos de permanecer en silencio.

—En ese caso, me voy. Ya nos veremos, ¿de acuerdo?

—Sí... —respondí sintiendo que, con cada paso que él daba en dirección a la puerta, se iba llevando una parte de mí.

Cuando me quedé sola me dejé caer sobre el sofá y me abandoné al llanto. Me sentía rota y desconsolada. ¿Cómo había sido tan tonta de pensar que él me aceptaría después de todo lo que yo le había dicho? Arnau no tenía ni idea de lo que había supuesto para mí el viaje a Florencia, de cómo había influido en mi forma de pensar. El modo en el que conocer el pasado de mi madre me había ayudado a entender una parte del mío. Ya no podría decirle que no le temía al amor, que lo único en lo que pensaba era en estar a su lado. No podría contárselo porque él se había marchado y porque yo ni siquiera le había dado una oportunidad.

Pasé los dos días siguientes encerrada en casa lamiéndome las heridas. No hizo falta que pusiera a Paula al día de nada. Arnau se había encargado de hacerlo. Ella sabía lo que sentía por él, del mismo modo que era consciente que yo no había llegado a compartir con Arnau ninguna de las conclusiones a las que había llegado durante mi viaje. Por suerte, ella había decidido no interferir en ese asunto, algo que le agradecí profundamente. Quizás Arnau no fuera el hombre que estaba destinado a mí y la vida me tenía reservada a otra persona. Pero incluso, cuando pensaba de aquel modo, no podía dejar de sentirme culpable por haberle perdido.

Agradecí tener que madrugar para ir a trabajar. No me apetecía volver a ver a mi jefa ni tampoco tener que aguantar todas sus tonterías. Pero, al menos, mantendría la mente ocupada. Cuando llegué a mi despacho, Mireia ya estaba allí. Enseguida se interesó por las vacaciones en la Toscana junto a mi madre y quiso saber todos los lugares en los que habíamos estado. Cualquiera que nos hubiera visto seguro que hubiera pensado que éramos íntimas amigas. Le ofrecí la información que me pidió y luego regresé a mi mesa para trabajar. Superé mi primera jornada laboral con éxito. Luego la segunda y la tercera.

En cuanto fui capaz de sumergirme de nuevo en la rutina conseguí sacar a Arnau de mi mente. Al menos durante el día porque me pasaba las noches enteras en vela preguntándome por qué no me había dado cuenta de lo que sentía por él antes, o cómo era posible que no le hubiera explicado nada de mi viaje cuando lo había tenido delante. Paula y yo seguíamos yendo a almorzar juntas. Ambas evitábamos hablar del tema en cuestión. Primero porque Arnau era su hermano y, segundo, porque verbalizar mi dolor tampoco me ayudaba.

Las semanas fueron pasando y la ciudad se fue preparando para celebrar la Navidad. Todas las calles estaban decoradas y magníficamente iluminadas. Sin duda, para mí iban a ser unas fiestas bastante especiales, serían las primeras que pasaría en compañía de mi madre después de muchos años. Eso me llenaba de ilusión. Sin embargo, había algo de dolor también ya que no podría compartirlas con la persona de la que estaba enamorada. Aproveché el horario reducido previo a las fiestas para pasearme por las calles del centro en busca de regalos para todos. Si había una cosa en el mundo que me gustaba era pensar con qué detalle sorprender a la gente que más quería. Este año iba a tenerlo complicado porque no conocía demasiado los gustos de Enzo y tampoco sabía qué comprarle a una mujer que lo tenía absolutamente todo. Aun así, estaba convencida de que algo se me acabaría ocurriendo.

El día veintidós de diciembre me mudé a casa de mi madre. Tanto ella como Enzo habían insistido en que pasara las fiestas con ellos. En casa seguía teniendo mi habitación y así no tendría que estar yendo y viniendo porque tenían la intención de pasar unas fiestas siguiendo las tradiciones. Paula llevaba varios días insistiendo para que la acompañara a una fiesta de Nochevieja. Pero lo último que me apetecía era encerrarme en una sala llena de gente, con música a todo volumen y estar obligada a pasármelo bien para no amargarle la velada a nadie.

Me encantó ver el sorteo de la lotería de Navidad sentada en el sofá del salón junto a mi madre. Enzo se había adueñado de la cocina y se dedicaba a preparar dulces caseros que ambas devorábamos sin dejar tiempo para que se enfriaran. También me gustó la tarde que pasé escuchándoles hablar del tiempo en el que habían trabajado juntos. Se notaba que ambos sentían auténtica pasión por lo que hacían y así lo transmitían cada vez que contaban qué había sucedido en un desfile o en una sesión fotográfica.

La cena de Nochebuena fue una auténtica maravilla. No ya por el homenaje gastronómico que nos dimos, sino por el ambiente tan familiar que encontraba en cualquier rincón de la casa. Aquellas eran mis primeras fiestas con una familia de verdad y estaba disfrutando como una chiquilla. Enzo sentía bastante curiosidad por saber más cosas sobre mi trabajo y, por supuesto, sobre mis sueños. Nunca había hablado de ello delante de mi madre. Sin embargo, aquella noche no me importó explicarles que lo que yo quería era tener mi propia agencia de publicidad. Para aquello había estudiado y, cada día que pasaba, tenía muchas más ganas de empezar mi andadura en solitario. Tenía grandes ideas innovadoras y muchas ganas de intentarlo. Sabía que era un sector en el que la competencia era feroz, pero confiaba tanto en mí como en las ideas que había ido fraguando con el paso de los años. Además, tenía a mi favor haber trabajado con Mireia Llorens. La mejor dentro del mundo de la publicidad. Había sido una gran maestra. Ahora solo me quedaba empezar a volar por mí misma.

La mañana de Navidad nos levantamos temprano. Hubiera sido imposible no hacerlo porque Enzo empezó a aporrear la puerta de mi dormitorio cuando todavía era de noche. Me puse la bata y las zapatillas. Luego bajé al salón. Debajo del espléndido árbol estaban todos los regalos. En cuanto vi la multitud de cajas que había en la parte en la que estaba el cartel con mi nombre empecé a gritar. No tenía manos suficientes para desenvolver todos los paquetes. Enzo y mi madre también empezaron a abrir los suyos. Me detuve para ver sus reacciones. Me emocioné cuando mi madre abrió el que yo había comprado para ella. Una pulsera de oro de la que colgaban pequeñas figuras que, vistas por separado, no tenían significado alguno pero que, al juntarse, contaban toda una historia. Hacía muchos años mi madre me había contado una utilizando aquella técnica. Ahora era yo quien le narraba la mía. Una en la que se hablaba de la felicidad, saber aprovechar el presente y ser siempre fiel a los sentimientos. Luego fue el turno de él. Junto a la broma típica de la corbata y los calcetines de rigor, había una caja de tamaño mediano. En ella había depositado varias de las fotos de mi infancia en las que también mostraba una parte de la vida que no había podido disfrutar a nuestro lado.

A mí solo me quedaba un paquete por abrir y tenía toda la pinta de ser un libro. Sin embargo, al cogerlo entre las manos, me di cuenta de que pesaba bastante. Rasgué el papel de regalo y me quedé sin habla cuando vi que se trataba de un álbum de fotos. Pero no uno cualquiera. Estaba lleno de fotos de mi madre en diferentes momentos de su vida. Imágenes en las que aparecía bellísima y que solo podían haber sido tomadas por alguien que sintiera auténtica devoción hacia ella. Al mirar las fotos con mayor atención me di cuenta de que, debajo de cada una de ellas, había escrito un pequeño poema.

—Son las emociones que tu madre me hizo sentir en cada uno de esos instantes —dijo sin poder evitar mostrarse muy emocionado.

—No sé qué decir... Gracias. Este es el mejor regalo que me han hecho jamás. Seguí hojeando el álbum y empecé a ver imágenes que no se correspondían demasiado con la línea general del álbum.

—Veo que te has dado cuenta —murmuró Enzo al tiempo que se acercaba a mí.

—Hay algunas que parecen diferentes. Es como si no tuvieran... alma —dije mientras señalaba una en concreto en la que se veía a mi madre dando el visto bueno a la prenda que lucía una modelo.

—Es que fueron robadas. —Lo miré con sorpresa, pero él volvió a hablar antes de que yo pudiera decir algo más—. Cuando tu madre me dejó claro que no quería que nos volviéramos a ver, y yo lo asumí, también tomé una decisión. No volvería a coincidir con ella en ningún desfile. Jamás. Sin embargo, cada vez que había algún gran evento no podía resistir la tentación de pedirle a algún colega que la fotografiara. Ellos no hacían preguntas y, a cambio, yo podía seguir viendo a *la mia cara* —dijo con ternura mirando a mi madre.

Me sentía dichosa de poder conocer de primera mano aquella historia de amor tan maravillosa. Pero todavía más de que fuera mi madre la principal protagonista de ella.

Todavía no había logrado comprender muchas de sus actitudes hacia mí cuando era pequeña, aunque estaba segura de que con el tiempo lo haría. En cualquier caso, el pasado poco importaba ya. Ahora lo que tocaba era vivir el presente. Al fin y al cabo, eso era lo único que teníamos.

El treinta y uno de diciembre a las seis de la tarde, Paula logró convencerme para salir de fiesta con ella. Pero no había sido la única. Mi madre y Enzo también habían contribuido bastante a ello. Se habían pasado los tres últimos días machacándome con la misma frase: «Tienes que despedir el año de buen humor y recibir al que llega con buen pie». Tanto había ido el cántaro a la fuente que al final dije que sí solo para dejar de oírlos. Mi madre estaba más emocionada que yo ante la idea de que me fuera de fiesta. Hasta tal punto había llegado su entusiasmo que había hecho que viniera un peluquero y un maquillador a casa a ponerme estupenda para despedir el año. A las ocho y media de la tarde estaba lista como Cenicienta. Solo faltaba que la carroza viniera a buscarme.

Cuando bajé al salón Enzo y mi madre me miraron con satisfacción.

—Estás más guapa que muchas de las modelos a las que he tenido que fotografiar —dijo en un tono muy galante.

—Muchas gracias. A ver si consigo no engordar igual que hacen ellas —respondí al tiempo que trataba de esconder un poco la barriga.

—Estás estupenda. Así es que disfruta de la noche y pásalo bien —dijo mi madre mientras me daba un beso en la mejilla.

—Lo intentaré. Y vosotros... ¡Comportaos!

No les di tiempo a responder, pero de nuevo, les oí reír tras la puerta. Cuando salí a la calle, el taxi ya había llegado. Paula me esperaba en el interior y... ¡Estaba guapísima! Menos mal que le había hecho caso a mi madre y me había arreglado.

—¡Caray, Iris! Pareces una modelo de pasarela.

—Eso mismo me acaba de decir Enzo. Tú también estás preciosa.

—No tengo nada que hacer a tu lado. Así es que, esta noche, no te acerques demasiado a mí —dijo con una enorme sonrisa.

—Lo tendré en cuenta. ¡Venga, vayamos a pasarlo bien!

Unos compañeros del trabajo habían organizado una fiesta en un local del Raval, que habían alquilado para la ocasión. Se serviría comida japonesa, tanto alcohol como nos apeteciera y podríamos bailar hasta que se nos cayeran los pies a trozos. Al menos así lo habían asegurado cuando invitaron a Paula a asistir. Cuando me expuso la idea me pareció bastante cutre, pero a medida que pasaron los días y fui viendo la gente que había implicada en la organización, empecé a pensar que podía terminar convirtiéndose en una gran fiesta. Cuando el taxi se detuvo en la puerta, supe que había tomado una decisión acertada. Aquella fiesta iba a ser lo más.

En cuanto entramos fuimos recibidas con cariño por parte de nuestros compañeros y de sus parejas. Una vez hechas las presentaciones, comenzamos a charlar animadamente. Después de cenar ya éramos todos una piña. No recordaba que trabajara gente tan divertida en la empresa. Claro que yo era la secretaria de la jefa y estaba un poco apartada del resto. Faltaban tres cuartos de hora para que dieran las doce de la noche. Todos nos empleamos en tener las uvas listas y a nuestro alcance. También aprovechamos el tiempo para ponernos al día de todos los rituales de buena suerte que conocíamos para esa noche del año tan mágica.

Estaba conversando con una de las chicas de administración cuando le vi. Arnau acababa de entrar en el local y todo mi cuerpo se puso en tensión. En cuanto pude busqué a Paula con la mirada. La encontré al otro lado de la sala y fui hacia ella.

—Dime que no sabías que venía —dije señalando con la cabeza en dirección a la puerta.

—No —respondió ella con la vista fija en su hermano que ahora conversaba con una chica bastante guapa.

—¿Ha venido aquí por casualidad?

—Lo dudo. —La fulminé con la mirada, pero ella me cogió por el brazo y tiró de mí con fuerza para que no me marchara—. Me preguntó los planes para Nochevieja y le comenté lo de esta fiesta. Le di un par de detalles y poco más. Yo no le he invitado, si es eso lo que estás pensando.

—Tranquila, recogeré mis cosas y me marcharé. Tú, disfruta de la noche —dije mientras le daba un beso rápido en la mejilla.

A continuación, me solté de su mano dando un tirón y fui a buscar mi abrigo. La gente estaba tan entretenida mirando el reloj de la Puerta del Sol que aparecía en la televisión que ni se dieron cuenta de que me marchaba. Cuando salí a la calle, me puse el abrigo. A aquella hora iba a ser prácticamente imposible encontrar un taxi. Sin embargo, podía ir a mi casa andado. Apenas tenía veinte minutos a pie y llevaba las llaves en el bolso. Iba a empezar a andar cuando dos manos sujetaron mis hombros con fuerza.

—Iris... —dijo Arnau en cuanto me di la vuelta—. No te vayas, por favor.

—Mira, no quiero estropearle la noche a nadie. Probablemente hayas venido hasta aquí pensando que tu hermana estaría sola con sus compañeros de trabajo y tienes intención de celebrar el fin de año por todo lo alto. Así es que, me voy a mi casa. De todos modos, tampoco tenía demasiadas ganas de salir hoy. —Había hablado tan rápido que ahora apenas tenía aire para respirar.

—No he venido aquí para estar con Paula, sino contigo —dijo mientras se acercaba un poco más a mí—. Hace un rato uno de los compañeros me ha invitado a que me pasara por aquí. Le he preguntado quién había en la fiesta y, en cuanto he visto tu nombre entre los asistentes, no me lo he pensado dos veces.

Me había dejado sin palabras y completamente confundida. ¿No era él quien me había dicho unas semanas atrás que quería alejarse de mí? Mi mente trataba de buscar una respuesta que darle, pero estábamos demasiado cerca. Tanto que incluso podía sentir su aliento cálido sobre mis labios.

—Arnau, de verdad, será mejor que me vaya —dije mientras sentía que las fuerzas empezaban a abandonarme porque mis sentimientos hacia él no habían cambiado.

—Quédate —respondió él acercándose un poco más.

—¿Por qué? —Estábamos a punto de besarnos y sabía que, una vez que empezáramos, ya no podríamos parar.

—Porque te quiero y me he dado cuenta de que mi vida es mucho mejor contigo en ella. La otra noche cuando fui a tu casa... —empezó a decir— me entró miedo. Pensaba que ibas a volver a repetirme lo que ya habías dicho. Me asusté porque no podía imaginarme la vida sin ti. Por eso...

—No digas nada más —susurré con mis labios casi pegados a los suyos.

—Pero... —protestó él.

—Perdonar y olvidar —añadí justo antes de que nuestras bocas se juntaran y nos besáramos con toda la ternura y el deseo que llevaba tanto tiempo contenido.

—Perdonar y olvidar —repitió él mirándome a los ojos cuando finalmente nos separamos.

El cielo de Barcelona se llenó de luces de colores. Escuchamos los gritos de alegría de cientos de personas que daban la bienvenida al nuevo año. Nosotros nos miramos a los ojos y nos perdimos en ellos. Un «te quiero» se escapó de nuestros labios al mismo tiempo y los dos sabíamos que, ahora sí, sería para siempre.

EPÍLOGO

Ayer murió mi madre. Dos años después de haber sido diagnosticada de Alzheimer en un estadio bastante avanzado. A lo largo de los últimos veinticuatro meses, ningún médico ha conseguido darle una explicación científica a la forma en que la enfermedad fue evolucionando. Es cierto que las pérdidas de memoria fueron en aumento, pero al contrario de lo que nos habían dicho, no fueron tan drásticas como se esperaba. En un par de ocasiones, Enzo había ido a buscar a mi madre al parque en plena noche. Cuando estaba mal siempre se empeñaba en regresar a aquel columpio del que Julia ya la había rescatado una vez. Pero, al margen de aquellos episodios esporádicos, su vida transcurrió con absoluta tranquilidad. Vivía cada día como si fuera un regalo y creo que aquello fue lo que le dio fuerza para mantener a raya la enfermedad que amenazaba con sumirla en el olvido.

Desde el mismo instante en el que Enzo se había instalado en casa, ella había descartado por completo la idea de viajar a Suiza. Lucharía contra aquello con todas sus fuerzas y solo nos pedía que, cuando ya no pudiera recordar, le explicáramos cada día lo felices que habían sido los últimos años de su vida. Por suerte no tuvimos que hacerlo. La gran Carmen Roig murió en su cama mientras dormía. Los médicos tampoco encontraron una explicación para una muerte que calificaron de «natural». Simplemente nos informaron de que no se había dado cuenta de nada. Su fin había llegado con la misma serenidad con la que había afrontado su día a día desde que él estaba a su lado.

Ni Enzo ni yo quisimos separarnos de ella hasta que fue estrictamente necesario. Nos había dado más en aquellos dos años que cualquier otra persona en una vida entera.

La empresa de mi madre se encargó de hacer los preparativos oficiales para el funeral de mi madre. Carmen Roig se merecía una despedida digna de la gran diseñadora española que era y de la mujer que había llevado el nombre de su país hasta los rincones más lejanos del planeta. En ese evento se dieron cita numerosas personalidades de la vida política, social y económica del momento, así como diseñadores, actores y cantantes que habían tenido mucha relación con ella a lo largo de los años. Asistí a aquel acto por puro protocolo, porque la mujer a la que había aprendido a querer ya no estaba allí.

Cuando todo terminó le pedí a Arnau que me llevara a la playa. Solo estábamos a finales de octubre, pero hacía semanas que el frío se había instalado en la ciudad. Él no dijo nada y se limitó a conducir hacia la dirección que yo le había indicado. Cuando llegamos, aparcó el coche. Bajamos y me cogió de la mano mientras recorríamos el pequeño espacio que nos separaba de la arena y del agua. Antes de acercarme a la orilla me descalcé. A continuación, empecé a sumergir los pies en el agua. Era curioso, pero no tenía frío. Una emoción muy especial me embargaba, aunque no sabía qué era exactamente. Luego Arnau me dio la urna en la que descansaban las cenizas de mi madre. Ahora yo se las devolvía al mar. A ese Mediterráneo al que ella pertenecía y frente al que había sido completamente feliz.

Los ojos se me llenaron de lágrimas mientras veía cómo el agua disolvía el polvo en el que ella se había convertido. Cuando las últimas motas de su ser fueron arrastradas por la brisa dejé que un gemido de tristeza saliera de mi garganta. Pero no llegó a hacerlo porque, unas décimas de segundo antes, noté un pequeño aleteo en mi interior. Una caricia en la parte izquierda de mi vientre que me recordó que, a pesar de todas las contrariedades y el sufrimiento, la vida siempre ganaba la batalla. Llevé la mano hacia el lugar en el que había sentido aquel suave movimiento y sonreí. El pequeño ser que llevaba dentro de mí desde hacía catorce semanas había escogido aquel momento para darse a conocer. Mi madre se hubiera sentido orgullosa porque, solo quien es capaz de luchar contra la muerte, llega a conocer la esencia de la vida.

FIN